全国高等教育自学考试指定教材

# 社会政策概论

（含：社会政策概论自学考试大纲） 课程代码 14186

（2024 年版）

全国高等教育自学考试指导委员会 组编

主编 林闽钢

中国人民大学出版社

·北京·

# 组编前言

21 世纪是一个变幻莫测的世纪，是一个催人奋进的时代。科学技术飞速发展，知识更替日新月异。希望、困惑、机遇、挑战，随时随地都有可能出现在每一个社会成员的生活之中。抓住机遇、寻求发展、迎接挑战、适应变化的制胜法宝就是学习——依靠自己学习、终身学习。

作为我国高等教育组成部分的自学考试，其职责就是在高等教育这个水平上倡导自学、鼓励自学、帮助自学、推动自学，为每一个自学者铺就成才之路。组织编写供读者学习的教材就是履行这个职责的重要环节。毫无疑问，这种教材应当适合自学，应当有利于学习者掌握和了解新知识、新信息，有利于学习者增强创新意识，培养实践能力，形成自学能力，也有利于学习者学以致用，解决实际工作中所遇到的问题。具有如此特点的书，我们虽然沿用了“教材”这个概念，但它与那种仅供教师讲、学生听，教师不讲、学生不懂，以“教”为中心的教科书相比，已经在内容安排、编写体例、行文风格等方面都大不相同了。希望读者对此有所了解，以便从一开始就树立起依靠自己学习的坚定信念，不断探索适合自己的学习方法，充分利用自己已有的知识基础和实际工作经验，最大限度地发挥自己的潜能，达到学习的目标。

欢迎读者提出意见和建议。

祝每一位读者自学成功。

**全国高等教育自学考试指导委员会**
**2022 年 12 月**

# 目　录

全国高等教育自学考试

# 社会政策概论
# 自学考试大纲

全国高等教育自学考试指导委员会　制定

# 大纲前言

为了适应社会主义现代化建设事业的需要，鼓励自学成才，我国在 20 世纪 80 年代初建立了高等教育自学考试制度。高等教育自学考试是个人自学、社会助学和国家考试相结合的一种高等教育形式。应考者通过规定的专业课程考试并经思想品德鉴定达到毕业要求的，可获得毕业证书；国家承认学历并按照规定享有与普通高等学校毕业生同等的有关待遇。经过 40 多年的发展，高等教育自学考试为国家培养造就了大批专门人才。

课程自学考试大纲是规范自学者学习范围、要求和考试标准的文件。它是按照专业考试计划的要求，具体指导个人自学、社会助学、国家考试及编写教材的依据。

为更新教育观念，深化教学内容方式、考试制度、质量评价制度改革，更好地提高自学考试人才培养的质量，全国考委各专业委员会按照专业考试计划的要求，组织编写了课程自学考试大纲。

新编写的大纲，在层次上，本科参照一般普通高校本科水平，专科参照一般普通高校专科或高职院校的水平；在内容上，及时反映学科的发展变化以及自然科学和社会科学近年来研究的成果，以更好地指导应考者学习使用。

**全国高等教育自学考试指导委员会**
**2023 年 11 月**

# Ⅰ　课程性质与课程目标

## 一、课程性质和特点

“社会政策概论”是全国高等教育自学考试社会工作（专升本）等专业课程，是为培养和检验自学考试者的社会政策基础理论、基本知识和基本技能而设置的。这门课程既是深入学习社会工作、社会学类专业知识的基础性课程，也是了解和掌握社会政策的一般知识、提高社会工作和社会学素养的普及性课程。

作为社会工作、社会学类专业的基础性课程，“社会政策概论”可使学生比较全面地了解社会政策体系，了解社会政策的一般原理，了解社会政策主要领域的内容。学习这一基础性课程，将为进一步深入学习社会工作、社会学类专业的各门课程创造有利条件。

## 二、课程目标

本课程的目标是使学生能够：

1. 比较全面地了解社会政策要素、社会政策制定、社会政策执行、社会政策评估等，掌握劳动就业政策、社会保险政策、反贫困与社会救助政策、国民健康政策、人口与家庭政策、教育社会政策、住房社会政策、社会服务政策的演变和主要内容，以及中国社会政策发展方向，等等。

2. 了解和掌握社会政策的内涵、特征、类型和功能。

3. 基本掌握社会政策制定、社会政策执行、社会政策评估的理论与方法。

4. 熟悉社会政策发展的历史、中国社会政策发展方向。

5. 为进一步学习社会工作、社会学类专业知识和技能打下基础。

## 三、与相关课程的联系与区别

“社会政策概论”作为社会工作、社会学类的基础性导论课程，在整个专业人才培养的课程体系中发挥着基础性的作用，它的特点是内容体系几乎涵盖社会运行和社会生活的全部内容，解决学生学习过程中的知识碎片化问题。因此，“社会政策概论”与其他相关专业课程相辅相成，在社会工作、社会学类专业人才培养中各自发挥不同的作用。

## 四、课程的重点与难点

本课程重点内容为：社会政策的概念、特征、类型和功能，社会政策主要领域——劳动就业政策、社会保险政策、反贫困与社会救助政策、国民健康政策、人口与家庭政策、教育社会政策、住房社会政策、社会服务政策等。

本课程难点内容为：社会政策制定、社会政策执行、社会政策评估、中国社会政策发展方向等。另外，由于课程涉及社会政策的方方面面，多方面简单内容的组合构成了具有一定难度的课程。

# Ⅱ　考核目标

本课程在考核目标中，按照识记、领会、简单应用和综合应用四个层次规定自学考生应达到的能力层次要求。四个能力层次是递进关系，各能力层次的含义是：

识记（Ⅰ）：要求考生能够识别和记忆本课程中有关社会政策的概念、原理、方法的主要内容，并能够根据考核的不同要求，做出正确的表述、选择和判断。

领会（Ⅱ）：要求考生能够领悟和掌握本课程中有关社会政策的概念、原理及方法的内涵及外延，掌握相关社会政策知识的区别和联系，并能够根据考核的不同要求对社会政策进行逻辑推理和论证，做出正确的判断、解释和说明。

简单应用（Ⅲ）：要求考生能够根据已知的社会政策原理，对各领域的社会政策进行分析，得出正确的结论或做出正确的判断。

综合应用（Ⅳ）：要求考生能够根据已知的社会政策基本原理，对社会政策主要领域的综合管理进行分析和论证，得出解决问题的综合方案。

# Ⅲ　课程内容与考核要求

## 第一章　导论

### 一、学习目的与要求

通过本章的学习，学生应能掌握社会政策的概念，了解社会政策的主要特征；理解社会政策的主要分类；熟悉社会政策的主要内容；从微观和宏观两个角度理解社会政策的目标；认识社会政策的功能。

### 二、课程内容

#### 第一节　社会政策的概念和特征

（一）社会政策的概念

社会政策的概念。

（二）社会政策的特征

社会政策具有社会性、政治性、利益相关性和价值相关性特征。

#### 第二节　社会政策的分类和内容

（一）社会政策的分类

社会政策依据作用领域，可以分为劳动就业政策、社会保险政策、反贫困与社会救助政策、国民健康政策、人口与家庭政策、教育社会政策、住房社会政策和社会服务政策等；依据政府介入程度，可以分为剩余型社会政策和制度型社会政策；依据层级高低，可以分为统领社会政策、基本社会政策和具体社会政策。

（二）社会政策的内容

社会政策的主要内容包括社会政策体系、社会政策过程、社会政策要素。

#### 第三节　社会政策的目标和功能

（一）社会政策的目标

社会政策不仅要实现满足社会成员的基本需要和保障基本社会权利的直接的微观目标，还要实现一些间接的宏观目标，具体包括社会目标、政治目标和经济目标。

（二）社会政策的功能

社会政策具有增进社会团结、促进收入再分配、推进经济发展和提升民众认同的功能。

## 三、考核知识点与考核要求

（一）社会政策的概念和特征

1. 识记：（1）政策的概念；（2）社会政策的概念。

2. 领会：（1）社会政策的社会性特征；（2）社会政策的政治性特征；（3）社会政策的利益相关性特征；（4）社会政策的价值相关性特征。

3. 简单应用：政策概念的核心内容。

4. 综合应用：我国当前阶段有哪些主要的社会政策。

（二）社会政策的分类和内容

1. 领会：（1）社会政策的主要分类；（2）社会政策的主要内容。

2. 简单应用：（1）社会政策按作用领域进行分类所包含的主要政策；（2）社会政策按政策层级高低进行分类所包含的主要政策。

3. 综合应用：剩余型社会政策和制度型社会政策的区别。

（三）社会政策的目标和功能

1. 领会：（1）社会政策的主要目标；（2）社会政策的主要功能。

2. 简单应用：社会政策为何能够实现一定的社会目标。

3. 综合应用：社会政策为何能促进经济目标的实现。

## 四、本章重点与难点

本章重点是掌握社会政策的概念、特征、分类、目标和功能。本章难点是掌握社会政策的特征；掌握剩余型社会政策和制度型社会政策的区别；熟悉社会政策的主要功能。

# 第二章　社会政策要素

## 一、学习目的与要求

通过本章的学习，学生能够较系统、全面、正确地了解与认识社会政策要素包含的内容；理解社会政策主体、社会政策对象和社会政策运行的相关概念；掌握社会政策主体的不同角色和不同层次、政府在社会政策中的作用、社会组织的特点和作用；熟悉社会政策对象分类和具体实施的两大模式；掌握社会政策资源和形式，以及社会政策运行等相关内容，认识各要素之间的紧密关联和相互作用。

## 二、课程内容

### 第一节　社会政策的主体

（一）社会政策主体的不同角色

社会政策行动的责任者；社会政策行动的组织者；社会政策行动资源的提供者；社会

服务的直接提供者。

（二）社会政策主体的不同层次

责任层次；角色层次；公共行政层次。

（三）政府在社会政策中的作用

政策制定者和实施者；资源提供者；政策宣传教育者；服务提供者。

（四）社会组织的分类及作用

我国的社会组织主要包括社会团体、民办非企业单位和基金会。它们不仅在参与和实施社会政策过程中发挥着重要作用，而且还在推行社会服务项目方面起到了积极的作用。

### 第二节　社会政策的对象

（一）社会政策对象的分类

一般性对象和专门性对象，普遍性对象和选择性对象。

（二）普遍性福利模式与选择性福利模式

社会政策行动一般划分为普遍性福利模式、选择性福利模式。

### 第三节　社会政策的内容

（一）社会政策资源

政府实施社会政策所需要的人力、物力、财力和社会条件的总和。

（二）社会政策资源的形式

社会政策资源分为资金性资源和非资金性资源。

（三）社会政策机制运行

社会政策主体的组织方式、资源调动机制、受益者选择机制、社会服务传递机制等各个方面。

（四）社会政策运行模式

社会政策的纯福利运行模式；社会政策的准市场运行模式。

## 三、考核知识点与考核要求

（一）社会政策的主体

1. 识记：（1）社会政策主体不同角色的内容；（2）社会政策主体不同层次的内容。

2. 领会：（1）政府在社会政策中的作用；（2）社会组织的分类及作用。

3. 简单应用：（1）政府的特点和作用；（2）社会组织的分类及作用。

4. 综合应用：（1）政府在社会政策的主体作用；（2）社会组织在社会政策中的特点。

（二）社会政策的对象

1. 识记：（1）社会政策对象的分类内容；（2）普遍性福利模式的内容；（3）选择性福利模式的内容。

2. 领会：（1）普遍性福利模式的优点；（2）选择性福利模式的优点。

3. 简单应用：（1）社会政策一般性对象；（2）社会政策专门性对象；（3）普遍性福利模式的优缺点；（4）选择性福利模式的优缺点。

4. 综合应用：普遍性福利模式与选择性福利模式的区别。

（三）社会政策的内容

1. 识记：（1）社会政策资源的内容；（2）社会政策资源形式的内容；（3）社会政策运行机制的内容。

2. 领会：（1）政府调动社会政策资源的方式；（2）民间组织的资源调动方式。

3. 简单应用：社会政策的资源及其资源调动方式。

4. 综合应用：（1）社会政策运行的重要性；（2）社会政策运行中的纯福利运行模式与准市场运行模式。

### 四、本章重点与难点

本章重点是了解与认识社会政策要素包含的主要内容；理解社会政策主体、社会政策对象和社会政策运行的相关概念。本章难点是掌握社会政策主体的不同角色和不同层次、政府在社会政策中的作用、社会组织的特点和作用；掌握社会政策对象分类和具体实施的两大模式。

## 第三章　社会政策制定

### 一、学习目的与要求

通过本章的学习，学生应对社会政策制定有较全面、正确的了解与认识；重点掌握社会政策制定的理念、原则、程序等内容。

### 二、课程内容

#### 第一节　社会政策制定的理念

（一）公平

公平概念。

（二）公正

公正概念。

（三）权利

权利概念。

#### 第二节　社会政策制定的原则

（一）目标明确原则

目标明确原则在社会政策制定过程中主要体现为两个方面的要求，即明确的目标和目标的明确。

（二）系统协调原则

社会政策制定是在特定的经济社会场域中对各项政策子系统进行协调安排，这需要遵循整体性、层次性、开放性的要求。

（三）民主参与原则

民主参与原则主要包括自主参与、有序参与、有效参与。

## 第三节　社会政策制定的程序

（一）社会政策问题的确认

社会需要和社会问题是相关但又不等同的概念，都可能对社会良性运行和协调发展带来挑战，成为社会政策问题的源头；社会政策问题确认主要包括社会需要或社会问题的察觉、社会需要或社会问题的界定、社会需要或社会问题的陈述等三个活动过程。

（二）社会政策议程的构建

公众议程和政府议程；社会政策议程构建的影响因素大体上可以归纳为政府体制与传统、政策相关行为者、政策问题本身、环境事件等四类。

（三）社会政策方案的规划

包括目标确立、方案设计、方案评估和方案择优等活动过程。

## 三、考核知识点与考核要求

（一）社会政策制定的理念

1. 识记：（1）公平理念；（2）公正理念；（3）权利理念。

2. 领会：（1）公平的内涵和表现形式；（2）公正的主要理论；（3）公正的内涵；（4）权利的内涵；（5）社会权利的内涵。

3. 简单应用：（1）思考公平与有条件的差别对待的关系；（2）说明社会权利对社会政策制定的影响。

（二）社会政策制定的原则

1. 识记：（1）社会政策制定中目标明确的内容；（2）社会政策制定中系统协调的内容；（3）社会政策制定中民主参与的内容。

2. 领会：（1）目标明确的具体内容；（2）系统协调的具体内容；（3）民主参与的具体内容。

3. 简单应用：（1）说明目标明确化；（2）说明系统协调原则在目标确立中的运用；（3）说明有序参与的意义。

（三）社会政策制定的程序

1. 识记：（1）社会需要的概念；（2）社会政策议程的概念。

2. 领会：（1）社会需要的内涵；（2）社会问题的内涵；（3）社会需要或社会问题的察觉；（4）社会需要或社会问题的界定；（5）社会需要或社会问题的陈述；（6）公众议程的内涵；（7）政府议程的内涵；（8）社会政策议程构建的影响因素；（9）社会政策方案规划的内涵；（10）确立社会政策目标的要求；（11）社会政策方案设计的内容；（12）社会政策方案设计的过程；（13）社会政策方案评估的内涵；（14）社会政策方案评估的内容；（15）社会政策方案试点的意义；（16）社会政策方案择优的内涵。

3. 简单应用：（1）察觉一项社会需要；（2）察觉一个社会问题；（3）界定所察觉的社会需要；（4）界定所察觉的社会问题；（5）说明某项影响社会政策议程的因素；（6）尝

试设计一项政策方案中的某项内容；（7）对前面社会政策制定过程中相关尝试工作的成果进行评估。

4. 综合应用：依据社会政策制定的程序要求，尝试制定一项社会政策。

### 四、本章重点与难点

本章重点是公平、公正、权利的内涵；目标明确的内涵；系统协调的内涵；民主参与的内涵；社会政策问题确认的内涵与过程；社会政策议程构建的内涵、类型以及影响因素；社会政策目标确立的内涵与要求；社会政策方案设计的内容与过程；社会政策方案评估的内涵与内容；社会政策方案择优的内涵。本章难点是公平、公正、权利的内涵；社会政策问题确认的内涵；社会政策议程构建的影响因素；社会政策方案的设计；社会政策方案的评估。

## 第四章　社会政策执行

### 一、学习目的与要求

通过本章的学习，学生应全面了解与认识社会政策执行过程；理解社会政策执行的主要原则；掌握社会政策执行的计划制定、计划准备、实施管理过程；认识和掌握社会政策执行的监督目的、监督方法与监督总结。

### 二、课程内容

#### 第一节　社会政策执行的原则

（一）以人为本原则

满足人的需要；保障人的权利。

（二）整体性原则

政策系统的整体性；政策主体的整体性；政策效应的整体性。

（三）一致性原则

政策执行的统一性；政策执行的连续性与稳定性。

#### 第二节　社会政策执行的过程

（一）社会政策执行的计划制定

政策目标的分解与细化；目标群体的瞄准与识别；政策工具的选择与应用；工作程序的规划与设计；责任主体的分工与合作。

（二）社会政策执行的计划准备

物质准备主要涉及经费资金和办公用品等物资的筹集与管理；组织准备主要涉及组织机构的建立、调整和组织人员的调配。

（三）社会政策执行的实施管理

政策学习与宣传；政策试验；全面推广与实施。

### 第三节　社会政策执行的监督

（一）社会政策执行的监督目的

监控；预防；补救；评价；问责。

（二）社会政策执行的监督方法

内部监督与外部监督；事前监督、事中监督与事后监督；财务监督与项目监督。

（三）社会政策执行的监督总结

社会政策执行的监督总结内容。

## 三、考核知识点与考核要求

（一）社会政策执行的原则

1. 识记：以人为本的概念。

2. 领会：（1）社会政策执行中以人为本的原则；（2）社会政策执行中整体性的原则；（3）社会政策执行中一致性的原则。

3. 简单应用：（1）社会政策执行中的满足人的需要原则；（2）社会政策执行中的保障人的权利原则；（3）政策系统的整体性；（4）政策主体的整体性；（5）政策效应的整体性；（6）政策执行的统一性；（7）政策执行的连续性与稳定性。

4. 综合应用：社会政策执行以人为本原则。

（二）社会政策执行的过程

1. 识记：（1）社会政策执行中实施计划的内容；（2）社会政策执行中政策工具的内容；（3）社会政策执行中政策试验的内容。

2. 领会：（1）社会政策执行的计划制定；（2）社会政策执行的计划准备；（3）社会政策执行的实施管理。

3. 简单应用：（1）制定实施计划的主要内容；（2）社会政策执行的准备过程；（3）社会政策执行的实施管理过程。

4. 综合应用：社会政策执行过程的三个主要阶段。

（三）社会政策执行的监督

1. 识记：（1）社会政策执行中内部监督的内容；（2）社会政策执行中外部监督的内容；（3）社会政策执行中财务监督的内容；（4）社会政策执行中项目监督的内容。

2. 领会：（1）社会政策执行的监督目的；（2）社会政策执行的监督方法；（3）社会政策执行的监督总结。

3. 简单应用：（1）社会政策执行监督的监控、预防、补救、评价与问责目的；（2）事前监督、事中监督与事后监督；（3）社会政策执行的监督总结。

4. 综合应用：社会政策执行的监督目的与方法。

## 四、本章重点与难点

本章重点是社会政策执行的以人为本原则、整体性原则、一致性原则；社会政策执行的计划制定过程、计划准备过程、实施管理过程；社会政策执行的监督目的、监督方法、监督总结。本章难点是社会政策执行的计划制定过程、计划准备过程、实施管理过程。

# 第五章　社会政策评估

## 一、学习目的与要求

通过本章的学习，学生能够较系统、全面、正确地了解与认识社会政策评估的相关内容；重点掌握社会政策评估的标准、方法以及主要程序。熟悉社会政策评估过程中的注意事项及侧重点。

## 二、课程内容

### 第一节　社会政策评估的标准

（一）社会政策评估的价值标准

价值标准是指对社会政策行动及其收效进行价值判断时所依据的标准。

主要包含：促进生产力发展的标准；社会公平标准。

（二）社会政策评估的事实标准

事实标准旨在明确一项社会政策在事实上产生的后果或影响。

主要包含：影响标准；绩效标准；回应的充分性标准；执行力标准。

（三）社会政策评估的效率标准

效率标准即一项政策成本和收益之间的比例关系。

社会政策效率的高低可以划分为三对关系：投入与成本的关系；行政开支与业务开支的关系；人均开支与单位成本的关系。

### 第二节　社会政策评估的方法

（一）社会政策评估的整合研究方法

定量研究方法与定性研究方法。

定量研究方法的主要步骤：确定研究目标；制定研究计划；收集数据；解析数据。

定性研究方法的主要方法：观察法；访谈法；个案研究法；行动研究法。

定量研究方法和定性研究方法二者都有利弊。在对社会政策进行实际评估的过程中，要注重将两种方法充分有效结合起来。

（二）社会政策评估的制度分析方法

制度分析的主要要素为价值观念、规则契约、福利权利和福利组织。

（三）社会政策评估的比较分析法

主要应用的方法包含：前后对比法；有无对比法；综合对比法。

前后对比法是把社会政策实施前的情况与实施后的情况进行对比。公式为：$P=I_2-I_1$

有无对比法一般把实验的参与者随机分配成实验组和控制组，通过将两组实验结果进行对比以分析社会政策的价值和效应。公式为：$P=I_2-C_2$

综合对比法一般应用于实验组和控制组基线值相差较大而无法准确测评的情况下。公

式为：$P=(I_2-I_1)-(C_2-C_1)$

## 第二节　社会政策评估的程序

（一）制定社会政策评估方案

主要工作任务为：明确评估对象；确定评估目的；选择评估标准；确定评估主体；确定评估手段。

选择评估标准的五大原则：方向性原则；科学性原则；客观性原则；可比性原则；准确性原则。

确定评估主体的四大原则：多元化原则；参与原则；独立性原则；专业化原则。

（二）收集社会政策评估资料

收集社会政策评估资料的过程中要注重资料的充分性、客观性以及收集资料方法的多样性。

常用方法有观察法；查阅资料法；调查法；实验法等。

（三）分析社会政策评估结果

主要内容包含：撰写评估报告；总结评估活动；评估结果的应用。

## 三、考核知识点与考核要求

（一）社会政策评估的标准

1. 识记：（1）社会政策评估中价值标准的内容；（2）社会政策评估中事实标准的内容；（3）社会政策评估中效率标准的内容。

2. 领会：（1）价值标准的定义；（2）事实标准的定义；（3）效率标准的定义。

3. 简单应用：（1）三个标准的主要内容；（2）价值标准、事实标准以及效率标准的不同点。

4. 综合应用：三大标准对社会政策评估的意义。

（二）社会政策评估的方法

1. 识记：（1）社会政策评估中整合研究方法的内容；（2）社会政策评估中制度分析方法的内容；（3）社会政策评估中比较分析法的内容。

2. 领会：（2）定量研究方法与定性研究方法的定义及区别；（2）制度分析方法的主要特征及优势；（3）比较分析法的四大标准及类型。

3. 简单应用：（1）三大研究方法的内涵及主要内容；（2）三大研究方法的不同及注意事项。

4. 综合应用：判断不同社会政策评估所应该采取的评估方法。

（三）社会政策评估的程序

1. 识记：（1）社会政策评估中方向性原则的内容；（2）社会政策评估中科学性原则的内容；（3）社会政策评估中客观性原则的内容；（4）社会政策评估中可比性原则的内容；（5）社会政策评估中准确性原则的内容。

2. 领会：（1）社会政策评估程序的三大步骤；（2）选择评估标准的五大原则；（3）确定评估主体的四大原则。

3. 简单应用：（1）社会政策评估的主要程序；（2）社会政策评估各项程序的主要内容及原则。

4. 综合应用：社会政策进行完整的评估及撰写评估报告时的注意事项。

### 四、本章重点与难点

本章重点是社会政策评估的价值标准；政策评估的事实标准；政策评估的效率标准；政策评估的整合研究方法；政策评估的制度分析方法；制定政策评估方案；分析社会政策评估结果。本章难点是社会政策效率标准；社会政策绩效标准；社会政策的比较分析法。

## 第六章　社会政策历史和发展

### 一、学习目的与要求

通过本章的学习，学生能够较系统、全面地了解社会政策的历史演进脉络；掌握社会政策形成的标志性事件；熟悉社会政策发展阶段西方福利国家社会政策的改革、中国社会主义社会政策的建立；认识社会政策改革与转型阶段西方福利国家的社会政策改革，中国社会政策发展与改革。

### 二、课程内容

#### 第一节　社会政策的形成

（一）济贫法政策

1601 年颁布的《伊丽莎白济贫法》通常被视为社会政策的萌芽；新济贫法。

伴随济贫法救济措施的逐渐推进，西欧和美国社会救济政策开始广泛出现。

（二）社会保险政策

在工业化的推动下，社会保险政策于 19 世纪后期得以大规模发展，以应对当时的社会问题。

德国是第一个实施社会保险政策的国家，19 世纪后期先后出台《疾病保险法》《工伤事故保险法》《伤残和养老保险法》。

德国社会保险政策的实施标志着社会政策的形成。

#### 第二节　社会政策的发展

（一）西方福利国家的社会政策发展

1. 欧洲福利国家社会政策的发展

福利国家是一种国家形态，它突出地强化了现代国家的社会功能，政府通过实施一系列社会福利政策承担主要的福利供给责任。

《贝弗里奇报告》；英国福利国家的建成。

20 世纪 40 年代起西方国家纷纷效仿英国社会政策模式迈入福利国家建设中。

2. 美国社会政策体系的形成与发展

20世纪30年代的经济大萧条推动了1935年《社会保障法案》的颁布，意味着美国社会政策体系的根本性转型，从过去以私人保障为主的模式向更多强调政府责任的社会政策模式转变。

20世纪50年代中期到60年代美国的“伟大社会”计划推动了社会政策的进一步发展。

（二）社会主义国家社会政策的出现

1. 苏联和东欧社会主义国家社会政策的建立

十月革命胜利后，俄罗斯苏维埃联邦政府提出要实行社会主义社会保险政策，并初步建立社会主义社会政策体系。

第二次世界大战后，苏联国家加快推进社会政策的发展；东欧社会主义国家也在积极构建社会政策体系。

2. 中国社会主义社会政策的建立

计划经济体制下，中国构建了社会主义社会政策体系：城市单位福利；农村五保供养制度；民政福利。

## 第三节　社会政策的改革与转型

（一）西方福利国家的社会政策改革

20世纪70年代，两次石油危机带来福利国家危机，社会政策开始调整。

1. 市场化改革

英国撒切尔政府社会福利制度市场化改革；福利国家市场化改革：强化个人责任，减少政府社会保障支出；增加社会保障基金收入，提高社会保障税（费）率；部分社会保障项目私有化，缩小政府干预社会保障的范围。

市场自由化改革效果：恢复和提升了经济运行效率，但是出现了严重的贫困和社会不公平现象。

2. “第二代福利”改革

布莱尔的“第二代福利”：转变社会福利观念——给人扶持而非施舍；强调权利与责任的对等；推崇工作福利；变结果平等为机会平等；减少政府干预、发挥社会组织作用；同时还要保证向民众提供合理的社会保障。

改革重点的差异：撒切尔政府的福利改革强调市场竞争和个人的社会保障责任，布莱尔政府的社会福利政策更强调社会公平和正义的因素，力求在经济效率和社会公平公正、个人责任与政府责任之间实现有机协调。

英国布莱尔政府的社会福利政策主张对英国社会和西方社会产生了深远的影响。

3. 21世纪以来福利国家面临的挑战

福利国家支出的经济和财政基础受到削弱；福利形式和内容单一化难以满足多样化福利需求；不平等加剧引发新的社会政策风险。

（二）中国社会政策的改革与发展

1. 1976—1991年：社会政策的应对型改革

为应对20世纪70年代末“文化大革命”结束后下乡知识青年集中返城的就业和住房

问题，就业制度和住房制度开始改革。

医疗卫生领域开始朝向市场化改革；就业制度转向劳动合同制；社会保险制度社会化改革；农村社会养老保险制度试点。

2.1992—2002年：社会政策的转型重塑

为适应经济体制从计划经济向市场经济的转型，我国社会保障制度、医疗卫生、住房体制等进行了深入的适应性改革：重构社会保险制度；建立新型社会救助制度；深化医疗卫生体制市场化改革；推进城市住房制度商品化改革；调整农村养老保险和合作医疗制度。

3.2003—2012年：社会政策的快速扩展

社会公平和民生改善受到重视；加强社会政策的政府主导作用；社会政策体系开展制度结构调整：构建覆盖城乡的新型社会救助体系；进一步完善城镇职工社会保险；逐步建立城乡居民社会保险制度；建设疾病预防控制体系，缩小城乡医疗卫生服务的差距。

4.2013年至今：社会政策体系的衔接和整合

社会政策建设的重点开始从注重效率逐渐转向更注重公平，让全体社会成员分享社会发展带来的成果。

社会保险方面，实施全民参保计划，推进制度之间的衔接和整合；社会救助方面，建成多层次社会救助体系；医疗卫生方面，整合提供医疗卫生和健康促进服务；社会福利服务方面，整合养老和托育的服务资源。

## 三、考核知识点与考核要求

（一）社会政策的形成

1. 识记：社会政策形成的标志性事件。

2. 领会：(1)《伊丽莎白济贫法》的基本内容；(2) 德国社会保险法的基本内容。

3. 简单应用：(1)《伊丽莎白济贫法》对社会政策发展的意义；(2) 德国社会保险法的颁布对社会政策发展的影响。

4. 综合应用：工业革命推进对社会政策的影响。

（二）社会政策的发展

1. 识记：(1) 福利国家的概念；(2)《贝弗里奇报告》的概念；(3) 美国《社会保障法案》的概念；(4) 农村五保供养制度的概念。

2. 领会：(1)《贝弗里奇报告》构建的现代社会保障体系框架；(2) 美国《社会保障法案》的内容和意义；(3) 美国社会政策扩张的代表性社会计划；(4) 中国社会主义社会政策体系的组成部分。

3. 综合应用：社会政策发展的主要表现。

（三）社会政策的改革与转型

1. 领会：(1) 掌握福利国家社会政策改革的必要性；(2) 福利国家市场化改革的主要内容；(3)“第二代福利”改革的主要思想；(4) 21世纪经济社会领域的变化给福利国家带来的影响；(5) 中国社会政策改革与发展的阶段性。

2. 简单应用：(1) 福利国家的市场化改革与“第二代福利”改革的异同；(2) 21世

纪以来福利国家面临的挑战；（3）中国社会政策改革与发展的阶段性特征。

3. 综合应用：（1）福利国家社会政策改革给中国社会政策发展带来的启示；（2）十八大以来中国社会政策发展与此前发展阶段的差异；（3）中国社会政策发展存在的主要问题。

### 四、本章重点与难点

本章重点是社会政策发展演变的历史阶段；济贫法和德国社会保险法的基本内容；福利国家的建立；中国社会主义社会政策的组成部分；福利国家改革的内容；21 世纪以来福利国家面临的挑战；改革开放以来中国社会政策的改革与发展。本章难点是福利国家改革的内容；21 世纪以来福利国家面临的挑战；改革开放以来中国社会政策的改革与发展。

## 第七章　劳动就业政策

### 一、学习目的与要求

通过本章的学习，学生能够较系统、全面、正确地了解与认识劳动就业政策；重点掌握就业、失业、充分就业与劳动就业政策的概念；掌握劳动就业政策的类型、主要模式、内容以及功能等相关内容，熟悉劳动与就业政策的发展演变及发展趋势。

### 二、课程内容

#### 第一节　劳动就业政策概述

（一）劳动就业政策及相关概念

就业；失业；充分就业；劳动就业政策。

类型：完全计划的配置制度；完全市场的配置制度；市场和计划配置双轨运行制度；国家宏观指导下的市场竞争就业模式。

主要模式：凯恩斯主义的就业政策模式；新自由主义的就业政策模式；合作主义的劳动就业政策模式。

（二）劳动就业政策的内容和功能

内容：促进劳动力需求的政策、改善劳动力供给的政策和规范劳动力市场的政策。

功能：促进失业人员再就业；助推新生劳动力初次就业；调控宏观经济，维持供求总量平衡。

（三）中国劳动就业政策的演变

1949—1977 年计划经济时期的劳动就业政策；1978—2001 年转型期的劳动就业政策；2002—2012 年新时期积极的劳动就业政策阶段；2012 年至今劳动就业政策完善阶段。

#### 第二节　劳动就业政策的主要内容

（一）公共就业服务政策

公共就业服务四个主要职能：职业介绍；提供劳动力市场信息；管理失业补贴；管理劳动力市场调整计划。

（二）职业技能培训政策

广泛开展职业技能培训，能有效提高我国劳动力的技术水平和生产效率，为国家经济和社会发展奠定坚实的人力资本基础。

（三）劳动保护政策

广义的劳动保护政策是对劳动者各方面合法权益的保护，包括国家制定的有关劳动保护利益的全部法律规范，其核心是保障劳动者安全和健康这一基本权益。

狭义的劳动保护政策指直接保护劳动者在生产过程中的安全和健康的各种措施，包括劳动安全技术规程、劳动卫生规程、劳动卫生安全管理制度及国家安全监察等方面的法律规定。

（四）就业创业政策

针对农民工群体的就业创业政策；针对大学生群体的就业创业政策；针对残疾人的就业创业政策。

### 第三节　劳动就业政策的发展

（一）就业公共服务体系更加健全

推进就业公共服务均等化；完善就业公共服务制度；促进就业信息和数据互通共享；鼓励引导社会力量参与就业服务。

（二）劳动关系更加和谐

推进新时代和谐劳动关系创建要坚持五个基本原则，即坚持党的全面领导，坚持增进民生福祉，坚持法治规范保障，坚持文化凝心聚力，坚持创新稳健并重。

（三）重点群体就业支持体系更加完善

支持高校大学生等青年就业创业；支持农村转移劳动力就业创业；做好就业困难人群就业帮扶；支持发展灵活就业和新就业形态；统筹推进退役军人等群体就业。

## 三、考核知识点与考核要求

（一）劳动就业政策概述

1. 识记：（1）就业的概念；（2）失业的概念；（3）充分就业的概念。

2. 领会：（1）劳动就业政策的内涵；（2）劳动就业政策的类型；（3）劳动就业政策的主要模式；（4）劳动就业政策的功能。

3. 简单应用：（1）从经济视角和社会视角分析劳动就业政策的异同；（2）不同劳动就业政策模式的特征；（3）劳动就业政策的主要类型；（4）劳动就业政策的功能；（5）规范劳动力市场政策的内容。

4. 综合应用：中国不同时期劳动就业政策的特点。

（二）劳动就业政策的主要内容

1. 识记：（1）公共就业服务政策的内容；（2）职业技能培训政策的内容；（3）劳动保护政策的内容；（4）就业创业政策的内容。

2. 领会：（1）公共就业服务的职能；（2）就业创业政策的类型。

3. 简单应用：（1）劳动就业政策的主要内容；（2）就业创业政策的类型。

4. 综合应用：公共就业服务对促进就业的重要性。

（三）劳动就业政策的发展

1. 识记：（1）就业公共服务体系的内容；（2）和谐劳动关系的内容；（3）灵活就业的内容；（4）新就业形态的内容。

2. 领会：掌握中国劳动就业政策的发展。

3. 简单应用：（1）如何引导社会力量参与就业公共服务；（2）创建和谐劳动关系的五大原则。

4. 综合应用：（1）健全和完善就业公共服务体系；（2）完善重点群体的就业支持体系。

## 四、本章重点与难点

本章重点是就业、失业、充分就业与劳动就业政策的概念；劳动就业政策的类型、主要模式以及功能；劳动就业政策的主要内容。本章难点是劳动就业政策的发展；健全和完善就业公共服务体系；完善重点群体的就业支持体系。

# 第八章　社会保险政策

## 一、学习目的与要求

通过本章的学习，学生能够全面了解社会保险政策，掌握社会保险政策的概念，厘清社会保险的范围；认识社会保险的特征和功能；熟悉多层次多支柱社会保险政策体系的演变历程；明确社会保险政策的主要内容；认识社会保险政策的发展趋势。

## 二、课程内容

### 第一节　社会保险政策概述

（一）社会保险的概念和范围

社会保险的概念。

（二）社会保险的特征和功能

特征：以社会风险为前提；创办主体特定性；运行强制性；资金来源多元化。

功能：保障参保者的基本生活；稳定社会生产；增进社会公平，缩小收入差距。

（三）我国社会保险政策的演变

社会保险政策经历了从适应计划经济体制的传统社会保障制度到适应市场经济体制的现代社会保障体系的转变。

### 第二节　社会保险政策的主要内容

（一）养老保险

财务模式；基金来源；覆盖对象；领取资格；保险待遇；个人账户；统筹账户；管理营运。

（二）医疗保险和生育保险

覆盖对象；筹资方式；筹集标准；使用条件；报销范围；报销标准；经费管理。

（三）失业保险

适用范围；基金来源；领取条件；待遇发放方式。

（四）工伤保险

保障对象；缴费方式；补偿原则；基金管理。

（五）长期护理保险

保险待遇；需求导向；筹资对象；给付条件。

### 第三节　社会保险政策的发展

（一）社会保险覆盖面逐步扩大

保障群体不断扩大；保障范畴不断延伸；保障力度不断强化。

（二）社会保险筹资机制不断健全

各方社会保险筹资责任合理划分；社会保险筹资模式不断完善；参保和缴费积极性不断提高。

（三）社会保险待遇机制不断完善

结合精算模型科学调整保险待遇；缩小基本保障待遇的群体差异；信息技术赋能社会保险待遇调整。

（四）社会保险统筹层次不断提升

持续推进城乡统筹工作；不断推进基金统筹层次工作；合理优化制度和项目之间转移接续。

（五）社会保险制度规范性程度不断提升

不断提升规范化程度；不断提升社会保险的法制化水平。

## 三、考核知识点与考核要求

（一）社会保险政策概述

识记：（1）社会保险的概念；（2）社会保险的项目构成内容。

领会：（1）社会保险政策的内涵；（2）社会保险的范围；（3）社会保险政策的筹资模式；（4）社会保险的特性；（5）社会保险政策的功能；（6）社会保险政策演变特点；（7）社会保险制度产生和发展的历程。

3. 简单应用：（1）社会保险涵盖领域和范围；（2）社会保险政策的特征和功能。

4. 综合应用：（1）不同发展阶段社会保险政策的特点；（2）不同社会保险项目筹资模式和待遇发放模式的异同。

（二）社会保险政策的主要内容

1. 识记：（1）养老保险的概念；（2）医疗保险的概念；（3）生育保险的概念；（4）失业保险的概念；（5）工伤保险的概念；（6）长期护理保险的概念。

2. 领会：（1）养老保险的内容及特点；（2）医疗保险的内容及特点；（3）生育保险的内容及特点；（4）失业保险的内容及特点；（5）工伤保险的内容及特点；（6）长期护理保险的内容及特点。

3. 简单应用：（1）社会保险政策的基本结构；（2）医疗保险和生育保险的联系与区

别；(3) 不同社会保险项目的作用。

4. 综合应用：社会保险体系的多层次和多支柱。

(三) 社会保险政策的发展

1. 识记：(1) 社会保险发展的内容；(2) 社会保险改革方向的内容。

2. 领会：社会保险政策的发展及其主要特征。

3. 简单应用：(1) 社会保险政策的发展；(2) 社会保险筹资模式变化；(3) 如何不断加强社会保险的保障力度；(4) 社会保险待遇调整的方式；(5) 如何进一步提升社会保险统筹层次。

4. 综合应用：(1) 如何进一步健全和完善社会保险政策体系；(2) 社会保险高质量发展的主要任务及面临的新挑战。

## 四、本章重点与难点

本章重点是社会保险的概念、特征与功能；我国社会保险政策体系的改革历程与主要内容。本章难点是社会保险制度的特征差异与发展趋势。

# 第九章　反贫困与社会救助政策

## 一、学习目的与要求

通过本章的学习，学生应能够了解和认识贫困的概念，理解反贫困与社会救助政策的发展历程。掌握反贫困与社会救助政策的标准、项目类型和特点，熟悉反贫困与社会救助政策体系的主要内容，认识未来发展趋势。

## 二、课程内容

### 第一节　反贫困与社会救助政策概述

(一) 反贫困与社会救助的概念和内容

绝对贫困；相对贫困；多维贫困。

反贫困与社会救助的项目类型：生存保障、能力提升、急难救助。

(二) 反贫困与社会救助的特点

目标定位的兜底性；反贫困手段的复合性；参与主体的多元性。

(三) 反贫困与社会救助政策的演变

农村地区的反贫困历程：1986—1993 年有计划、有组织的大规模开发式扶贫阶段；1994—2000 年以中央政府国家“八七扶贫攻坚计划”为标志所开展的扶贫攻坚阶段；2001—2013 年综合扶贫阶段；2013—2020 年精准扶贫阶段。

城市社会救助的发展：1992—2007 年城市社会救助体系的基础开始形成；2007—2014 年社会救助体系的临时救助制度得以完善；2014 年至今社会救助体系进入整合和优化发展阶段。

## 第二节　反贫困与社会救助政策的主要内容

（一）基本生活救助

最低生活保障制度；特困人员供养制度。

（二）专项救助

医疗救助；住房救助；教育救助；就业救助；其他救助帮扶。

（三）急难救助

灾害救助；临时救助；生活无着流浪乞讨人员救助。

（四）服务类救助

内容：生活照料型；能力发展型；支持融合型。

供给模式：政府主导服务供给模式；社会化救助服务供给模式。

## 第三节　反贫困与社会救助政策的发展

（一）建立解决相对贫困治理的长效机制

完善基本公共服务制度；形成多主体参与的贫困治理整体性机制；建立反贫困与乡村振兴的衔接机制。

（二）建立健全分层分类社会救助体系

内涵：社会救助体系的项目具有层次结构；社会救助体系的对象帮扶引入分类管理。

实现路径：构建综合救助格局；打造多层次救助体系；创新社会救助方式；促进城乡统筹发展。

## 三、考核知识点与考核要求

（一）反贫困与社会救助政策概述

1. 识记：（1）绝对贫困的概念；（2）相对贫困的概念；（3）多维贫困的概念。

2. 领会：（1）反贫困与社会救助的标准；（2）反贫困与社会救助的项目；（3）反贫困与社会救助的特点。

3. 简单应用：（1）比较不同贫困线测算方法；（2）列举反贫困与社会救助项目的主要类型及其层次关系。

4. 综合应用：剖析反贫困与社会救助政策的演变过程，分析其在不同历史阶段的重点内容及发挥的作用。

（二）反贫困与社会救助政策的主要内容

1. 识记：（1）最低生活保障制度的概念；（2）特困人员供养制度的概念；（3）医疗救助的概念；（4）住房救助的概念；（5）教育救助的概念；（6）就业救助的概念；（7）灾害救助的概念；（8）临时救助的概念；（9）生活无着流浪乞讨人员救助的概念。

2. 领会：（1）最低生活保障制度的对象与标准；（2）服务类救助的具体内容；（3）服务类社会救助的供给模式。

3. 简单应用：不同社会救助项目的目标定位。

（三）反贫困与社会救助政策的发展

1. 识记：社会救助体系的内容。

2. 领会：（1）分层分类社会救助体系的内涵；（2）分层分类社会救助体系的实现路径。

3. 简单应用：解决相对贫困治理长效机制的主要内容。

4. 综合应用：分层分类社会救助体系在救助对象、救助内容与救助目标方面的突破点。

### 四、本章重点与难点

本章重点是反贫困与社会救助政策的内涵、标准、项目类型与特点；我国反贫困与社会救助政策的主要内容。本章难点是反贫困与社会救助政策的未来发展趋势与突破点。

## 第十章　国民健康政策

### 一、学习目的与要求

通过本章的学习，学生应对国民健康政策有较全面、正确的了解和认识；掌握国民健康政策的内涵与特点，了解国民健康政策的发展演变历程；熟悉公共卫生政策、医疗服务政策等国民健康政策的有关内容；认识国民健康政策的发展趋势。

### 二、课程内容

#### 第一节　国民健康政策概述

（一）国民健康政策的概念和内容

健康政策的概念。

（二）国民健康政策的特点和作用

健康政策的特点：政府是健康政策的决策和执行的主体；健康政策的目的是确保健康服务的可及性和公平性。

健康政策的作用：健康政策在国家公共服务政策中发挥基础性作用；健康政策力求保证医疗卫生资源配置公平和效率的统一。

（三）国民健康政策的演变。

公共卫生政策的演变；医疗服务政策的演变。

#### 第二节　国民健康政策的主要内容

（一）公共卫生政策

公共卫生政策主要包含慢性病综合防控政策、重大传染病防治政策、职业病防治政策、食品卫生政策。

（二）医疗服务政策

医疗服务政策主要包括：医疗机构管理体制改革政策、医疗机构服务能力建设政策、医疗服务体系建设政策、医疗费用控制政策。

## 第三节　国民健康政策的发展

（一）实施健康中国战略

健康中国战略的主要内容：要完善国民健康政策，为人民群众提供全方位全周期健康服务；深化医药卫生体制改革，全面建立中国特色基本医疗卫生制度、医疗保障制度和优质高效的医疗卫生服务体系，健全现代医院管理制度；加强基层医疗卫生服务体系和全科医生队伍建设；全面取消以药养医，健全药品供应保障制度；坚持预防为主，深入开展爱国卫生运动，倡导健康文明生活方式，预防控制重大疾病；支持社会办医，发展健康产业；促进生育政策和相关经济社会政策配套衔接，加强人口发展战略研究；积极应对人口老龄化，构建养老、孝老、敬老政策体系和社会环境，推进医养结合，加快老龄事业和产业发展。

（二）完善国民健康促进政策体系

健康促进政策体系的主要内容包括：健康素养、健康教育、健康行为、健康文化。

完善健康促进政策体系的主要措施有：加大筹资力度、大力发展健康产业、推进健康促进场所建设、加强健康影响评价评估制度建设、完善考核机制和问责制度。

## 三、考核知识点与考核要求

（一）国民健康政策概述

1. 识记：健康政策的概念。

2. 领会：（1）健康政策的内容；（2）公共卫生政策的演变；（3）医疗服务政策的演变。

3. 简单应用：（1）健康政策的特点；（2）健康政策的作用。

（二）国民健康政策的主要内容

1. 识记：（1）慢性病的概念；（2）传染病的概念；（3）职业病的概念；（4）三级医疗服务体系的概念；（5）双向转诊的概念。

2. 领会：（1）医疗机构管理体制；（2）医疗机构服务能力；（3）医疗服务体系建设；（4）医疗费用控制。

3. 简单应用：（1）各公共卫生政策的特点及防治策略；（2）各医疗服务政策的主要目标。

4. 综合应用：（1）各公共卫生政策的发展；（2）各医疗服务政策的主要内容。

（三）国民健康政策的发展

1. 识记：（1）健康中国战略的主要内容；（2）健康促进政策体系的主要内容。

2. 领会：（1）健康中国战略政策方案；（2）健康促进政策体系的发展。

3. 简单应用：（1）《“健康中国 2030”规划纲要》要点；（2）健康中国战略主要内容；（3）健康促进政策体系的内容。

4. 综合应用：健康促进政策体系的完善。

## 四、本章重点与难点

本章重点是健康政策的概念、特点和作用；健康政策的主要内容；公共卫生政策和医疗服务政策的内容；《“健康中国 2030”规划纲要》要点；健康中国战略的主要内容；健康促进政策体系的发展和主要内容。本章难点是国民健康政策的发展和健康促进政策体系的完善。

# 第十一章　人口与家庭政策

## 一、学习目的与要求

通过本章的学习，学生应从总体上认识我国人口与家庭政策，理解人口与家庭政策的内涵、特征、历史演进和未来发展趋势，掌握我国人口与家庭政策的主要内容。

## 二、课程内容

### 第一节　人口与家庭政策概述

（一）人口与家庭政策的内涵和特征

人口政策的概念；家庭政策的概念。

人口与家庭政策的特征包括：综合性和系统性；长期性和持续性；针对性和差异化；广泛的社会参与和合作；科学性和适应性。

（二）人口与家庭政策的类型和作用

人口政策可根据政策的目的与内容，划分为出生率调控政策、移民与人口流动政策、老龄化与养老政策、教育与人口发展政策、健康与人口发展政策等；根据政策积极或消极属性，划分为控制型政策、鼓励型政策和平衡型政策；根据政策制定与实施主体，划分为地区层面、国家层面、国际层面等政策。作用在于人口增长和控制、人口结构调控、实现劳动力供求平衡、城乡人口平衡和区域协调发展。

家庭政策根据政策目的，可以划分为促进家庭稳定和发展的政策、保障妇女和儿童权益的政策、促进家庭教育的政策、提供社会救助的政策等；根据政策内容，可以划分为婚姻政策、生育养育支持政策、工作-生活平衡政策、家庭照料政策、妇女和儿童保护政策、社会救助政策等；根据政策实施主体，可以划分为国家家庭政策、地方家庭政策、企业家庭政策、社会团体家庭政策等；根据政策干预属性，可以划分为直接家庭政策和间接家庭政策等。作用在于保护和促进家庭稳定、促进家庭成员的全面发展、保障儿童权益、改善家庭经济状况、强化家庭教育和关爱、维护婚姻家庭权益、促进社会和谐和社会发展。

（三）人口与家庭政策的演变

随着中国人口数量、结构与分布的变迁，中国的人口政策在不同的历史时期经历了多个发展阶段。随着家庭结构和功能不断变化，当代中国的家庭生活与家庭关系也发生了历史性的变迁，因而家庭政策也随之变化。

### 第二节　人口与家庭政策的主要内容

（一）人口政策的主要内容

生育与生育支持政策；人口迁移流动政策；老龄化与老年服务政策。

（二）家庭政策的主要内容

家庭照料政策；工作-家庭平衡政策；家庭收入支持政策；妇女和儿童保护政策；婚

姻政策。

### 第三节 人口与家庭政策的发展

（一）人口政策的发展

实施优化人口发展战略；持续完善生育支持政策；加快推进人口迁移流动政策体系建设。

（二）家庭政策的发展

完善覆盖家庭生命周期的家庭政策体系；确立个体关怀与家庭发展并重的政策目标；构建面向“一老一小”的家庭照料政策体系；完善工作-家庭平衡政策；强化家庭收入支持力度。

## 三、考核知识点与考核要求

（一）人口与家庭政策概述

1. 识记：（1）人口政策的概念；（2）家庭政策的概念。

2. 领会：（1）人口政策的类型；（2）人口政策的作用；（3）家庭政策的类型；（4）家庭政策的作用。

3. 简单应用：（1）中国人口政策的演变；（2）中国家庭政策的演变。

（二）人口与家庭政策的主要内容

1. 识记：（1）生育政策的概念；（2）老龄政策的概念；（3）人口迁移政策的概念。

2. 领会：（1）我国生育政策现状；（2）我国老龄政策现状；（3）我国人口迁移政策现状。

3. 简单应用：（1）我国人口政策的内容；（2）我国家庭政策的内容。

（三）人口与家庭政策的发展

1. 识记：（1）人口政策发展的重点内容；（2）家庭政策发展的重点内容。

2. 领会：（1）积极应对老龄化的措施；（2）优化人口发展战略的措施；（3）生育支持政策的措施。

3. 简单应用：（1）人口政策发展面临的问题；（2）家庭政策发展面临的问题。

4. 综合应用：我国人口政策的未来发展趋势。

## 四、本章重点与难点

本章重点是中国人口和家庭政策的内涵、特征、类型、演进和作用。本章难点是中国人口与家庭政策的发展趋势。

# 第十二章 教育社会政策

## 一、学习目的与要求

通过本章的学习，学生应对中国教育社会政策有较全面的了解和认识，掌握教育社会政策的概念、与教育政策的区别、我国教育社会政策的内容等知识。

## 二、课程内容

### 第一节　教育社会政策概述

（一）教育社会政策的概念和内容

概念：教育社会政策的概念。

关系：总体与具体的关系；整体与局部的关系。

内容：以教育的层级和类别作为分类标准；以政策的调节手段或作用途径作为分类标准。

（二）教育社会政策的特征与功能

特征：公平的价值导向；显著的福利特性。

功能：保障教育权利，促进社会公平；协调各项资源，确保分配合理。

（三）教育社会政策的演变

国际教育社会政策演变；我国教育社会政策的演变。

### 第二节　教育社会政策的主要内容

（一）学前教育政策

普惠性学前教育是我国学前教育政策的发展方向。

（二）义务教育政策

实行九年制义务教育；“两免一补”资助政策；“撤点并校”政策。

（三）高中教育政策

高中教育资助政策；高中教育普及政策；县域高中发展政策。

（四）职业教育政策

发展职业技术教育；建立现代职业教育体系；推进技能型社会建设；推动职普协调发展。

（五）高等教育政策

实施“免费上大学”政策；探索收费制度；完善助学制度；提高资助精准度。

（六）民办教育政策

鼓励社会力量兴办教育；规范民办教育健康发展；推动民办教育高质量发展。

### 第三节　教育社会政策的发展

（一）加快义务教育优质均衡发展和城乡一体化

创新管理机制；保障优质均衡发展；提高应助尽助水平。

（二）优化区域教育资源配置

推进义务教育学校标准化建设；加大对贫困地区的经费倾斜和保障力度；缩小地域间师资数量与质量的差距；采用多种手段应对高等教育资源过度集中于东部发达地区的问题。

（三）强化学前教育普惠发展

精准布局普惠性幼儿园的资源，改善“入园难”问题；完善公平合理的财政投入，改善“入园贵”问题；大力发展普惠性公办园，同时扶持普惠性民办园。

（四）强化特殊教育普惠发展

增强残疾儿童义务教育入学机会；拓展学段服务；增加特殊教育经费投入；全面推进融合教育。

## 三、考核知识点与考核要求

（一）教育社会政策概述

1. 识记：（1）教育社会政策的概念；（2）教育社会政策的特征；（3）教育社会政策的功能。

2. 领会：教育社会政策分类。

3. 简单应用：（1）教育社会政策与教育政策的关系和区别；（2）我国教育社会政策的演变。

（二）教育社会政策的主要内容

1. 识记：（1）普惠性学前教育的概念；（2）“两免一补”资助政策的内容；（3）“撤点并校”政策的内容。

2. 领会：（1）我国高中教育政策的内容；（2）我国高等教育政策的内容。

3. 简单应用：（1）我国职业教育政策的基本内容；（2）我国民办教育政策的基本内容。

（三）教育社会政策的发展

1. 识记：（1）义务教育优质均衡发展的内容；（2）教育资源配置的内容。

2. 领会：特殊教育与融合教育。

3. 简单应用：（1）加快我国义务教育优质均衡发展的途径；（2）如何优化我国区域教育资源配置；（3）如何强化我国学前教育的普惠性发展；（4）如何强化我国特殊教育的普惠性发展。

## 四、本章重点与难点

本章重点是教育社会政策的概念，以及与教育政策的区别；教育社会政策的内容；教育社会政策的特征和功能。本章难点是我国教育政策的发展趋势。

# 第十三章　住房社会政策

## 一、学习目的与要求

通过本章的学习，学生应对住房社会政策有较全面的、正确的了解和认识，掌握住房社会政策的概念和类型，认识我国住房社会政策的演变和发展趋势，我国住房公积金政策、公共租赁住房政策、保障性租赁住房政策、棚户区和危房改造政策。

## 二、课程内容

### 第一节　住房社会政策概述

（一）住房社会政策的概念

住房社会政策概念。

（二）住房社会政策的类型

按提供住房的方式来划分，可以分为政府直接提供住房和主要提供住房政策支持两种方式；按住房政策支持工具类型来划分，可以分为土地政策、价格政策、财政政策和金融政策等；按住房补贴的对象来划分，可以分为补贴给供方和补贴给需方。

（三）我国住房社会政策的演变

计划经济体制下的住房社会政策；市场经济体制下的住房社会政策。

### 第二节　住房社会政策的主要内容

（一）住房公积金政策

住房公积金的概念。住房公积金具有强制性、专有性、专用性、互助性、保障性等特点。住房公积金的管理实行住房公积金管理委员会决策、住房公积金管理中心运作、银行专户存储、财政监督的原则。

（二）公共租赁住房政策

公共租赁住房的概念。

公共租赁住房具有公共性、租赁性、保障性等特点。公共租赁住房运行管理主要涉及保障对象、审核机制、轮候制度、配租、使用、退出管理等。

（三）保障性租赁住房政策

保障性租赁住房的概念。

保障性租赁住房具有投资主体多元化、供需匹配精准化、土地政策系统化等特点。保障性租赁住房建设支持政策主要有：土地政策、金融政策、财政政策、价格政策等。

（四）棚户区和危房改造政策

城市棚户区改造政策包括：财政政策、金融政策、土地政策、安置补偿政策、多方共建政策等。农村危房改造政策主要涉及：资金筹集、补助对象、补助标准、审核程序、改造方式等。

### 第三节　住房社会政策的发展

（一）对住房社会政策的再定位

从政策属性上看，房地产政策是一种经济政策，主要着眼于市场效率；而住房社会政策，更注重社会公平和居民的基本住房需求，它要解决的问题是，使不同收入状况的居民住有所居。

（二）我国住房社会政策的发展

突出住房的民生属性，夯实政府主体责任，完善住房保障基础性制度和支持政策，构建租购并举的住房政策体系，完善城镇住房保障体系。

## 三、考核知识点与考核要求

（一）住房社会政策概述

1. 识记：住房社会政策的概念。

2. 领会：住房社会政策的类型。

3. 简单应用：（1）住房政策支持工具的类型；（2）住房补贴“补砖头”和“补人头”的区别。

4. 综合应用：我国住房社会政策的演变。

（二）住房社会政策的主要内容

1. 识记：（1）住房公积金的概念；（2）公共租赁住房的概念；（3）保障性租赁住房的概念。

2. 领会：（1）住房公积金的特点；（2）公共租赁住房的特点；（3）保障性租赁住房的特点。

3. 简单应用：（1）住房公积金的提取条件；（2）公共租赁住房并轨运行要求；（3）保障性租赁住房建设支持政策；（4）棚户区改造的补偿安置政策；（5）农村危房改造的资金筹集渠道。

4. 综合应用：住房社会政策的主要内容。

（三）住房社会政策的发展

1. 识记：住房政策双重属性的内容。

2. 领会：住房的民生属性。

3. 简单应用：租购并举住房社会政策的含义。

4. 综合应用：我国住房社会政策的发展趋势。

## 四、本章重点与难点

本章重点是住房社会政策的概念和类型，我国住房社会政策的演变和发展趋势，我国的住房公积金政策、公共租赁住房政策、保障性租赁住房政策、棚户区和危房改造政策。本章难点是对我国住房社会政策演变逻辑的理解。

# 第十四章　社会服务政策

## 一、学习目的与要求

通过本章的学习，学生应对社会服务政策的产生与发展历程、基本概念以及中国社会服务政策的演变有基本的了解；掌握社会服务政策的作用；掌握老年人社会服务政策、残疾人社会政策以及儿童社会服务政策的主要内容，认识社会服务政策的发展趋势。

## 二、课程内容

### 第一节　社会服务政策概述

（一）社会服务政策的概念和内容

社会服务政策是政府为了保障公民的权益和提高社会福利而实施的一项社会政策。

社会服务政策主要包括：老年人社会服务；儿童社会服务；残疾人社会服务。

（二）社会服务政策的类型和作用

社会服务政策的类型：剩余型社会服务政策；制度型社会服务政策。

社会服务政策的作用：满足社会需求；促进个人发展；维护社会稳定。

（三）我国社会服务供给方式

计划经济时期的社会服务供给方式；改革开放后的社会服务供给方式。

### 第二节　社会服务政策的主要内容

（一）老年人社会服务政策

老年人社会服务政策的发展历程：计划经济时期的老年人社会服务政策；改革开放后的老年人社会服务政策。

老年人社会服务内容与相关政策：社区居家养老服务政策；机构养老服务政策；医养结合政策。

（二）残疾人社会服务政策

残疾人社会服务政策的发展历程：计划经济时期的残疾人社会服务政策；改革开放后的残疾人社会服务政策。

残疾人社会服务内容与相关政策：残疾人康复服务政策；残疾人教育服务政策；残疾人就业服务政策；残疾人托养服务政策。

（三）儿童社会服务政策

儿童社会服务政策的发展历程：计划经济时期的儿童社会服务政策；改革开放后的儿童社会服务政策。

儿童社会服务内容与相关政策：面向全体儿童的社会服务政策；面向特殊儿童的社会服务政策。

### 第三节　社会服务政策的发展

（一）构建全体老年人享有的基本养老服务体系

健全国家基本养老服务清单制度；优化基本养老服务的供给机制；推动基本养老服务体系的系统集成。

（二）建立积极的残疾人社会服务体系

建立赋权化的残疾人福利服务政策；完善残疾人就业服务政策体系。

（三）构建普惠型儿童社会服务政策体系

建立普惠的儿童津贴制度；加快发展多层次的托育服务体系。

### 三、考核知识点与考核要求

（一）社会服务政策概述

1. 识记：(1) 社会服务的概念；(2) 社会服务政策的概念。

2. 领会：(1) 社会服务政策的作用；(2) 我国社会服务政策发展脉络。

3. 简单应用：(1) 我国社会服务政策的类型；(2) 社会服务政策的作用。

（二）社会服务政策的主要内容

1. 识记：(1) 老年人社会服务政策的概念；(2) 残疾人社会服务政策的概念；(3) 儿童社会服务政策的概念。

2. 领会：(1) 老年人社会服务政策的主要内容及服务对象；(2) 残疾人社会服务政策的主要内容及服务对象；(3) 儿童社会服务政策的主要内容及服务对象。

3. 简单应用：(1) 老年人社会服务政策在改革开放前后的发展特点；(2) 医养结合政策的主要内容；(3) 面向全体儿童的社会服务政策的主要内容。

4. 综合应用：社会服务政策的主要内容及发展历程下，不同时期社会服务政策的发展特点。

（三）社会服务政策的发展

简单应用：(1) 我国老年人社会服务的发展趋势；(2) 我国残疾人社会服务的发展趋势；(3) 我国儿童社会服务的发展趋势。

### 四、本章重点与难点

本章重点是了解社会服务政策的概念、类型；我国老年人、残疾人、儿童社会服务政策的主要内容。本章难点是掌握我国社会服务政策的发展脉络、社会服务政策的发展趋势。

## 第十五章　中国社会政策发展方向

### 一、学习目的与要求

通过本章学习，学生能够较为全面、系统地掌握中国社会政策发展的总体趋势；掌握中国式现代化对社会政策发展提供的新动力；熟悉中国社会政策发展的取向；认识中国社会政策发展面临的新任务和新要求。

### 二、课程内容

#### 第一节　中国社会政策发展的新动力

（一）中国式现代化推动社会政策从边缘到中心

社会政策成为国家治理的重器；社会政策对象范围将扩展到全体国民；社会政策体系转型。

(二) 以共同富裕为标志的社会政策时代来临

中国社会政策体系的重构目标与共同富裕日标一致;中国社会政策向社会传递公平正义的价值理念,塑造共同富裕社会的道德价值基础;中国社会政策具备参与构建超大规模国家的治理能力。

### 第二节　中国社会政策的发展取向

(一) 以人民为中心的取向

坚持以人民群众利益为发展动力的社会政策改革;建立健全防范化解全生命周期风险的社会政策体系;建构完善以社会服务为主体,多种治理手段相融合的社会政策体系。

(二) 积极社会政策的取向

积极社会政策的主要内容和重点;儿童福利的发展。

(三) 覆盖全生命周期的取向

对于不同年龄阶段的全覆盖;对于生命历程中所有时期的全覆盖。

### 第三节　中国社会政策发展的新任务

(一) 促进社会公平正义,化解新的社会风险

实施创新就业促进政策,以高质量就业促进劳动者收入水平稳定增加;完善再分配制度,形成共享发展的新格局;发挥第三次分配的调节作用。

社会政策积极化解人口老龄化风险;社会政策积极化解低生育风险。

(二) 解决新出现的社会问题,不断提高人民福祉

社会政策积极应对新业态的冲击;社会政策促进女性“工作-家庭”平衡。

(三) 促进经济发展和民生改善良性循环,建设社会服务国家

民生改善对经济发展具有重要的托底作用和促进作用;促进劳动者就业和经济参与;引导形成积极的社会心态;阻断贫困代际传递。

## 三、考核知识点与考核要求

(一) 中国社会政策发展的新动力

1. 识记:中国式现代化的概念。

2. 领会:(1) 中国式现代化的基本内涵;(2) 社会政策从边缘到中心的基本内容;(3) 以共同富裕为标志的社会政策时代来临的基本内容。

3. 简单应用:(1) 中国式现代化对社会政策从边缘到中心的推动;(2) 以共同富裕为标志的社会政策时代来临。

4. 综合应用:中国式现代化对社会政策发展的新动力。

(二) 中国社会政策的发展取向

1. 识记:(1) 以人民为中心的主要内容;(2) 积极社会政策的主要内容;(3) 全生命周期的主要内容。

2. 领会:(1) 以人民为中心的社会政策基本内涵;(2) 积极社会政策的主要内容;(3) 覆盖全生命周期的社会政策基本内涵。

3. 简单应用:(1) 何为以人民为中心的社会政策;(2) 积极社会政策的基本特征;

（3）覆盖全生命周期社会政策的主要内容。

4. 综合应用：中国社会政策发展的取向。

（三）中国社会政策发展的新任务

1. 识记：（1）积极应对人口老龄化的政策内容；（2）生育支持政策的概念。

2. 领会：（1）经济社会发展中的新风险的主要内容；（2）经济社会发展中新问题的主要内容；（3）促进经济发展和民生保障的良性循环的主要内容。

3. 简单应用：（1）中国社会政策的发展促进社会公平正义，化解社会风险；（2）中国社会政策的发展解决社会问题，提升人民福祉；（3）中国促进经济发展和民生保障的良性循环，建设社会服务国家。

4. 综合应用：中国社会政策发展的新任务。

## 四、本章重点与难点

本章重点是理解社会政策从边缘到中心的基本内容、共同富裕对社会政策的新要求；积极社会政策的主要内容、全生命周期的主要内容；积极应对人口老龄化的政策内容和生育支持政策的概念。本章难点是领会中国社会政策发展的价值取向基本内容，掌握中国社会政策发展的新任务。

# Ⅳ　关于大纲的说明与考核实施要求

## 一、课程自学考试大纲的目的和作用

课程自学考试大纲根据专业考试计划的要求，结合自学考试的特点而确定。其目的是对个人自学、社会助学和课程考试命题进行指导和规定。

本课程自学考试大纲明确了课程学习的内容及其深度和广度，规定了课程自学考试的范围和标准。因此，它是编写本课程自学考试教材和辅导书的依据，是社会助学组织进行自学辅导的依据，是自学者学习教材、掌握课程内容知识范围和程度的依据，也是进行自学考试命题的依据。

## 二、课程自学考试大纲与教材的关系

课程自学考试大纲是进行学习和考核的依据，教材是学习掌握课程知识的基本内容与范围，教材的内容是大纲所规定的课程知识和内容的扩展与发挥。课程内容在教材中可以体现一定的深度或难度，但在大纲中对考核的要求一定要适当。

大纲与教材所体现的课程内容应基本一致；大纲里面的课程内容和考核知识点，教材里一般也要有。反过来，教材里有的内容，大纲里就不一定体现。如果教材是推荐选用的，其中有的内容与大纲要求不一致的地方，应以大纲规定为准。

## 三、关于自学教材

《社会政策概论》，全国高等教育自学考试指导委员会组编，林闽钢主编，中国人民大学出版社，2024 年版。

## 四、关于自学要求和自学方法的指导

本大纲的考核要求是依据专业考试计划和专业培养目标而确定的，明确了课程的基本内容，以及对基本内容掌握的程度。考核知识点构成了课程内容的主体部分。因此，课程基本内容掌握程度、课程考核知识点是高等教育自学考试考核的主要内容。

为了有效地指导个人自学和社会助学，本大纲已指明了课程的重点和难点。

本课程共 4 学分。

根据学习对象为成人、在职、业余、自学等情况，建议学习本课程的自学考试者应充分发挥自身理解能力强的优势，结合自己的社会阅历和职业经验来理解《社会政策概论》全书十五章的内容，全面系统地掌握社会政策的基本理论和基本方法，切忌在没有全面系统学习教材的情况下孤立地去抓重点。具体建议有以下几点：

首先，按照课程章节进行快速泛读，全面了解《社会政策概论》各章节内容之间的逻辑关系，初步构建自己的《社会政策概论》的知识体系和逻辑思维导图。

其次，按照课程内容的各个板块（章节）进行深入、系统的学习，注重了解和掌握社会政策的基本理论和基本知识，初步掌握社会政策各个领域的理论和方法。在理解的基础上，记忆应当识记的基本概念，并掌握一些重要方法，包括计算方法、分析判断方法等。

最后，“社会政策概论”虽然是一门基础性的课程，但也是一门实践性很强的课程，因此，自学考试者在学习中应把课程内容同我国经济和社会的实践联系起来，特别是对我国社会政策领域的发展趋势要格外注意；在研究分析案例的过程中加深领会教材的内容，将知识转化为能力，培养与提高自己正确分析社会政策的能力。

## 五、对考核内容的说明

1. 本课程要求自学考试者学习和掌握的知识点都作为考核的内容。课程中各章的内容均由若干知识点组成，在自学考试中成为考核知识点。因此，课程自学考试大纲所规定的考试内容是以分解为考核知识点的方式给出的。由于各知识点在课程中的地位、作用以及知识自身的特点不同，自学考试对各知识点分别按照识记、领会、简单应用和综合应用四个认知（或能力）层次确定其考核要求。

2. 在考试之日起 6 个月前，由全国人民代表大会和国务院颁布或修订的法律、法规都将列入相应课程的考试范围。凡大纲、教材内容与现行法律、法规不符的，应以现行法律、法规为准。命题时也会对我国经济建设和科技文化发展中的重大方针政策的变化予以体现。

## 六、关于考试方式和试卷结构的说明

1. 本课程考试采用闭卷、笔试的方式，满分 100 分，60 分及格。考试时间为 150 分钟。

2. 本课程试卷中对不同能力层次要求的分数比例大致为：识记占 20%，领会占 30%，简单应用占 30%，综合应用占 20%。

3. 要合理安排试题的难易程度。试题的难度可分为易、较易、较难、难四个等级。每份试卷中不同难度试题分值比例一般为：易的试题占 20%，较易的试题占 30%，较难的试题占 30%，难的试题占 20%。

4. 本课程考试试卷采用的主要题型一般有：单项选择题、多项选择题、辨析题、简答题、论述题、案例分析题等题型。

# 附录：题型举例

**一、单项选择题（在每小题列出的备选项中只有一项是最符合题目要求的，请将其选出）**

剩余型社会政策和制度型社会政策的主要分类依据是

A. 社会政策执行主体　　B. 社会政策层级高低

C. 政府介入程度　　D. 社会政策作用领域

**二、多项选择题（在每小题列出的备选项中至少有两项是符合题目要求的，请将其选出，错选、多选或少选均无分）**

我国住房公积金具有的特点有

A. 强制性　　B. 专有性　　C. 互助性　　D. 保障性　　E. 专用性

**三、辨析题（判断正误，并说明理由）**

社会政策的执行主体必须是政府。

**四、简答题**

简述社会政策制定的原则。

**五、论述题**

论述社会政策如何促进职场女性实现“工作-家庭”的平衡。

**六、案例分析题**

福建三明是依托老工业起家的城市，“未富先老”问题一度颇为严重，医疗费用每年呈两位数增长。2012年，在医保基金面临“穿底”风险的情况下，三明医改正式启动。通过医疗、医保、医药“三医”联动，再到组建总医院、医保基金“双打包”支付，三明医改已迈入“以健康为中心”阶段。一系列改革举措组成“组合拳”，理顺了医保管理体制，让药品回归治病功能，也让医生回归了看病角色。

**问题：**试用国民健康政策的相关知识分析三明医改成功的原因。

# 大纲后记

《社会政策概论自学考试大纲》是根据《高等教育自学考试专业基本规范（2021年）》的要求，由全国高等教育自学考试指导委员会公共管理类专业委员会组织制定的。全国高等教育自学考试指导委员会公共管理类专业委员会对本大纲组织审稿，根据审稿会意见由编者做了修改，最后由公共管理类专业委员会定稿。

本大纲由南京大学林闽钢教授编写；参加审稿并提出修改意见的有南京大学孙亚忠教授、南京农业大学姚兆余教授、河海大学韩振燕教授。

对参与本大纲编写和审稿的各位专家表示感谢。

**全国高等教育自学考试指导委员会**
**公共管理类专业委员会**
**2023年11月**

全国高等教育自学考试指定教材

# 社会政策概论

全国高等教育自学考试指导委员会　组编

# 编者的话

社会政策与人民福祉密切相关，是政府为解决社会问题和促进社会发展而制定的一系列政策措施。社会政策覆盖广泛，涉及劳动就业、社会保险、反贫困与社会救助、健康、教育、住房等内容，中国社会政策历经多次改革和发展，已逐步形成具有中国特色社会主义的政策体系。随着共同富裕的不断推进，社会政策的作用越来越重要，“社会政策概论”课程也成为公共管理类专业人才培养环节中一门重要的基础课程。学习社会政策知识，对于提升个人的专业修养、掌握政策制定和政策执行等方面的知识、促进社会公正，具有重要意义。

为适应我国高等教育自学考试教育发展的新形势，培养应用型人才，满足广大考生学习的需要，在全国高等教育自学考试指导委员会的指导下，编写了这本《社会政策概论》教材。本教材旨在帮助学生自学关于社会政策的相关基础知识，掌握社会政策各领域的主要内容和分析方法。

本教材由林闽钢教授担任主编，拟定教材写作大纲。参加本教材编写的人员有：江西财经大学赖志杰副教授（第一章）、甘肃政法大学徐毅成副教授（第二章）、海南大学王章佩教授（第三章）、南京航空航天大学康镇讲师（第四章）、浙江工业大学祝建华教授（第五章）、南京审计大学丁学娜副教授（第六章）、云南民族大学李凤琴副教授（第七章）、湖南大学杨晶副教授（第八章）、南京大学霍萱助理研究员（第九章）、江苏大学张心洁副教授（第十章）、南京邮电大学刘璐婵副教授（第十一章）、华南师范大学吴小芳讲师（第十二章）、河南财经政法大学王增民副教授（第十三章）、南京财经大学梁誉副教授（第十四章）、河海大学王锴讲师（第十五章）。本教材由主编林闽钢教授统稿，南京大学硕士研究生汤沺甜负责整理参考文献。

本教材在案例收集和编写过程中，参考了许多专家、学者和互联网上未署名者的相关研究成果，吸收了许多观点，在此致以诚挚的谢意。

本教材在策划、编写和出版过程中，得到了全国高等教育自学考试指导委员会公共管理类专业委员会的大力支持和帮助，谨表深切谢意。

由于时间、精力和水平有限，书中难免有不妥之处，欢迎广大读者和考生批评指正。

**林闽钢**
**2023 年 11 月**

# 第一章　导论

## 本章提要

学习社会政策，首先要明晰什么是“社会政策”。对社会政策概念的学习从“政策”入手，掌握其制定主体、目标和表现形式。社会政策是现代国家为解决社会问题、提升国民福祉、促进社会融合而采取的原则、方针和行动，具有社会性、政治性、利益相关性和价值相关性等特征。社会政策可以按作用领域、政府介入程度、层级高低进行分类；其内容既表现为一系列的政策文本，也表现为政策制定、执行、评估等一套制度化的行动过程，同时又包含若干政策主体、对象、资源和运行等要素。社会政策有多重目标，包括满足社会成员的基本需要、保障基本社会权利的直接的微观目标，也包括社会目标、政治目标、经济目标等间接的宏观目标。社会政策对社会各方面产生一定的影响，具有增进社会团结、促进收入再分配、推动经济发展和提升民众认同的功能。

## 引导案例

### 发挥社会政策的兜底保障功能

贵州是全国脱贫攻坚的主战场，贫困人口多、贫困程度深，兜底保障任务繁重艰巨，为破解工作中存在的难题，主要采取了以下措施：第一，创建低保标准与扶贫标准衔接机制，确保兜住底。持续较大幅度提高农村低保标准，确保兜牢底。第二，创建低保对象与扶贫对象衔接机制，确保兜准底。创建农村低保对象与建档立卡贫困人口“三共同”认定机制，为两项制度对象有效衔接奠定坚实基础。创建“双清双入双退”机制，确保“应保尽保、应扶尽扶”。完善农村低保对象认定机制，努力做到精准兜底。全面健全完善以入户收入核查为核心，以民主评议、张榜公示、县乡抽查为基本保障，以家庭经济状况核对为补充的农村低保对象认定机制。通过完善机制，建立起了对象准确、待遇公正、进出有序、管理规范的农村低保工作格局。第三，创建社会救助与扶贫开发政策衔接机制，切实增强脱贫攻坚整体合力。健全农村低保对象渐退政策，强化兜底保障与激发贫困群众内生动力的衔接。第四，创建社会救助与特殊贫困群体脱贫衔接机制，确保摆脱贫困不落一人。健全分类施保政策。

这四项衔接机制有效统筹了救助扶贫与开发扶贫资源，强化了社会救助兜底保障功能，切实履行了民政部门脱贫攻坚“兜底一批”职责，全面筑牢贫困群众“两不愁”底线，有力助推贵州省决战决胜脱贫攻坚。

资料来源：国家发展和改革委员会社会发展司．脱贫攻坚的伟大实践：社会领域公共服务助力脱贫

攻坚典型案例［M］. 北京：中国计划出版社，2021.

**案例思考：**

（1）什么是社会政策？

（2）社会政策与经济社会发展有何关系？

（3）如何理解“社会政策要托底”？

# 第一节　社会政策的概念和特征

## 一、社会政策的概念

政策是国家、政党为实现一定历史时期的路线和任务而规定的行动准则。[①] 该定义包含至少三个核心内容：政策的制定主体是国家与政党；政策的制定目的是实现路线与任务；政策的表现形式是行动准则。

社会政策是工业化和城市化的产物，是现代国家为解决社会问题、提升国民福祉、促进社会融合而采取的原则、方针和行动。在这个意义上，能够增进国民福祉的政策都属于社会政策的范畴，主要包括劳动就业政策、社会保险政策、反贫困与社会救助政策、国民健康政策、人口与家庭政策、教育社会政策、住房社会政策、社会服务政策等。

## 二、社会政策的特征

### （一）社会性特征

社会政策的社会性特征首先体现为其所要解决的是社会问题。社会问题影响社会成员生活，社会问题发展到一定程度可能产生破坏性的后果而扰乱社会秩序，所以受到社会大众的普遍关注。同时，社会政策制定、执行和评估均体现了社会性。在制定社会政策的过程中，政府需要广泛征求社会各阶层的意见和建议，调动社会成员、社会组织等社会力量的积极参与。在社会政策执行过程中，不仅需要政府直接投入资源，还需要动员社会力量发挥各自的重要作用。在社会政策评估环节，相较于经济效益，更强调社会政策所产生的社会效益。

### （二）政治性特征

社会政策还具有明显的政治性特征。从社会政策所要解决的社会问题的重要性来看，直接涉及民众根本利益和国家、民族长远发展的社会问题通常被优先纳入政策议程。政府掌握着大量的社会与经济资源，有能力也有责任来解决这些社会问题，对内提升民众的福利水平以满足民众的基本需求，对外提升国家综合竞争力和国际政治影响力。由此可见，一个国家制定和实施的社会政策体现政府或执政党的执政理念，也是政府获取民众认同与支持从而巩固执政基础的重要途径。

① 夏征农，陈至立．辞海（缩印本）［M］. 6版．上海：上海辞书出版社，2010：2434.

### （三）利益相关性特征

社会政策是政府对社会利益分配予以一定的干预使其合理化，因而具有利益相关性特征。维护公共利益是社会政策的出发点和落脚点，这是因为社会问题涉及全体社会成员或部分社会成员，如若得不到有效解决将影响社会共同生活，阻碍社会协调发展。换言之，社会政策立足于社会公共生活，立足于能够及时回应公众的要求。当然，在社会政策制定和执行的过程中，也可能存在个人利益、团体利益和部门（机构）利益凌驾于公共利益之上的情形，造成社会政策的“政策失灵”，甚至引发新的社会问题。

### （四）价值相关性特征

价值性问题是现代社会政策的基石，一切社会政策都是为了寻求价值、确认价值、实现价值和分配价值。因此，社会政策无法回避价值性问题，社会政策的制定者（决策者）及执行者即使有意追求中立，但最终通常有其自身的价值倾向。在社会政策制定环节中，某个社会问题能否获得政府有关部门的关注而纳入政策议程，与决策者的价值观高度关联。同时，不管是政策的决策者还是目标对象，面对某个社会问题的多种社会政策方案，将在各自不同价值观的指引下做出不同的选择。在社会政策执行过程中，执行者和目标对象均可能基于自身价值观而采取不同行为，对政策预期目标的实现程度产生一定的影响。

# 第二节　社会政策的分类和内容

## 一、社会政策的分类

### （一）按社会政策作用领域分类

按作用领域分类是社会政策最常见的分类方式，可分为劳动就业政策、社会保险政策、反贫困与社会救助政策、国民健康政策、人口与家庭政策、教育社会政策、住房社会政策、社会服务政策。各项社会政策还可以做进一步的细分，如我国社会救助政策按具体的作用领域可分为最低生活保障政策、特困人员供养政策、受灾人员救助政策、医疗救助政策、教育救助政策、住房救助政策、就业救助政策和临时救助政策等。

### （二）按政府介入程度分类

根据政府对于社会问题的介入程度，社会政策可以分为剩余型社会政策（也称为补缺型社会政策）和制度型社会政策。

剩余型社会政策的核心理念是强调个人责任，政府只在社会成员个人及其家庭的自身努力无法有效发挥作用的情形下才介入，其原则是选择性。剩余型社会政策需要借助一定的方式，如家计调查，筛选出政策的目标对象。因此，剩余型社会政策的目标对象仅是符合一定资格的社会成员，该类型社会政策是政府对社会问题的有限介入。

制度型社会政策的核心理念认为政府理所应当面向全体社会成员提供不带任何施舍性质的社会保护，其原则是普遍性。如英国的国民健康服务是典型的普遍性社会政策，医疗服务的提供不受公民的收入、身份、职业、信仰、阶层等因素的影响。制度型社会政策是政府将社会问题视为当然责任，不加选择地面向全体社会成员提供无差别的物质帮助或服务。

### （三）按社会政策层级高低分类

一个国家或地区的社会政策体系由若干层级分明的政策组成，可以分为统领社会政策、基本社会政策和具体社会政策。

统领社会政策在社会政策体系中处于最高层次，是基本社会政策和具体社会政策制定的基本依据。统领社会政策可以是执政党党纲和宪法的有关条文，也可以是政府的正式文件，抑或是执政党领袖、国家元首、政府首脑的讲话、指示或批示，在表述上通常是全局性、原则性、方向性的。

基本社会政策在社会政策体系中处于中间层级，承上启下地连接着统领社会政策和具体社会政策。基本社会政策一方面将统领社会政策中的规定具体化，另一方面也是具体社会政策制定的依据和原则。按照性质不同，基本社会政策又可以分为阶段性基本社会政策和领域性基本社会政策，前者贯穿于某一历史阶段，对该阶段各项具体社会政策起主导作用；后者在社会生活某个领域、某个方面起主导作用。基本社会政策一般由国家最高决策机构或其直接授权的机构根据统领社会政策制定，具体的表现形式可以是法律、行政法规、政府文件等。

具体社会政策在社会政策体系中处于最低层级，是基本社会政策的具体化。具体社会政策的一个显著特征是可操作性强，便于基层执行主体对统领社会政策、基本社会政策的贯彻、执行，以更好地实现政策目标。具体社会政策一般由所属行政管理部门制定，具体表现形式可以是条例、细则、说明、办法等。

## 二、社会政策的内容

### （一）社会政策体系

在工业化社会中，世界各国政府对于社会问题的干预十分广泛，形成了一个庞大的社会政策体系。按作用领域形成由各项目组成的社会政策体系，而每一个领域的社会政策又自成体系，内部的政策可以按政府介入程度、政策层级高低进一步分类。

### （二）社会政策过程

社会政策是一套制度化的行动过程，包括制定、执行、评估，在评估基础上进行的调整和终止也包含其中。政策过程的每一个环节均有不同的任务和具体行动，保障着社会政策稳步推进并实现预期的政策目标，每个环节也均有不同的因素在影响社会政策的行动过程。

### （三）社会政策要素

社会政策要素是指制定、执行和调整社会政策的行动或过程中最重要的影响因素，包括社会政策的主体、对象、资源和运行。这些要素在实践上构成一个社会政策行动不可或缺的因素。

## 第三节 社会政策的目标和功能

社会政策是政府制定和实施的治理社会问题的规则及行动体系，因此，社会政策均有明确的目标。同时，社会政策在实现其目标的过程中也将对社会各个方面产生不同程度的影响，具备一定的功能。

### 一、社会政策的目标

社会政策的目标是社会政策所要解决的问题。由于当代社会问题的复杂性，不管是某一项具体的社会政策还是某一个社会政策体系，均有多重目标。

#### （一）社会政策的微观目标

对于社会个体而言，社会政策应该能够满足民众的基本需要和保障其基本的社会权利。这个微观目标也可以理解为是社会政策的直接目标，是社会政策最直接要解决的问题。

（1）满足社会成员的基本需要。基本需要是指特定社会中的个体维持其生存而必须达到的基本生活条件。衣食住行和健康被认为是基本需要，具有普及性和客观性特征。市场和家庭是社会成员满足基本需要的两个常规途径，但一方面，总有一部分人或是受身体条件的限制无法参与市场经济，或是在市场竞争中受挫而无法获得满足基本需要的收入；另一方面，也总有一部分家庭没有能力保障其家庭成员的基本需要。这些不幸者最终需要政府“兜底”，政府通过制定和实施社会政策托底来满足其基本需要。

（2）保障基本社会权利。现代国家都将获得基本的就业和收入、社会保障、教育、健康以及基本的居住条件等规定为人的基本权利，并将其纳人人权保障体系中的“社会权利”的范畴。社会政策的目标是要保障社会成员的社会权利，重点通过在就业、社会保障、教育、医疗卫生、住房等方面提供必要的物质帮助和社会服务，以及对老年人、残疾人、儿童等特殊困难群体提供专门的帮助从而保障每个公民的基本社会权利。

#### （二）社会政策的宏观目标

从国家层面而言，社会政策不仅要实现以上直接的微观目标，还有间接的宏观目标，具体包括社会目标、政治目标和经济目标。

（1）社会目标。社会目标是缩小和消除社会不平等，努力推动全体社会成员共享社会发展成果。由于社会是由众多独立个体组成的，因此满足社会成员基本需要、保障基本社会权利的微观目标的实现，对政府而言也意味着社会目标的实现。

（2）政治目标。社会政策以社会问题为导向，某个社会问题之所以能够纳入政策议程，原因通常是该社会问题引发了广大民众的关注，不予解决则可能动摇执政基础。换言之，政府或执政当局制定和实施某项社会政策，通常带有明确的政治目标。例如，现代意义上的社会保险制度最早出现在德国，19 世纪 80 年代德国首相俾斯麦着手立法制定该社会政策的目的就在于缓和阶级矛盾、消解工人运动，具有很强的政治性。

（3）经济目标。通过社会政策促进经济发展，也是各国政府制定和实施社会政策的目标之一。这主要是因为社会政策可以减免劳动者对疾病、工伤、失业等的后顾之忧，从而有利于调动其劳动积极性；社会政策还可以提高低收入群体的收入水平，从而有利于提升其消费能力，拉动经济增长。例如1935年美国颁布《社会保障法》，其重要目标就是应对所遭遇的经济危机。

## 二、社会政策的功能

社会政策在实现社会目标、政治目标和经济目标的过程中，将对社会各方面产生一定的影响，主要包括增进社会团结、促进收入再分配、推动经济发展和提升民众认同。

### （一）增进社会团结

现代社会的社会成员之间的共同联系有所弱化，人们倾向于认同诸如以职业、收入为区分标准的有限群体而不是认同整个社会，公共的集体意识被严重削弱。社会政策追求社会问题特别是弱势群体问题的解决，以实现社会公平正义。具体说来，通过组织动员不同社会群体共同解决弱势群体的生存困难，社会政策可以促进社会成员之间的相互关怀、增强弱者的能力，从而实现社会整合和团结。

### （二）促进收入再分配

市场经济条件下的初次分配注重效率，总有一部分社会成员无法参与市场经济或在竞争中处于劣势，从而无法获得收入或无法获得足够的收入以维持基本生活需要。政府以税收等方式筹集公共资源，通过制定和实施一系列的社会政策，向这部分弱势群体提供现金和服务帮扶，从而实现收入再分配。换言之，强调效率的初次分配容易导致收入贫富差距过大，而社会政策强调公平，能够促进收入全社会范围内的再分配。

### （三）推动经济发展

社会政策促进经济发展的功能通过多种途径实现：首先是通过实施收入再分配，构建了经济发展所需的稳定的社会环境。其次是为经济发展持续提供高质量劳动力。大量的劳动就业政策、社会保险政策、国民健康政策、教育社会政策、人口与家庭政策、住房社会政策等保障了劳动力身体素质、劳动技能处于较高水平，且有利于人口再生产。再次是刺激社会需求，增加消费，促进社会生产。

### （四）提升民众认同

社会政策解决社会成员面临的社会问题，从而获得社会成员对社会政策的认可。而政府是社会政策的制定和实施主体，社会成员对社会政策的认可实际上就是对政府行为的肯定和认同。换言之，政府通过社会政策可以树立良好形象，从而获得民众的认同，强化执政根基。从世界范围内社会政策的发展来看，各国都高度重视发挥社会政策提升民众认同的功能。

## 思考题

1. 如何理解中国社会政策的内涵和外延？
2. 社会政策目标与经济政策目标的联系和区别。
3. 如何理解中国社会政策的托底性功能？

# 第二章　社会政策要素

## 本章提要

社会政策的基本要素包括社会政策的主体、社会政策的对象、社会政策的内容三个方面。掌握社会政策主体的特点和作用、社会政策对象的分类和模式、社会政策的资源和运行机制具有重大意义。社会政策的制定、社会政策的执行和改革，以及对社会政策的理论研究都主要围绕这几个方面展开。因此，了解社会政策的基本要素是理解社会政策决策和执行的基础。

## 引导案例

### 社会资本参与养老服务到底难在哪里?

近年来，国家高度重视养老服务业发展，出台了一系列政策措施，鼓励民间资本参与养老服务产业，取得明显成效。通过基层调查发现，目前社会资本参与养老服务业发展仍存在瓶颈，需要破解。总结起来，主要有以下几个方面：

一是用地难。由于养老建设用地指标较少，土地指标紧缺，特别是耕占补平衡指标难以解决，社会资本虽有投入意向，但土地问题成为社会资本参与养老服务业发展的主要瓶颈。

二是营利微。养老服务行业投资大，收回成本慢，兼具公益性和微营利特点，尽管各级出台一系列补贴政策，部分养老机构仍然运行艰难。据测算，目前社会化老年公寓每个床位开发建设成本超过 10 万元，而省、市两级对每个床位的补贴分别为 6 500 元、2 000 元（医养结合型补贴增加 20%），以山东省沂水县为例，省、市、县三级对民间老年机构每个床位的补贴合计 9 500 元（医养结合型为 10 200 元），相比 10 万元的开发成本，资金缺口仍然巨大。投入运营后，按每个床位每月收费 1 500 元计算，入住率达到 50%以上才能基本实现收支平衡。但从当前的养老消费水平计算，收回投资在短期内很难做到。

三是融资难。为获取更多政府优惠扶持政策（如划拨供地、减免税费、一次性建设投资补贴、运营补贴等），大多数社会资本选择将兴办的养老服务设施登记为民办非企业性质。民办非企业单位属于从事非营利性社会服务活动的社会组织，大多数银行拒绝为其土地及地上建筑物等办理抵押贷款，造成民办养老服务机构无法顺利获得金融贷款支持。加之目前社会慈善事业发展有限、社会捐助资金较少，导致民办养老服务机构发展相对滞后。

四是配套扶持政策门槛较高。虽然各级政府部门制定下发了一系列扶持政策，对民办养老机构给予各方面补贴，如建设补贴、运营补贴等，但在实际操作过程中有一定难度。日前山东省政策规定，根据入住老人失能情况，对符合国家标准的养老机构每年每张床位补助600～2 400元不等，但仍有部分地方多数社会养老机构硬件设施达不到国家规定标准，无法领取相关补助。

资料来源：谢诗晓．社会资本参与养老服务难到底难在哪里［N］．中国社会报，2018-01-22（4）．

**案例思考：**

（1）基本养老服务关系国家发展大计，那么政府在养老服务中的责任是什么？

（2）针对社会资本参与养老服务案例，从社会政策主体的角度做出分析，这一案例中的社会政策行动的主体都有谁？他们各自在社会政策行动中发挥着怎样的作用？如何看待各个主体之间的关系？

## 第一节　社会政策的主体

在一项社会政策行动中，社会政策的主体对社会政策的行动起到至关重要的作用，因而社会政策主体的问题是一个最基本的问题。① 在当代社会中，政府是社会政策行动主体中最主要的部分。但在现实的社会政策实践中，政府需要广泛动员社会中的各类组织和个人参与社会政策行动。

### 一、社会政策主体的不同角色

在现实的社会政策实践中，各类组织、群体和个人以各种方式参与社会政策行动，在社会政策的主体实践中担当着各种不同的角色。社会政策主体主要包含以下几个方面的角色：

#### （一）社会政策行动的责任者

在当代社会政策行动体系中，主体的责任是指为推动和完成社会政策行动所负有的法定义务，其中包括总体上的责任和各个方面的责任，前者是为社会政策行动的总体规划和组织行动而负有的责任，后者是指在社会政策的各个环节上的责任，包括为社会政策行动提供各种资源和具体的服务。

从广义上看，社会政策行动应该是全社会的责任，即社会中的每个人都具有一定的责任。但是在社会分工的条件下，社会政策行动的责任是具体落实到特定的组织或群体，并且每个社会也以制度化的方式规定各类组织、群体与个人在社会政策行动中应该分担的责任。

#### （二）社会政策行动的组织者

社会政策行动是一种有组织的公共行动，它除了需要社会各个方面的参与之外，还需要由特定的机构来承担组织行动的任务。这种组织行动包括制定政策法规、调动各种资源、协调各类组织的行动等。

---

① 林闽钢．中国社会政策［M］．武汉：武汉大学出版社，2011：27．

### （三）社会政策行动资源的提供者

社会政策行动需要大量的资源支持，其中包括财政资源、人力资源和物质资源等。社会政策的资源从总体上看是来自全社会。但在具体的社会政策行动过程中，需要社会中各类组织和个人以不同的方式向社会政策行动提供各种资源，这些资源的提供者也就在社会政策行动中直接或间接地成为社会政策主体的一部分。

### （四）社会服务的直接提供者

社会政策行动包含了大量社会服务（例如医疗卫生、教育、老人服务等），这些社会服务分别由医院、学校、公共养老院等各类专业机构提供。所有在社会政策框架内以各种方式参与提供相关社会服务的机构和个人都在不同程度上担当了社会政策行动主体的任务。

## 二、社会政策主体的不同层次

在社会政策的制度化体系中，每个主体行动者扮演了不同的角色，同时也都具有不同的责任、承担不同的任务。可以从各种不同的角度将社会政策的主体行动者分为不同的层次。

### （一）责任层次

各类行动者在社会政策行动中所负责任的大小是不同的，并由此在各个国家和各个不同的时期中，形成了不同的主体责任模式。可以按照各类行动者在社会政策行动中所负责任的大小而将他们划分为不同的责任层次。从社会政策主体责任层次的角度看，社会福利的制度模式体现的是以政府为主的责任模式，而补缺模式则体现的是其他主体为主的责任模式。

### （二）角色层次

在参与社会政策行动的各类行动者中，按其所担当角色的重要性差异可将其分为不同的角色层次。其中最高的角色层次是社会政策行动的总体责任者，即全面负责社会政策行动规划和总体行动的组织者，在各国一般都是由政府担当此类角色；其次是社会政策行动的资源提供者，其中最主要的是经费提供者；再次是具体的社会服务提供者。

### （三）公共行政层次

社会政策体系一般在总体上都是由政府负责规划、组织与协调的，因此从公共行政体系的角度看，社会政策的主体行动者包括中央政府、省级政府、地方政府、社区组织等层次的梯次结构。

社会政策体系中的公共行政层次最关键的意义在于其行动扩及或管辖范围的大小，而并不一定意味着高层次的组织就一定担负更多的财政责任。在有些国家和有些行动项目上，中央政府负有很大的责任，甚至是完全的责任，但在另外一些国家或另外一些项目中则可能是地方政府的责任更大。

在公共行政层次上的责任划分有两种相反的原则，一种是“低层次责任原则”，另一种是“高层次责任原则”。

低层次责任原则要求在满足民众需要的社会政策行动中首先由较低层次的机构负责，只有当低层次机构确实无法满足需要时，较高层次的机构才介入。因此，人们首先应该通过个人和家庭来满足自己的需要，当个人和家庭无法满足需要时，应该由地方社区介入，然后是地方政府，而中央政府应该是最后介入。低层次责任原则的最大特点是注重调动各个方面的责任，降低在社会政策行动中可能发生的“福利依赖”。

高层次责任原则持相反的要求，它强调通过较高层次的机构来采取更广泛的社会政策行动，以加强社会政策行动的力度，并达到更好的再分配效果。

## 三、政府在社会政策中的作用

政府作为社会政策行动中最主要的部分，其扮演不同的角色，并承担相应的责任，发挥不同的作用。

### （一）政策制定者和实施者

政策制定是对政策的实施原则、方案和具体手段等做出详细的部署，政策制定主要通过政府各级权力部门共同完成。社会政策的实施，须由政府内部不同的职能部门和不同层级的政府部门通力完成。其中，政府需要把握社会需求状况，制定相关政策法规和行动计划，协调社会中的个人、群体和组织参与社会政策行动以及规范他们在社会政策行动中的角色和责任，确保社会政策行动的运行。

### （二）资源提供者

社会政策的实施需要大量公共资源的支持，只有政府有能力有效地调动如此庞大的公共资源。政府在资源提供方面主要依托税收、专项收费、社会保险费和公共财政等方式筹措资金，通过再分配的方式向社会政策行动提供必要的财政支持，来完成各类社会服务项目。同时，政府还负责监督各类组织依法承担其在社会政策行动中应当担负的财政责任，以及通过各种优惠政策和激励宣传等方式鼓励各类组织参与社会政策行动，并且给予一定的资源支持。

### （三）政策宣传教育者

政府作为社会政策的主体，通过制定和实施社会政策来实现对公众进行政策目标和内容的宣传教育工作，也通过社会政策的实施来进一步教育群众认识社会问题，提高群众对于社会公平和正义等价值的认识。

### （四）服务提供者

这一角色体现在政府通过购买服务的方式，支持和规范社会组织参与承接政府购买服务，比如老年人服务、残疾人服务等，从而发挥政府购买服务的高效、灵活等优势。社会组织作为重要的承接主体，对于完善政府购买服务、推进政府购买服务改革具有不可或缺的作用。

## 四、社会组织的分类及作用

社会组织是参与社会政策行动中重要的组成部分。我国的社会组织主要包括社会团体、民办非企业单位和基金会。社会团体是由公民或企事业单位自愿组成、按章程开展活动的社会组织，包括行业性、学术性、专业性和联合性社团。民办非企业单位是由企业事业单位、社会团体和其他社会力量以及公民个人利用非国有资产举办的、从事社会服务活动的社会组织，分为教育、卫生、科技、文化、劳动、民政、体育、中介服务和法律服务等十大类。基金会是利用捐赠财产从事公益事业的社会组织，包括公募基金会和非公募基金会。它们不仅在参与和实施社会政策过程中发挥着重要作用，而且还在推行社会服务项目方面起到了积极的作用。

## 第二节　社会政策的对象

社会政策的对象是指社会政策行动的具体服务对象，也可以说是社会政策的受众或受益对象。

### 一、社会政策对象的分类

（1）就社会政策的对象特点来看，社会政策的对象可分为一般性对象和专门性对象。

社会政策的一般性对象，是指社会政策面向广泛的社会民众。在我国的社会政策体系中都有一些面向社会成员的一般性行动，例如九年义务制教育、公共卫生政策和城市社区中的福利性服务项目等，都属于此类项目。

社会政策的专门性对象，是指社会政策面向社会中需要专门化服务的群体。例如残障人福利事业、老年人福利服务项目、妇女福利服务和儿童福利事业等。

（2）就社会政策的运作方式来看，社会政策的对象还可以分为普遍性对象和选择性对象。

社会政策的普遍性对象，是指社会政策不考虑个人需求的差异，向所有社会成员或某些群体中的社会成员提供无差别的社会服务。例如我国的一些普惠性福利项目，为所有社会成员提供免费或低价的医疗服务，对 60 岁以上的老年人减免公共交通费，孕妇产假工资按实际工资发放全额等政策。

社会政策的选择性对象，是指社会政策行动有针对性地帮助社会中某些有特殊困难的社会成员，按选择性需要来确定服务对象。最典型的例子就是社会保障体系中的社会救助项目，只有按照一定的标准和程序确定之后的贫困者才能够成为社会救助项目的服务对象。

### 二、普遍性福利模式与选择性福利模式

在不同的社会政策模式下可能采取不同的方式确定社会政策的重点对象。社会政策行动具有两种基本模式，即普遍性福利模式和选择性福利模式。

#### （一）普遍性福利模式

普遍性福利模式是指政府不加区分地给全社会或某些群体中的所有社会成员都提供相同的福利待遇，而不论他们是否每个人都有相应的需要。

普遍性福利模式的优点在于它能够减少社会不平等现象的发生。由于每个人都能够获得相同的福利待遇，因此不会存在贫富差距过大的情况。此外，普遍性福利模式还能够提高社会稳定性和社会和谐度。当人们感到自己得到了公正的待遇时，他们就更容易认同政府的政策，从而减少社会动荡的可能性。

普遍性福利模式也存在一些缺点：第一，它需要大量的财政支出来支持这些福利待遇。第二，普遍性福利模式可能会导致人们的积极性和创造力下降。如果每个人都能够获得相同的待遇，那么他们就没有了追求更高收入和更好生活的动力。

### （二）选择性福利模式

选择性福利模式是指政府根据个人的特定情况或更倾向于社会中真正有特殊困难的某一类群体，并在此基础上将福利项目集中提供给那些最困难的个人或家庭。

选择性福利模式的优点在于它可以根据个人的需要来提供不同的福利待遇。这种模式可以更好地满足不同人群的需求，同时也能够激发人们的积极性和创造力。此外，选择性福利模式还可以减轻政府的财政负担，因为只需要为那些真正需要帮助的人提供福利即可。

选择性福利模式也存在一些缺点：第一，它容易导致社会不平等现象的发生。如果政府只向一部分人提供福利待遇，那么就会造成其他人的不满和抗议。第二，选择性福利模式可能会让那些没有得到帮助的人感到被遗忘和排斥，影响社会团结和稳定。

# 第三节 社会政策的内容

## 一、社会政策资源

社会政策资源是指政府实施社会政策所需要的人力、物力、财力和社会条件的总和。[①] 这些资源可以被用于满足政府实施社会政策的需求，例如提供教育、医疗、住房等公共服务，以及改善社会福利水平等。在当代社会政策体系中，政府和其他各类组织在社会政策行动中需要调动大量的人力、物力和财力来完成社会福利计划，这些内容都属于社会政策资源的范畴。

## 二、社会政策资源的形式

社会政策实施中需要各种各样的资源，从政府或其他组织资源投入的方式上看，可以将社会政策资源分为资金性资源和非资金性资源。资金性资源是指可以用货币计量的资源，例如政府拨款、税收、贷款等；非资金性资源则是指不能用货币计量的资源，例如人力资源、技术、信息等。[②]

在社会政策行动中，政府和其他各类组织以各种方式调动资源，以满足社会政策行动的需要。可以从政府调动资源的方式和非政府组织调动资源的方式来分别分析各种资源调

---

① 关信平．社会政策概论［M］．北京：高等教育出版社，2014：116．

② 刘建娥．政府驱动视域下公益创投项目评估及地方实践［J］．福建论坛（人文社会科学版），2020（7）．

动方式。

### （一）政府调动社会政策资源的方式

（1）税收。社会政策财政资源的主要来源是政府通过税收制度筹集的资金。在大多数情况下，政府通过统一的税收来获得财政收入，然后再根据需要来分配社会财政支出。但在某些情况下，政府也可能根据某种社会政策行动的特殊需要，在一定时期内设立一些特殊的税收项目。通过税收筹集财政资源的最大优势是其约束性和平稳性，而且政府可以根据社会经济发展和公众需求以及政府的公共政策目标对税收政策进行调整。

（2）专项收费。专项收费是指政府在履行其职能的过程中收取的费用，是具有专项用途或特殊用途的资金，这种资金一般都会要求进行单独核算，专款专用，不能挪作他用。

（3）政府融资。政府融资方式有发行证券、票据，借贷等。随着市场经济的快速发展，政府仅靠财政拨款的融资方式不能满足城市经济发展需要。对此，地方政府把债务性融资作为主要的融资方式。

（4）社会保险费。社会保险费指在社会保险基金的筹集过程中，职工和企业（用人单位）按照规定的数额和期限向社会保险管理机构缴纳的费用，它是社会保险基金的最主要来源。包括基本养老保险费、医疗保险费、失业保险费、工伤保险费等。

### （二）民间组织的资源调动方式

除政府组织外，民间存在的各种非政府组织及个人和群体也可以调动资源，来满足公众在社会政策行动中的需求。其主要方式有：

（1）社会融资。社会融资是指通过参与者共同支付资金，在一个组织、社区或一定范围内建立一些社会服务项目，以满足人们在某些方面的需求。社会融资的最大好处是捐款与福利挂钩，从而可以激励参与者。同时，社会融资项目可以更好地反映人们通过小规模集体行动解决自身困难的主动性，可以减少对政府的依赖，而且比商业服务更便宜。但社会融资通常在较小的规模上进行，在政府实施了大规模的社会政策行动之后，社会融资只是一种补充行动。

（2）社会捐赠。社会捐赠是指公民个人或组织自愿为社会公益事业作出的贡献。社会捐赠是一种古老的社会事业筹资方式，在当代社会仍具有重要意义。社会捐赠最重要的特征是它的自愿性。政府鼓励各种社会捐赠活动，并对捐赠活动给予谨慎的鼓励和一定的物质回报。

（3）志愿者服务。志愿者服务是指社会成员志愿贡献个人的时间及精力，在自愿的基础上利用其业余时间，在不为任何物质报酬的情况下，无偿地或低偿地为社会提供公益服务。随着社会的发展，志愿者服务逐渐成为一种独立的社会服务形式，得到了广泛的关注和支持。在当今社会中，志愿者服务不仅是一种社会责任和义务的体现，也是个人奉献社会的方式之一。

## 三、社会政策运行机制

社会政策运行机制涉及社会政策的构成、功能、各组成部分的相互关系及工作原理等多方面内容。

从广义上看，社会政策运行机制涵盖了社会政策行动所有阶段和环节的运行机制，包括社会政策主体的组织方式、资源调动机制、受益者选择机制、社会服务传递机制等各个方面。

从狭义上看，社会政策运行机制一般是指社会服务的传递机制，即政府的社会政策资金如何转化为一定的服务方式从而传递到受益者。

建立科学长效的社会政策运行机制，不仅能够有效保证社会政策改革的总体方向不发生偏离，而且还能促进社会政策的改革创新，及时化解各类社会矛盾和风险，协调社会建设与经济建设的步伐。社会政策运行机制的重要性主要在于以下两个方面：

（1）通过有效的运行机制可以规范社会政策行动中各个行动者的行为。社会政策行动的服务传递中涉及主体行动者和受益者之间的互动。在这一过程中，需要通过一系列的规则和组织安排来规范社会政策行动，使各方的行为都朝向合理化的方向。

（2）通过合理的运行机制可以兼顾社会政策行动公平与效率的目标。一套合理的运行机制将使社会政策行动效率提高，使所投入的公共资金能够在维护社会公平等方面获得更大的社会效益，进而使社会政策行动得到更多的社会支持。反之，则会因其效率的低下而导致公共资金的浪费，进而使社会政策行动难以达到预期的社会目标，从而使社会政策招致更多的批评。

## 四、社会政策运行模式

从社会政策的资金运行和服务传递的全过程看，可以按其福利性程度的高低将社会政策体系大致分为“纯福利运行模式”和“准市场运行模式”。

### （一）社会政策的纯福利运行模式

社会政策的纯福利运行模式，是指福利性社会事业完全由政府直接管理，或者由政府委托的“准政府”部门管理。该模式在社会事业中广泛实施再分配和收入转移；几乎所有的福利性社会服务都由政府的公共资金支持，受益者可以获得无偿的福利性服务而无须直接付费，可以在更大的程度上体现社会公平，并满足各类人群的福利需求，尤其是弱势人群的需求。

但社会政策的纯福利运行模式会导致福利性社会事业运行的低效率，导致大量的浪费，同时纯福利运行模式还可能导致受益者福利需求的不合理扩大，进而导致政府公共开支的不合理增加，给国家带来严重的财政负担，最终将损害经济发展。

### （二）社会政策的准市场运行模式

社会政策的准市场运行模式是指在社会政策行动中引入一定的市场机制。社会政策的准市场运行模式主要指：第一，在公共部门和福利性项目中引入市场竞争机制。打破在福利性服务中的垄断，通过服务机构之间的横向竞争从而提高机构和项目的运行效率和服务质量。第二，改变政府拨款方式。将面向机构的“按人头拨款”方式改为按服务项目的数量和质量来拨款，并进一步转向面向服务对象的“政府购买服务”方式。第三，增大受益者的选择。扩大服务对象对服务机构的自由选择，通过服务对象“用脚投票”的效果来促进服务机构重视效率和质量。第四，增加福利使用者的付费。通过使用者的付费一方面体现受益者的个人责任，并约束其福利需求，另一方面也增加服务机构的资金来源，并降低政府的财政负担。第五，加强对服务机构的业绩考核和评估，并在业绩考核和评估中强化效率和质量的指标。

对于政府来说，在社会政策运行中引入市场机制的最大好处是：第一，可以降低对福利服务机构的财政负担；第二，能够限制服务对象不合理地接受服务行为，并约束其过度的服务需求。这两个方面都会进而降低社会政策运行中的浪费和减少政府的社会支出。

对于社会服务的接受者来说，在社会政策运行中引入市场机制一方面可以使他们在获得服务方面享有更加自由的选择，并获得更加优质的服务；另一方面也不得不为之承担更多的个人付费。

对于普通居民来说，他们在个人付费方面的损失在较大程度上可以由其获得的优质服务而加以补偿。但对于贫弱群体的成员而言，则意味着越来越难以获得相应的社会服务。

从总体上看，社会政策运行中引入市场机制是一把“双刃剑”，它既可以促进服务效率和质量的提高，也可能损害对弱势群体的社会保护。因此，对于引入市场机制需要因时、因地、因人和因条件而确定采用何种方式，并采取有效的措施完善其配套政策，降低其可能的负面影响。

## 思考题

1. 社会政策分析的基本要素有哪些？
2. 结合我国个案分析社会政策行动有哪些资源调动的方式。
3. 如何理解社会政策的“准市场机制”？

# 第三章　社会政策制定

## 本章提要

社会政策制定是政策过程的首要环节，是政策执行、政策评估的依据；所制定的社会政策的质量影响着社会政策问题的解决成败、社会政策效果的实现程度。社会政策制定应当在事实分析的基础上，依据公平、公正与权利等价值理念的指引，遵循目标明确、系统协调、民主参与等制定原则，按照社会政策问题确认、社会政策议程构建、社会政策方案规划等程序环节而展开，保障与提升社会政策制定的质量，为社会政策问题的解决和政策效果的实现奠定良好基础。

## 引导案例

### “双减”政策出台背景和过程

近年来，按照党中央、国务院决策部署，各地深入开展减轻义务教育阶段学生作业负担和校外培训负担（以下简称“双减”）工作，取得了积极成效。但现在义务教育最突出的问题之一还是中小学生负担太重，短视化、功利性问题没有根本解决。一方面是学生作业负担仍然较重，作业管理不够完善；另一方面是校外培训仍然过热，超前超标培训问题尚未根本解决，一些校外培训项目收费居高不下，资本过度涌入存在较大风险隐患，培训机构“退费难”“卷钱跑路”等违法违规行为时有发生。这些问题导致学生作业和校外培训负担过重，家长经济和精力负担过重，严重对冲了教育改革发展成果，社会反响强烈。党中央对此高度重视，站在实现中华民族伟大复兴的战略高度，对“双减”工作作出了重要决策部署，要求从政治高度来认识和对待，从体制机制入手深化改革，全面贯彻党的教育方针，落实立德树人根本任务，促进学生全面发展和健康成长。

在《关于进一步减轻义务教育阶段学生作业负担和校外培训负担的意见》（以下简称《意见》）起草过程中，起草组先后赴北京、上海等地进行实地调研，召开了部分省市县教育行政部门负责同志、中小学校长、教师、家长、专家和培训机构代表座谈会，摸清基本情况，并迅速梳理了近几年来校内学生减负工作，开展了 10 个省份 100 个区县 1.86 万家培训机构、68 万名学生和 74 万名家长的大数据评估，对校内和校外存在的问题及原因进行深入分析。会同有关部门认真做好研判，搞清因果链，理清责任链，弄清路径链。《意见》的主要政策经过充分论证，广泛吸收采纳了各方的意见建议。《意见》经中央全面深化改革委员会第十九次会议审议通过。

资料来源：教育部．坚决贯彻中央决策部署 深入推进“双减”工作．中国教育报［N］，2021－07－

25 (1).

**案例思考：**

（1）结合案例资料，请谈谈“双减”政策针对的问题是什么，其政策目标是什么。

（2）结合案例资料，请思考社会政策制定的程序。

## 第一节 社会政策制定的理念

社会政策制定的理念是指在制定社会政策过程中应当遵循的价值准则和应当达成的价值目标，是对政策制定过程以及所制定的社会政策的价值约束和指引。

任何政策的制定都要建立在基本的价值支持基础上，社会政策要体现全社会共有的社会性价值，不同的价值理念有着不同的政策导向。

### 一、公平

虽然对公平有着不同的理解，但本质上都是一种平等，是指社会成员能够获得同等的待遇。公平意味着要消除歧视，歧视是对公平的否定。

公平区别于平均主义，平均主义演变到现在，不局限于财富分配方面，也延展到义务承担等方面，主张不论是否存在自然的和社会的实际差异，所有人均摊财富和义务。在任何社会中，绝对的平均主义是不存在的，平均主义实质上是对积极进取者的抑制。

公平允许有条件的差别对待。第一，在人格和主体资格层面上，人与人之间是普遍平等的。第二，人与人之间确实存在各种自然的和社会的差异，如健康与病患、知识分子与文盲等。因此，基于这些客观存在的差别，给予社会成员符合逻辑的差别对待具有伦理合理性，也符合社会发展的要求。

公平的表现是多层次的，一般包括机会公平、过程公平和结果公平等。机会公平是指每个社会成员都享有不受歧视地参与社会活动的机会；过程公平是指社会成员在参与社会活动过程中受到平等对待；结果公平是指社会成员在参与社会活动之后获得的待遇、分配等具有公正性。社会政策在制定过程和所规划的政策方案中要综合考量机会公平、过程公平和结果公平。

### 二、公正

公正是公平正义的简称，权利公正论主张同等地赋予每一个人应得的权利，反对将个人天赋、等级身份等差异作为赋权依据，权利公正论的核心就是强调平等的权利，即权利公平。应得公正论也表述为分配正义，在有关公正探讨中长期占据主流地位，主张在分配过程中遵循各得其所原则，即得其“应得”，实现社会公正。在这个意义上，公正反映了在社会活动中人与人之间在权利和义务上均担其应担、得其应得。

较为常见的是按照贡献来确定“应得”，这对有发展能力的社会成员来说不存在问题，但对于另外一些社会成员将带来风险。弱势社会成员的生存和发展需要也应受到平等的对待，这是社会德性的要求和体现；满足弱势社会成员的需要也就成为一种道德上的应然权利。

因此，从社会良性运行和协调发展角度看，需要综合考量和整合运用才能更全面地理解和实现公正。

### 三、权利

权利是公民享受社会福利的重要依据，同时，公民得到其应得的是社会公正的内在要求和重要体现。权利是指自由行动的资格及享有某种利益的资格。

从其存在形态来看，可以划分应有权利、习惯权利、法定权利和现实权利等类型。应有权利也称为道德权利，是权利的初始形态，是特定社会的人们基于一定的物质生活条件、政治传统和文化传统而产生出来的权利需要和权利要求。习惯权利也称为法外权利，是人们在长期的社会生活过程中形成的或从先前的社会传承下来的，表现为群体性、重复性自由行动的权利。法定权利是通过实在法律明确规定或通过立法纲领、法律原则加以宣布的，以规范与观念形态存在的权利。现实权利也称为实有权利，是主体实际享有并行使的权利。①

在社会政策中，权利可以分为公民权利、政治权利和社会权利三个方面。从社会权利出发，关注的是设计社会政策和福利供给体系，以满足社会成员的需要和增进社会功能，也就是通过国家的积极介入来干预和调节社会成员个人难以改变的客观差异，尽量实现全体社会成员参与社会活动的平等权利，进而促进社会公正，体现的是国家主导的再分配正义。

## 第二节　社会政策制定的原则

社会政策制定的原则是指在社会政策主体为了解决政策问题所开展一系列分析、判断及选择活动过程中，所应遵循的综合性、稳定性原理和准则。在社会政策制定过程中主要的原则有目标明确原则、系统协调原则和民主参与原则。

### 一、目标明确原则

目标明确原则在社会政策制定过程中主要体现为两个方面的要求，即明确的目标和目标的明确。

#### （一）明确的目标

明确的目标是指社会政策制定活动要有明确的目标指向，具体表现在社会政策制定过程本身以及所制定出的社会政策两个层面都有明确的目标，且前者要保证后者目标的实现。

第一，社会政策制定本身不是最终的目标，是为实现政策目标而服务。社会政策制定本身作为一项微观层面上的项目活动，其核心目标就是制定出符合预期的社会政策。

第二，通过政策制定过程所制定出来的社会政策要有明确的目标指向。公共资源相对

---

① 张文显．法理学［M］．4版．北京：高等教育出版社，2011：95－96．

社会成员的需要来说始终是稀缺的，社会政策具有明确的目标指向才会得到社会成员的理解、认同与支持。

第三，社会政策制定过程要与政策目标指向之间建立关联，要保证所制定出的社会政策能够实现预期中的政策目标，解决社会问题或回应社会需要，同时保证政策资源的高效率使用，以发挥制定社会政策的最大效益。

### （二）目标的明确

目标的明确是指在社会政策制定过程中将目标可操作化和可考核化，对于目标中的有关概念、目标内容、时间要求、相关条件等都要清晰界定或解释说明。

因此，在社会政策制定阶段就应当将目标分层细化，并用客观、定量、明晰的语言表述，构成完整的目标网络体系，确保目标在执行过程中便于操作落实，在评估阶段有清晰的衡量标准。

## 二、系统协调原则

社会政策制定是在特定的经济社会场域中对各项政策子系统进行协调安排，这需要遵循整体性、层次性、开放性的要求。

### （一）整体性

整体性是要求从系统的角度来看待和处理社会政策制定过程中的每一个问题。因此，需要将整体利益与局部利益、内部利益与外部利益、眼前利益与长远利益统筹兼顾、综合协调，才能实现社会政策效益的最优化。

### （二）层次性

层次性是要求重视社会政策制定过程涉及的分级分层问题。一是正在制定的社会政策在政策体系中处于的层级位置，这既要考虑不同层级政策之间的分工与协同，也要注意所处层级政策的性质、特点与要求。二是在确定社会政策目标时应当根据层次性要求进行细化，由总目标到分目标再到子目标等，构成一个层层细化，直至可操作和可考核的多层目标网络体系。三是社会政策制定过程的组织应当注意层次性，不同层次的管理者承担不同的职责和任务，各司其职，相互协调。

### （三）开放性

开放性是要求重视社会政策制定活动与环境之间的相互作用。社会政策制定者需要观察和分析政策环境及其变化对政策的影响，相应设定政策目标、安排政策资源、规划政策方案，保证政策运行与政策环境相适应。社会政策制定者还要采取更加积极的态度，发挥主观能动性对政策环境施加影响，引导政策环境朝向有利于解决政策问题、实现政策目标的方向发展。

## 三、民主参与原则

社会政策过程的本质是政府和社会公众共同对社会发展和公共利益的分配做出正确判断和选择的政治过程。在此过程中，政府和社会公众互为彼此的环境，因而只有社会公众与政府之间的良性互动，才能推动社会政策过程本质的达成和实现。① 民主参与原则主要包括自主参与、有序参与、有效参与②。

### （一）自主参与

自主参与是指公众仅遵循自主的意志而参与政策过程，具体体现为公众参与的自愿性、政策系统参与的开放性以及公众参与退出的自主性。

公众参与的自愿性是指政策的制定主体不能以任何理由强迫公众参与。政策系统参与的开放性要求政策系统向对此政策有利益诉求或对此感兴趣的公众开放，而不能有意识地选择特定的人群，而将其他利益相关或感兴趣的人群排斥在政策系统之外；也要求政策系统全面地、全程地开放，而不能有意识地隐藏政策内容或政策环节。公众参与退出的自主性是指当公众参与政策过程之后，出于各种原因，均可以自主地退出，而避免政策系统假借其名义追求其他特殊利益。

### （二）有序参与

为了保证政策过程的正常运行以及维系基本的政策秩序，公众应当有序地参与社会政策，以不冲击或破坏政策秩序为限度。因此，公众有序参与社会政策的首要要求就是依法参与，不能冲破法规制度的约束，破坏法制的权威性，违背法制的具体规定，否则参与行为本身就是违法行为，同时也将破坏正常的政策运行秩序。

### （三）有效参与

公众参与社会政策，目的在于影响和改变政策决策。其体现为公众的意见和建议对社会政策决策具有影响力，这个影响力的大小反映出公众在政策参与的地位高低以及影响强度。

只有当公众的利益诉求和政策建议在决策过程受到充分尊重，并在政策方案中得以回应，公众的参与权利才是真正地得到落实；同时公众要提升自身的参与技能、储备政策知识，并对政策问题进行充分、科学的调研，形成科学、可行的政策方案，以理性、开阔的视野来审视自身的利益诉求，尽最大可能地促进公共利益和提升政策效益。

## 第三节　社会政策制定的程序

社会政策制定的程序是政策主体制定社会政策的关系安排、时序过程和方式方法等行动要求，即政策主体依据相应的职权分工，遵循一定的时序过程，运用科学适当的方式方法制定社会政策的活动过程。社会政策制定的程序通常包括社会政策问题的确认、议程的构建与方案的规划等步骤。

### 一、社会政策问题的确认

社会政策的目的在于解决社会公众面临的特定政策问题，因而政策问题的发现、界定

① 林闽钢．中国社会政策［M］．武汉：武汉大学出版社，2011：26.

② 张治库，李宜钊，王章佩．海南特区服务型政府公共政策的创新：体制与机制视角的探讨［M］．北京：中国经济出版社，2012：110－112.

就成为社会政策制定的起点工作，即社会政策问题的确认。

### （一）社会需要和社会问题

社会需要是人类为了生存和福祉的生理、心理、经济、文化和社会要求。这个表述将需要与人、社会福利和环境联系在一起；将需要与需要满足物的匮乏问题联系在一起；将需要与社会福利制度提供以及需要满足的必需品联系在一起。

社会问题是指在社会生活中存在的与社会的主流价值观相背离、对社会的正常运行造成了一定的威胁、公众认为需要通过集体行动去消除或改变的现象、情形或行为。

社会需要和社会问题是相关但又不等同的概念，都是社会运行中存在的公共问题，都可能对社会良性运行和协调发展带来挑战，成为社会政策问题的源头。

第一，社会问题因其与社会的主流价值观相背离、对社会的正常运行造成了一定的威胁等特征，常常成为社会政策问题的直接源头。

第二，社会需要也是社会政策问题的重要来源，尤其伴随着经济的发展和社会物质财富的充裕，一方面政府所能调动和分配的资源愈加丰富，能够更全面、更高水平地回应社会成员的期望；另一方面，社会成员的基本需要得到满足后，将激发新的更高层级、更加多元的需求或欲求；同时，权利意识的觉醒，也激发对社会权利广度和深度的期望，这些将对社会政策带来新的挑战。

当然，在实践中并不是所有的社会需要或社会问题都必然转化为政策问题。

### （二）社会政策问题确认的过程

社会政策问题的确认是对可能成为“政策问题”的社会需要或社会问题本身的确认，是有效回应社会需要或解决社会问题的前提和关键。

社会政策问题的确认主要包括社会需要或社会问题的察觉、社会需要或社会问题的界定、社会需要或社会问题的陈述等三个活动过程。

1. 社会需要或社会问题的察觉

社会需要或社会问题的察觉是指在特定时空背景下，某一需要或问题不断扩散，在公共生活中持续凸显，被不同主体感知、体验和发觉的过程，也就是感觉到“有社会需要或社会问题存在”。

社会需要或社会问题的察觉在社会政策问题确认过程中扮演着“预警”的角色，让社会中的各种不满足感、受剥夺感能够及时得以察觉，进而得到相应的回应。察觉的主体和途径是多元的，比如民意收集、政府的信息汇集、专家学者的调查研究、大众媒体的报道、网络舆情的涌动等。重要的是政策决策者和政策分析人员应当以高度的责任心和专业的敏锐感，从纷繁、动态的各类信息中，及时察觉社会需要或社会问题的存在。

2. 社会需要或社会问题的界定

社会需要或社会问题的界定是指对社会需要或社会问题的背景、性质、影响、程度、范围、发展趋势等因素进行全方位的分析，目的在于系统、准确地把握社会需要或社会问题。

第一，界定社会需要或社会问题的前提是科学、全面地收集相关的要素、材料、数据等资料，同时还要完整、系统地汇集不同利益主体的立场、主张、逻辑等信息。只有尽可能地收集齐全各类资料，社会需要或社会问题的界定才有一个扎实的信息基础。

第二，界定社会需要或社会问题是个专业知识运用的过程，即运用科学的概念、理论、模型、方法、技术等，对所收集到的各种资料信息展开分析，梳理社会需要或社会问题的背景，确定其性质和程度，把握其影响和范围，找准其根源和成因，预测其发展趋势和后果等。

第三，界定社会需要或社会问题也是个价值判断的过程。一方面，不同主体因问题立场、价值观念、利益诉求的不同，对同样的客观存在的社会情景的察觉不同，对同样情景所察觉到的需要或问题也往往不同；另一方面，分析主体的世界观、价值观等差异，也会影响到分析方法技术的选择，进而影响到对社会需要或社会问题的判断与界定，这需要政策决策者和政策分析者对此有所警惕，并审慎处理。

3. 社会需要或社会问题的陈述

社会需要或社会问题的陈述是指用社会政策学科的基本概念、基本理论、基本模型等，将社会需要或社会问题予以明确界定和表达的过程。这个过程需要运用可操作化的语言，对政策问题加以准确表达和具体描述，为政策决策者或政策规划者的后续政策制定工作奠定良好基础。

## 二、社会政策议程的构建

### （一）社会政策议程的含义与类型

社会政策议程是指有关社会需要或社会问题受到政策主体的重视，被正式纳入其工作程序，展开政策讨论并予以回应的过程。

一般来说，公共问题只有以一定的形式进入政策议程，才可能运用公共资源来回应和处理，因此政策议程是社会需要或社会问题转化为社会政策问题的关键环节。当然，社会政策问题也不必然导致社会政策，因为政策主体针对某一特定社会政策问题展开讨论之后，可能因为各种考虑而做出搁置或推迟决策等决定。

政策议程的构建形式有着不同分类，通常区分为公众议程和政府议程两大类：

第一，公众议程也称为系统议程，是指社会公众对某一或某些公共问题广泛关注、热烈讨论，并要求政策制定者将其纳入工作程序的过程。公众议程是社会公众对特定需要或问题的正式或非正式讨论，体现的是社会公众对此的态度、看法、意见和建议。社会公众在实践中是存在地域区分和社会分层的，不同地域或不同分层公众的议题、诉求、态度可能是不一样的，特定地区或分层公众热烈讨论的议题，在其他地区或分层公众那里可能不受关注。当然，在公众议程中覆盖越广泛的公众、讨论越深入成熟的议题，进入政府议程的可能性越大。

第二，政府议程也称为正式议程，是指政策决策者依据其工作程序将社会需要或社会问题纳入议事日程，并进行讨论和处理的过程。

### （二）社会政策议程构建的影响因素

社会政策议程构建的影响因素大体上可以归纳为政府体制与传统、政策相关行为者、政策问题本身、环境事件等四类。这些因素可能发挥促进社会需要或社会问题进入政策议程的正向功能，也可能发挥阻碍其进入政策议程的负面功能。

1. 政府体制与传统

政府体制与传统中所蕴含的运行方式和政策理念都将直接影响着社会政策议程的构建。在政府运行方式方面，民主、开放的政府有利于公共问题公平地进入政策议程。在政策理念方面，秉持公平与效益、权利与公正等理念的政府能更好地处理政策议程问题，回应社会需要，解决社会问题，促进社会公正。

2. 政策相关行为者

政策相关行为者包括公民、专家学者、政治领袖、利益集团、政党、大众传媒等。这些行为者的决策偏好、行动意愿、专业能力、资源多寡、影响力等都能促进社会需要或社会问题进入政策议程，或阻碍其进入政策议程。

3. 政策问题本身

政策问题本身的因素主要体现为社会需要或社会问题进入社会政策议程的必要性和可行性。

必要性表现为社会需要或社会问题的紧迫性、严重性、广泛性，是政策决策者运用公共资源予以回应的必要性，也就是政策主体考虑是否值得放弃其他政策机会，而采取社会政策回应某一特定社会需要或社会问题的必要性。社会需要或社会问题越是紧迫、严重、广泛，进入社会政策议程的可能性就越大。

可行性体现为在现实中具备行动的法治、权限、意愿、资金、组织、方案、技术等方面的许可或条件。也就是说，特定社会需要或社会问题在政策主体那里是否具备回应的意愿、权限、资金、组织资源、法律合法性等，政策主体越具备相关条件，相关需要或问题进入政策议程的可能越大。特定社会需要或社会问题的政策问题确认是否专业，回应方案、技术方法是否成熟等，也是其进入社会政策议程的影响因素。

4. 环境事件

社会政策议程受到环境事件的影响，比如自然灾害、紧急事件、社会运动、国际冲突、媒体曝光、技术变革等都将引发广泛关注和讨论，并对公众与决策者的思维方式和行为方式产生影响，进而影响相关政策议程的构建。

## 三、社会政策方案的规划

社会政策方案的规划是指构建政策议程后，政策规划者针对社会政策问题系统地制定解决方案的过程。社会政策方案规划者可以是政府系统内部的，如政策决策者、专门的政策研究机构及人员；也可以是政府系统外部的，如顾问组、智囊团、高校、研究机构及人员。社会政策方案的规划通常包括目标确立、方案设计、方案评估和方案择优等活动过程。

### （一）社会政策目标确立

社会政策目标是政策决策者和政策规划者为了解决社会政策问题而采取行动所要达到的效果和指标。在确立社会政策目标的过程中应当遵循明确具体、前瞻可行、符合理念、系统协调等要求。

第 ，明确具体是指遵循社会政策制定的目标明确原则确立明确的目标指引，并将目标明确化，即可操作化和可考核化。同时将可操作化和可考核化的政策目标用清晰、规范的语言进行陈述和表达，对关键术语要专门界定或说明，避免含糊或歧义。

第二，前瞻可行是指在充分肯定社会政策目标面向未来、回应社会发展预期的前提下，必须尊重现实，保证政策目标的前瞻性和可行性。一方面要求政策决策者和规划者主观上要树立尊重事实、符合逻辑的理性态度；另一方面要求深入调查，全面掌握诸如社会政策问题的实质、可资利用的资源、组织人力支持、目标群体状况、政策环境变化等资料，理性专业分析现实资料，科学预测社会未来发展趋势，以保证目标的前瞻性和可行性。

第三，符合理念是指社会政策目标的确立要符合公平与效益、权利与公正等价值理念，也就是说政策规划者要主动将这些价值理念融入社会政策目标之中，构成综合性的价值指引和行为约束。

第四，系统协调是指在确立社会政策目标过程中遵循系统论的观点，需要从整体性、层次性和开放性等方面着手，保证社会政策目标的协调性和体系化。

### （二）社会政策方案设计

社会政策方案设计是指政策规划者为了解决社会政策问题，实现政策目标而进行的谋划、拟订可供选择的政策方案的活动过程。政策方案设计是社会政策制定的中心环节，所设计的备选方案是否科学、是否可行，直接影响到社会政策的质量及实施效果。

1. 社会政策方案设计的内容

社会政策方案设计主要包括以下内容：

第一，设计目标群体的范围和资格条件。将社会政策区分为普遍性和选择性的主要依据就是目标群体的范围和资格条件不同，这是政策方案设计的重要内容。在实践中，特定政策方案的目标群体范围和资格条件受到诸多因素的影响，比如所能筹集的资源总量与结构、社会需要的强度、社会问题的影响范围、政策环境友善程度、技术路线的要求等，需要综合考量，合理设计目标群体的范围和资格条件。

第二，设计服务内容和水平。政策方案服务内容和水平设计的实质就是通过什么类型和数量的服务来解决社会政策问题，不同的方案逻辑和技术路线，需要不同的服务类型和数量。比如可以发放现金，也可以发放实物；可以直接发放现金或实物，也可以通过票券形式发放；等等。不同的服务类型和数量意味着不同的政策方案逻辑，会产生不同的政策效果，或者说，不同的政策方案逻辑需要不同的服务内容和水平设计。

第三，设计筹资规模和方式。社会政策是通过使用社会资源来解决政策问题，同时社会政策自身在运行过程中也会消耗资源，因此准备的数量、结构和方式既是方案设计的约束性条件，也是方案设计的重要内容。

第四，设计运行和管理机制。社会政策的运行和管理机制就是服务的递送方式及组织制度保障。

2. 社会政策方案设计的过程

社会政策方案设计主要区分为轮廓构想和细节设计两个活动过程[①]。

第一，政策方案的轮廓构想就是要从不同角度、不同技术逻辑设计出可以实现政策目标的不同的方案思路和大体构想。轮廓构想主要解决两个问题，即列举出所有可能的方案路线，以及对这些可能的方案路线进行初步设计，比如指导方针、行动原则、基本措施、政策阶段等，形成方案轮廓。

第二，政策方案的细节设计依据轮廓构想，将目标人群的范围和资格条件、服务内容和水平、筹资数量和方式、运行和管理机制等内容进行具体化和可操作化。方案细节在设计过程中容易为政策规划者所轻视，他们认为其烦琐和无关紧要，不足以体现自身的格局和才华，但方案细节往往决定社会政策的成败，因此不能忽视方案细节的设计。

### （三）社会政策方案评估

社会政策方案评估是指决策者、规划者或第三方，对为解决特定社会政策问题而设计的所有备选方案进行评价和审议的过程。

在方案设计环节，政策规划者尽最大可能穷尽各种可能的解决社会政策问题的方案思路和技术路线，设计出多种多样的备选方案，因此需要对这些备选方案进行全面的评价和审议，为后续的方案择优提供扎实依据。通常由决策者、规划者或第三方来开展方案评估，从发展趋势来看，第三方评估正成为更通常的选择。

社会政策方案评估通常从可行性、有效性、满意度等方面进行。一是可行性分析，是指备选方案在政治、行政、法律、经济和技术等方面是否可行。只要其中任何一个方面存在不可克服的障碍，备选方案都只能被放弃或搁置。二是有效性分析，也就是效益分析，包括效果和效率两个层面。效果层面是指备选方案在多大程度上能够解决社会政策问题，实现政策目标；效率层面是指备选方案的资源投入与预期收益之间的比率。三是满意度分析，是个容易引起困扰的分析方法。社会政策制定本身既涉及事实，又涉及价值，既涉及技术，又涉及偏好，备选方案在设计过程中也自然融合了事实、技术和价值、偏好。因此，在对备选方案评估时，在尊重事实和技术理性的基础上，也应考虑利益相关者对备选方案的满意程度。

社会政策备选方案的评估发生在政策执行之前，相关评估自然带有预测性。即使决策者、规划者或第三方拥有高度的专业性和丰富的经验，但这依然只是合理的估计和推论，在实践中存在出现偏差甚至误判的可能。因此，我国还常用政策方案试点的方法来评估认可程度较高的一个或几个备选方案，在实践中验证备选方案的优缺点。

### （四）社会政策方案择优

社会政策方案择优是决策者、规划者或第三方在全面评估备选方案的基础上，从中选择一个最优或较为满意的方案。

一般来说，备选方案的评估工作做得科学、扎实，方案择优工作就较容易开展，能够较为顺利地从备选方案中选择出最优方案。方案择优还经常遇到另一种情景，备选方案各

① 陈刚．公共政策学［M］．武汉：武汉大学出版社，2011：109－110．

有优缺点，没有一个方案相比其他方案有明显的优势，通常就以某一个备选方案为基础，吸收其他方案的优点，综合出一个更为满意的方案。

方案择优完成宣告了社会政策方案规划的结束，择优的政策方案按照法定权限、程序进行相关审查、批准、签署和颁布，得到公共权威的认定，就正式转化成为一项社会政策。

## 思考题

1. 如何理解社会政策制定的理念?
2. 社会政策制定需要遵循哪些主要原则?
3. 结合案例，说明社会政策制定的程序。

# 第四章　社会政策执行

## 本章提要

社会政策执行作为社会政策过程的关键阶段，是将所制定的社会政策方案加以贯彻落实，以最终实现社会政策目标的政策实施过程。因此，社会政策执行的效率与质量高低，直接关系到社会政策问题的解决效果和社会政策目标的实现程度。有效的社会政策执行，需要以科学的原则为指引，按照特定的步骤有序推进，同时还需要相应的监督机制作为保障。

## 引导案例

**陕西省构建完善精准资助模式 保障家庭经济困难学生安心求学**

陕西省设计助学、奖学、发展 3 类 32 项资助项目，构建互为补充、功能多元、内涵丰富、覆盖全面的资助政策体系。出台《关于分类优化调整完善学生资助政策推动教育脱贫攻坚精准资助与乡村振兴有效衔接的意见》《关于做好非义务教育阶段农村学生教育支出较重情况监测和精准资助工作的通知》，明确过渡期内严格落实“四个不摘”要求。建立省、市、县管理责任体系，强化省级统筹管理，省级以下各级教育、财政等部门对本级所辖学校的学籍和资助工作承担管理责任；明确各级学校校长、分管校领导、资助管理机构部门负责人责任，建立责任追究制度，完善由纪检、审计、媒体和社会共同参与的监管机制，定期组织开展监督检查。

陕西省进一步完善家庭经济困难学生认定标准和工作程序，提高认定精准度，确保符合条件的家庭经济困难学生都能享受到相应资助。坚持向特殊困难群体倾斜，对原建档立卡贫困家庭学生、脱贫不稳定家庭学生、边缘易致贫家庭学生、突发困难户学生以及家庭经济困难残疾学生、残疾人子女等特殊困难群体予以重点保障。

陕西省将资助育人作为落实立德树人根本任务的重要抓手，着力培养受助学生自立自强、知恩感恩、勇于担当的良好品质，引导受助学生全面发展。践行“扶贫与扶智、扶志相结合”，建立“解困—育人—成才—回馈”的良性“生态链”，构建经济资助、道德浸润、能力拓展、精神激励有效融合的资助育人长效机制。

资料来源：教育部．陕西省构建完善精准资助模式 保障家庭经济困难学生安心求学［J］．教育部简报，2021（68）．

**案例思考：**

（1）在学生资助政策执行过程中，陕西省如何践行以人为本原则？

（2）在学生资助政策执行过程中，陕西省如何践行整体性原则？

## 第一节 社会政策执行的原则

政策制定的目的是为解决政策问题提供政策方案，政策执行的目的则是为解决政策问题实施政策方案。制定出台的社会政策要切实发挥应有的政策功能和作用，需要依赖社会政策执行主体的科学组织与实施。在社会政策执行过程中，各级政府以及其他各类组织机构需要按照以人为本、整体性、一致性的原则，具体推动各项政策内容的顺利落实，以确保社会政策目标得以实现。

### 一、以人为本原则

社会政策以满足人的社会需要为目标，政策执行作为社会政策直接发挥作用的关键环节，必然需要遵循以人为本的基本原则。

#### （一）满足人的需要

以满足人的需要为原则的社会政策执行，要求政策执行主体在具体设计和执行实施方案的过程中，能够充分尊重政策目标群体的利益表达和信息反馈，进而在收集分析政策目标群体的各类要求和信息的基础上，精准把握政策目标群体的现实需要，从而针对性地设计和修改政策实施方案，推动社会政策的顺利落实。

#### （二）保障人的权利

在社会政策执行过程中，政策执行主体首先需要保障每位公民能够拥有最基本的社会权利，使所有人能够平等地参与各类社会活动和公平地享有经济社会的发展成果。这就要求政策执行主体必须按照一视同仁的原则，公平公正地对待所有符合资格条件的政策对象，不能因为个人偏见而随意地将政策对象排斥在政策保障范围之外，损害政策目标群体的合法权益。

在社会政策执行过程中，政策执行主体需要尽可能地吸引政策目标群体积极参与到社会政策实施方案的设计与执行活动中，通过调动政策目标群体的主观能动性和积极性，使其为社会政策的有效执行主动建言献策，进而保障政策目标群体平等地享有社会权利和参与权利。

### 二、整体性原则

社会政策执行的整体性原则，要求在社会政策执行过程中必须坚持政策系统的整体性、政策主体的整体性和政策效应的整体性。

#### （一）政策系统的整体性

社会政策体系具体表现为一个纵横交织的社会政策系统，需要社会政策的各个层次之间、各个项目之间的相互协调、相互配合。从纵向层次上看，社会政策体系可分为统领社会政策、基本社会政策和具体社会政策。在执行社会政策时要从整体上把握社会政策体系和层次结构，通过基本社会政策和具体社会政策的执行来最终贯彻落实统领社会政策的总目标。从横向结构上看，社会政策体系具体包括劳动就业政策、社会保险政策、反贫困与社会救助政策、国民健康政策、人口与家庭政策、住房社会政策、教育社会政策、社会服务政策等不同内容的社会政策项目。这种政策体系设置与功能安排决定了在执行社会政策时需要政策执行主体从整体上统筹协调各个社会政策项目的实施进度与落实情况，最终通过各个社会政策项目间的协调配合来实现社会政策体系的总体目标。

### （二）政策主体的整体性

在社会政策执行过程中，不仅需要政府部门之间的整体协同，而且还需要政府、市场、社会、家庭之间的整体协同，最终通过各方主体的共同参与和密切合作，增强社会政策执行主体之间的治理合力，提升社会政策体系运行的整体效能。

### （三）政策效应的整体性

在社会政策执行过程中，政策执行主体需要从整体上预测和把握社会政策执行可能带来的各种影响，最大限度地提升社会政策执行的积极效应，规避社会政策执行的负面效应。政策执行主体在关注社会政策整体效应发挥的同时，还应兼顾社会政策项目执行所产生的效率、效果和效益，通过提升社会政策执行质量，全面提高社会的整体福利水平。

## 三、一致性原则

社会政策制定的主要目的之一是为政策执行提供原则指引和内容规范，从这个意义上讲，社会政策执行就是政策制定的根本归宿和落脚点。为了能够让社会政策适应本地区的经济社会环境和人口需要，下级政策主管部门在正式开始执行社会政策之前，一般会根据上级政策主管部门的政策规定，因地制宜地规划制定实施方案，完成社会政策的建章立制，实现社会政策设定的主要目标。

### （一）政策执行的统一性

社会政策执行过程主要遵循自上而下的运行流程而展开。在这个自上而下的社会政策执行过程中，地方政府拥有一定的自由裁量权和属地管理权限，能够参照政策主管部门的政策规划对本地政策实施方案加以修改和调整。只有下级政策主管部门的政策实施方案符合上级政策主管部门的政策规定与政策要求，才能确保社会政策执行的科学化、规范化。

在社会政策的具体执行过程中，有的下级政策主管部门实际上却采取另外一种政策方案，从而导致“上有政策、下有对策”的政策变通现象时有发生。上述社会政策执行的偏差行为，主要是因为下级政策主管部门违反了社会政策执行的一致性原则，没有与上级政策主管部门的政策目标和政策进度保持一致，从而妨碍了社会政策目标的顺利实现和社会政策问题的有效解决。

### （二）政策执行的连续性与稳定性

从政策执行的连续性来看，拥有社会政策执行的自由裁量权并不意味着下级政策主管部门可以随心所欲地决定政策的价值目标与参数设置，下级政策主管部门理应参照过去的执行经验或者实施办法，在学习、吸收、借鉴的基础上保持政策执行理念的前后一致，防止因政策的重大变革而损害绝大多数人的利益，从而发生抵制政策执行的现象。

从政策执行的稳定性来看，当政策执行的客观环境发生变化时，下级政策主管部门需要按照规定流程来决定是否需要修改或者调整政策实施方案，而非随意地更改方案或者叫停政策实施，防止因政策的临时变化和突然变更而遭受公众的普遍质疑与排斥，进而损害政府的信用与形象。

## 第二节　社会政策执行的过程

完整的社会政策执行过程，主要包括计划制定、计划准备和实施管理三个环节，从而构成了社会政策执行的前期准备与后期实施的工作流程。

### 一、社会政策执行的计划制定

政策执行过程是政策制定过程的延续与递进，在政策制定之后，需要经过一个将政策转化为项目的过程，即通过制定实施计划，有计划地将政策具体推进与落实。实施计划的制定与政策制定的逻辑过程是一样的，区别只是后者是围绕政策的主要成分进行进一步的细化。[①] 因此，制定实施计划的过程就是政策执行主体将政策主管部门制定出台的政策规划进一步细化为实施方案的过程，使之成为下级政策主管部门进行政策执行的目标指南与行动依据。

在社会政策执行过程中，制定一项完善的实施计划，通常需要包括政策目标的分解与细化、目标群体的瞄准与识别、政策工具的选择与应用、工作程序的规划与设计、责任主体的分工与合作等主要内容，以便能够为政策执行主体提供可操作的行动方案，进一步明确政策实施的内容规定与技术细节，防止因政策内容的模糊规定而发生责任推诿、意见冲突、利益摩擦等现象，最终影响社会政策的执行进度与工作效率。

#### （一）政策目标的分解与细化

由政策主管部门制定出台的社会政策，往往都是从宏观层面提出政策实施所要实现的总体战略目标和长期发展目标，然而这对于地方政府而言则显得过于抽象，特别是对于基层工作者而言缺乏明确具体的目标指引。因此，为确保社会政策执行的有序推进，将社会政策目标进一步分解与细化，就成为社会政策执行计划制定的首要工作。

社会政策目标的分解与细化，是政策执行主体按照社会政策的总体要求与主要原则，并结合自身实际情况，对照设定的在一定时间内所要达到的具体工作目标。这类工作目标，既可以是政策执行主体有计划地根据社会政策的宏观目标而分解出的短期目标、中期目标和长期目标等阶段性目标，也可以是政策执行主体根据政策目标与要求而具体设计的工作实施步骤及预期结果。

社会政策目标的分解与细化，从一定程度上讲是为政策执行主体详细描绘了行动路线图，帮助政策执行主体进一步明确现阶段的工作任务职责和工作优先次序，最终为社会政策的顺利实施提供行动指南。因此，在政策目标的分解与细化过程中，政策执行主体必须

① 《社会政策概论》编写组．社会政策概论［M］．北京：高等教育出版社，2021：123.

做到量力而行、实事求是，能够充分考虑自身的资源禀赋和能力状况，避免因目标定得过高或过低而挫伤基层工作人员的积极性。

### （二）目标群体的瞄准与识别

在分解与细化政策目标之后，政策执行主体需要按照政策主管部门规定的受益对象范围和资格条件，选择确定相应的政策瞄准机制和识别办法，以便在实际工作中有效地区分与辨认符合资格条件的政策参与对象和服务接受者。

在社会政策执行的计划制定过程中，选择何种瞄准机制与识别办法，主要取决于该项社会政策的政策类型与政策属性。只有选择合适的瞄准机制与识别办法，社会政策执行才能取得事半功倍的效果。一般而言，社会政策的瞄准机制主要包括两类方法：一是与普遍性政策相对应的类别定位法，即按照人口特征划分受益人群的方法。二是与选择性政策相对应的贫困瞄准方法，常用的有家计调查、代理家计调查、自我选择、区域定位和社区评估等方法。其中，家计调查法主要通过调查个人和家庭的收入和资产状况来识别贫困对象，代理家计调查法则是通过测量一些能够反映家庭收入和生活水平的指标来识别贫困家庭，自我选择法是由服务对象自行选择是否接受帮助，区域定位法是按照所在区域确定救助资格，社区评估法是由社区组织或代表采取民主的方法对某一个人或家庭的资格条件进行判断。①

### （三）政策工具的选择与应用

政策工具是指各级政府为了实现政策目标所选择运用的具体技术、手段和方法。根据政府强制干预的强弱程度差异，政策工具可划分为自愿性工具、混合性工具和强制性工具。

自愿性工具主要包括家庭、社区、社会组织和市场等工具；混合性工具主要包括信息与劝诫、补贴、产权拍卖、税收和使用者付费等工具；强制性工具主要包括管制、公共企业和直接提供等工具。② 在社会政策执行的计划制定过程中，政策执行主体需要根据已经确定的社会政策目标、政策对象和政策内容，从政策工具箱中选择一种政策工具，或者几种政策工具形成政策工具组合，以便能够有效地生产社会政策产品和运营社会政策项目，并向政策目标群体提供高水平的社会服务。因此，对于不同类型的社会政策项目，需要政策执行主体在综合考虑其政策属性与政策功能的基础上，科学选择政策工具组合，并且能够在具体应用的过程中动态调整政策工具及其政策参数设计。

### （四）工作程序的规划与设计

工作程序的规划与设计，是政策执行主体对社会政策如何实施和开展所做出的详细规定，是基层工作人员经办各类社会政策项目的行动依据。

政策执行主体在规划与设计工作程序时，需要坚持统一性与灵活性相结合的原则，即在保持自身工作程序与上级政策主管部门目标和组织程序相统一的基础上，充分调动基层

---

① 《社会政策概论》编写组．社会政策概论［M］．北京：高等教育出版社，2021：124.

② 麦克尔·豪利特，M. 拉米什．公共政策研究：政策循环与政策子系统［M］．庞诗，等译，北京：生活·读书·新知三联书店，2006：163.

工作人员的积极性和主动性，避免由于程序设计过于严格而限制基层自主性和灵活性的发挥，最终造成政策执行基本流于形式。

政策执行主体在规划与设计工作程序时，还需要坚持全面性与可行性相统一的原则。精细完备的工作程序设计，能够指导基层工作人员有组织地实现社会政策目标。相反，缺少某一环节的工作程序设计，则会在一定程度上损害政策执行的连贯性，增加政策执行的不确定性。政策执行主体在力求全面规范工作程序的同时，还应关注工作程序设计的可行性问题，即在确定每一项工作程序所应达到的目标或标准时，需要充分考虑客观实际情况及可能发生的变化，保证社会政策执行能够切实按照工作程序加以开展，实现社会政策执行的有章可循、依规办事。

### （五）责任主体的分工与合作

根据不同类型的社会政策，地方政府一般会选择不同性质的组织机构来具体承担社会政策的执行工作，不同性质的组织机构往往采取差异化的组织形式和组织安排。

在制定政策实施计划时，地方政府一般都会明确各个政府部门的领导职责与管理职责，要求政策主管部门制定相应的管理制度和组织章程，以确保社会政策执行主体的权责统一。

## 二、社会政策执行的计划准备

在完成社会政策执行的计划制定之后，政策执行主体便拥有了明确的行动方案，但要真正付诸行动还必须依赖一定数量的物资储备和一定规模的组织资源支持。政策执行主体必须重视社会政策执行的计划准备工作，从物质准备和组织准备两个方面做好社会政策执行的前期准备，确保社会政策的可持续运转和常规性运作。

### （一）物质准备

社会政策执行的物质准备，主要涉及经费资金和办公用品等物资的筹集与管理。在社会政策执行过程中，政策主管部门不仅需要支出各类办公经费和活动经费以维持自身的日常运转，而且需要按照政策标准向政策受益群体发放各类福利待遇，以及按照合同约定向其合作伙伴支付所需购买服务的资金。为了保证资金筹集的稳定性、约束经费使用的随意性，政策主管部门一般需要根据政策目标的实施情况、政策对象的具体规模和政策内容的有关规定，估算本年度的财政支出规模，进而编制年度财政预算，用以规范资金的支出范围和开支项目。

社会政策执行所需的经费资金，除了由政府财政转移支付以外，还可以通过社会保险缴费、社会服务收费、社会慈善捐赠、社会福利彩票等方式进行筹集。这些通过多种渠道所筹集到的资金，应按照社会政策项目的规定用途划拨到专门账户，实行专款专用。为了尽可能地提升社会政策的福利待遇和保障水平，政策执行主体应想方设法地开源与节流，不断提高各类资金的利用率和使用水平。

社会政策执行所需的办公用品，主要是用来满足政策主管部门的日常办公需要和提升政策主管部门的行政工作效率。合理的办公用品供应和办公设施配置，能够极大地改善政策主管部门的办公环境，提高工作人员的工作积极性和办事效率，进而确保社会政策目标的顺利实现。

### （二）组织准备

社会政策执行的组织准备，主要涉及组织机构的建立、调整和组织人员的调配。特别是在一项社会政策初始创立的时候，政策主管部门需要按照上一阶段所制定的实施计划来组织建立或者调整相应的工作机构，并配备能够胜任的工作人员，以确保社会政策项目顺利贯彻落实。

建立何种类型的组织机构，主要取决于该项社会政策的类型与功能。对于一项规制性社会政策，政策主管部门可以将其归为原有的组织机构负责实施，或者通过提升原组织机构的地位、改组原组织机构的方式来赋予其政策执行权力，还可以建立领导小组来具体负责有关部门之间的工作协调与沟通联系。对于一项提供帮助和服务的社会政策，政策主管部门可以通过购买社会服务的方式，吸纳市场主体和专业社会组织负责具体实施，还可以通过直接提供的方式将其归为下属职能部门的工作职责。

在明确具体负责实施的组织机构之后，政策主管部门需要通过一系列的制度建设来规范组织机构的职权范围和工作准则。一般来说，一套完备的规章制度主要包括岗位责任制度、激励考评制度、监督检查制度和具体的业务管理制度。在组织机构的日常运行过程中，各项规章制度之间相互配合，共同督促和引导组织机构合理合法地履行工作职责和完成工作任务。

组织机构的正常运转离不开人力资源的支持，社会政策的有效执行同样需要各类行政管理人员、办公人员以及专业服务人员和志愿服务人员的积极参与。这就要求政策主管部门在社会政策执行的组织准备过程中，不仅能够招聘和调入德才兼备、精明能干的领导人员和工作人员，而且能够招募富有志愿服务精神和社会伦理道德的专业服务人员，同时能够加强各类人员的业务培训、学习交流和日常管理，不断提升其专业素质和工作能力。

## 三、社会政策执行的实施管理

社会政策执行的实施管理过程，最终决定社会政策目标能否顺利实现和社会政策问题能否有效解决。结合我国社会政策执行的实际情况，社会政策执行的实施管理过程通常包括政策学习与宣传、政策试验和全面推广与实施三个工作阶段，同时还涉及社会政策实施的资金管理和项目管理等工作事项。

### （一）政策学习与宣传

开展政策学习与宣传，有助于政策执行主体和政策目标群体认识与理解社会政策的目标、性质、用途，从而提升社会政策的执行进度和工作效率。在社会政策开始实施之前，政策执行主体首先需要认真领会政策意图和政策目标，理解和把握社会政策要点与政策流程，明确社会政策的作用范围和资格条件。

在社会政策实施过程中，政策主管部门通过发放政策宣传页、利用社区公告栏张贴公示、依托政府门户网站发布通知、借助大众媒体宣传报道等多种线上与线下渠道，加强政策宣传，帮助政策目标群体详细知晓社会政策的具体内容和申请审核流程，进而提高公众对社会政策的支持力度和接受程度。与此同时，政策主管部门通过广泛开展宣传动员工作，引导各类主体积极参与社会服务的生产与递送活动，调动政策目标群体积极配合政策主管部门完成社会政策的建章立制工作，实现政策扩面目标。

### （二）政策试验

政策试验是我国社会政策执行过程中常见的工作步骤。政策主管部门通过政策试验的方式，选择在一些代表性地区进行先行先试，以观察和评估政策实施效果，探索和积累政策实施经验。政策试验具体是指政策主管部门首先挑选出一定比例的试点单位或试点地区，授予其开展政策试验的权力，然后由这些试点单位尝试去探索完善政策实施方案，为测试推广新政策、新做法奠定基础和做好准备，最后在时机成熟时在整个行政区域内全面铺开新政策。

### （三）全面推广与实施

在全国范围内全面推广与实施社会政策是社会政策试验的最终目的。只有进入政策全面执行阶段，社会政策试验的先行先试、以点带面、由点到面的政策过程才得以完成。在社会政策的全面推广过程中，政策主管部门需要按照有序推进、渐进调适的原则，合理制定社会政策的实施进度表，平稳推进社会政策的推广过程，及时对推广过程中发现的政策漏洞加以修补。

从政策全面推广转向政策常态化实施，意味着社会政策执行已经成为政策主管部门的例行工作。这就要求政策执行主体必须严格遵守社会政策执行的基本原则，按照政策规划和实施计划合理行使工作职权，认真履行工作职责，组织实施社会政策项目，切实为政策目标群体提供社会福利和社会服务。

# 第三节　社会政策执行的监督

在社会政策执行过程中，为避免发生政策设计偏误、政策执行偏差、政策实施走形等各种非预期性后果，政策主管部门需要建立完善的监督管理体制和严格的监督检查机制，通过发挥各类主体的监督作用，及时发现政策执行中存在的问题症结，找到问题缘由并且提出政策补救措施，同时能够督促政策主管部门及其下属组织机构认真履行工作职责，按照上级政策主管部门制定的政策规划和规定的时间期限完成政策执行任务。

## 一、社会政策执行的监督目的

从监督对象来看，社会政策执行的监督是指各类监督主体对社会政策执行主体、政策执行行为和政策实施过程进行监管与控制。社会政策执行的监督目的主要包括监控、预防、补救、评价与问责。

### （一）监控

各类监督主体通过监控社会政策执行过程，来了解社会政策是否得到正确的贯彻执行；通过监控政策主管部门，来了解政策执行主体是否存在阳奉阴违的行为；通过监控政策执行效果，来了解是否存在政策执行走样和政策歪曲的现象。因此，社会政策执行的监督主体能够通过监控组织行为与政策过程，保证社会政策顺利实现其预设目标。

### （二）预防

社会政策执行的监督主体通过发挥监督检查机制的威慑作用，能够引起政策主管部门及其下属组织机构对贯彻落实社会政策、保障政策目标群体权益这类政策执行工作的高度重视，预防各类违法违规行为的发生。借助社会政策执行监督的常态化开展，政策监督主体和政策执行主体能够及时发现问题隐患，并且通过修补政策实施方案来预防社会政策执行风险的发生与恶化。

### （三）补救

在社会政策制定与执行过程中，受制于政策决策主体和政策执行主体的有限认知水平，难免会出现决策失误、政策设计偏误和政策执行偏差现象。各类监督主体通过监督社会政策执行过程与行动，能够及时找到政策设计中存在的漏洞和政策规定中脱离实际情况的地方，发现政策执行中存在的目标偏离行为及其具体成因，进而通过进一步细化与调整政策实施方案和政策补救措施，向政策目标群体弥补由于政策执行失误所产生的利益损失，降低政策执行失败所造成的不良社会影响，尽可能地恢复社会公众对政策主管部门的政治信任。

### （四）评价

在政策主体认知有限和政策环境动态变化的双重约束下，新制定的社会政策往往需要在政策执行与政策监督中不断加以检验、修正和完善。各类监督主体通过对社会政策执行过程的日常监督，能够及时获取政策执行信息，从而全面评价政策实施效果，总结政策执行的成功经验与失败教训。政策主管部门通过对监督主体的信息反馈和评价结果进行分析判断，据此完善政策实施方案，规范政策执行行为。

### （五）问责

社会政策执行的监督目的不仅在于发现问题、解决问题，而且在于通过追究政策执行主体的法律责任和行政责任，起到监督警示、检查督促的行为整治作用。在不同政策执行主体之间存在认知差异和利益分歧的情况下，领导人员和工作人员可能会为了满足个人动机与追求个人利益，而发生滥用工作职权、违反政策规定、损害公民权利的行为。针对这类违法违规行为，需要通过监督检查的方式进行责任追究，及时处罚责任主体，整改政策实施工作，避免造成更大的社会损失。

## 二、社会政策执行的监督方法

### （一）内部监督与外部监督

内部监督主要是指国家行政机关内部对政策主管部门及其政策执行行为的监督管理，主要包括上级监督、同级监督、下级监督、部门内部机构的日常监督。

外部监督主要包括：国家权力机关审议政策执行报告、调查和检查政策执行过程、质询和提问政策实施工作，国家司法机关审理判罚政策违法行为，执政党通过纪检组织、基层党组织监督政策实施情况，民主党派通过参政议政、民主监督对政策执行提出咨询、批评、建议，人民群众通过新闻媒体、政府信息公开制度、公众参与平台等渠道监督政策实施过程。

### （二）事前监督、事中监督与事后监督

从监督过程来看，社会政策执行的监督方法主要包括事前监督、事中监督与事后监督。

事前监督主要是由政府部门审议和检查社会政策执行的计划制定是否合乎规范与全面细致，检查社会政策执行的准备是否符合要求与到位，避免因前期准备不足而影响政策实施效果。

事中监督主要是由政府、政党、公众等主体对社会政策实施过程、任务完成情况、工作人员履职情况等方面进行监督，并针对政策执行过程中存在的主要问题和不足，发表改进意见，提出政策建议。

事后监督主要是由政府、政党、公众等主体从社会政策实施效果、政策效益、政策执行效率等方面，监督评价政策执行结果，并及时总结经验教训，为社会政策评估、调整或者终止提供决策信息。

### （三）财务监督与项目监督

从监督内容来看，社会政策执行的监督方法主要包括财务监督与项目监督。

财务监督主要包括各级财政、监察和审计部门通过财务审计的方式，审查社会政策资金是否存在违规操作和违规使用的情况；政策主管部门监督审查社会政策资金的发放与领取是否存在虚报、冒领、贪污、浪费现象；政策主管部门、专业监管部门、社会公众监控和检查社会保险基金的收支、管理与运营情况。

项目监督主要包括各类监督主体对社会政策项目的实施情况和政策执行人员的管理行为进行监督评议，对政府购买服务项目的合同实施情况与服务供给质量进行监督评价。

## 三、社会政策执行的监督总结

社会政策执行的监督总结，是各类监督主体通过口头汇报或书面报告的方式，针对监督过程中发现的政策问题具体分析成因、提出解决办法，围绕发现的违纪违法行为提出处罚意见和预防措施，针对发现的先进做法和先进工作者进行宣传推介与嘉奖表彰，针对发现的成功经验和失败教训及时进行提炼和反思，最终达到政策监督的监控、预防、补救、评价与问责目的。

社会政策执行的监督总结过程，一般需要各类监督主体首先明确社会政策实施方案的具体内容以及被监督对象的工作任务职责，然后才能有根据地监控政策实施情况和政策执行行为，最终客观地总结评价政策实施过程与结果。为最大限度地发挥社会政策执行监督的作用，一方面监督主体需要坚持实事求是、客观中立、独立判断的监督原则，综合运用多种监督方法和技术手段获取政策执行信息，科学地分析问题和得出结论；另一方面监督

对象需要正确认识社会政策执行监督的作用和功能，主动接受监督主体的监督与检查，积极配合和推动政策监督工作的正常开展。

## 思考题

1. 社会政策执行有哪些主要原则?
2. 结合案例，说明社会政策执行的过程及具体步骤。
3. 结合不同案例，阐述社会政策执行的监督方法。

# 第五章　社会政策评估

## 本章提要

通过合理的政策评估，执行者可以在社会政策实施过程中准确地了解社会政策行动的进程，及时发现并解决潜在的问题；同时可以清晰地看见社会政策的阶段性效果，包括正面的收益和负面的影响，以便及时总结经验并调整政策。因此，理解社会政策评估标准的基本内涵、主要类型，了解社会政策评估的方法及其应用，领悟社会政策评估程序的具体步骤，对掌握社会政策执行过程中的偏差有基础的作用，对政策的调整、改革或重新制定以保证社会政策始终沿着正确的方向发展有重要的意义。

## 引导案例

### 青岛引入第三方评估机制全方位评估社会救助政策落实工作

2021 年，青岛市民政局通过购买服务方式，委托第三方评估机构对全市社会救助工作落实情况进行综合评估。此次综合评估本着“专业、客观、公正”的评估原则，主要对社会救助政策落实、规范化管理、资金发放以及群众满意度等指标进行评估调查。此次调查评估发挥了第三方机构独立、专业、客观、公正以及大数据分析等独特优势，通过深入部分镇（街）、188 个村（居），走访 750 余户低保家庭等，全方位地评估了青岛市社会救助政策落实工作。

第一，加强评估业务培训。为确保第三方评估机构能够全面掌握社会救助政策，使评估工作科学、有效落实，评估前社会救助处对第三方评估机构工作人员开展了评估专题业务培训，详细讲解了社会救助政策、检查内容和检查方法，要求达到“三明确”：检查内容明确、文件依据明确、评分标准明确，确保评估工作不走过场，达到预期效果。

第二，开展智能化业务考试。为提高基层工作人员的业务水平，2021 年创新增加了对基层社会救助工作人员业务知识能力的考试项目，专门开发了社会救助业务知识测试小程序，分区市组织考试人员用微信扫码进入小程序，填写完个人信息后随机获取一套社会救助试题，答题完毕提交立即显示成绩，确保考试的公平公正。2021 年共组织各区（市）、镇（街）400 余名基层工作人员参加了考试。通过开展业务知识考试，检验了基层工作人员的业务能力水平，激发其学习业务知识的热情，提高了他们的素质。

第三，深入基层一线实地评估。评估机构主要通过查阅档案资料、进村入户调查、走访困难群众等形式，对各区（市）社会救助落实情况进行全方位的检查评估。对困难群众电话信访、救助政策公开公示、文书档案规范化管理、救助资金发放等情况进行重点检查。发现问题及时督导整改，提出解决社会救助长效机制的政策建议，不断提升社会救助水平。

资料来源：张晓楠．青岛引入第三方评估机制全方位评估社会救助政策落实工作［N］．潇湘晨报，2021－10－27．

**案例思考：**

（1）结合案例思考，青岛市在对社会救助政策的落实情况进行评估时采用了哪些好的做法？这对社会政策的决策与落实具有什么样的重要意义？

（2）结合案例，谈谈你对社会政策评估的认识与理解。

# 第一节 社会政策评估的标准

## 一、社会政策评估的价值标准

社会政策评估的价值标准是指对社会政策行动及其收效进行价值判断时所依据的标准，主要包含道德、伦理、政治、利益、社会以及文化方面。

社会政策评估的价值标准，即对各个社会政策的目标取向进行判断。价值面向是判断社会政策性质、方向、合法性、有效性和社会公正程度的根据，它直接影响社会资源的流向与分配形式。社会政策评估的价值标准一般包括：

### （一）促进生产力发展的标准

无论是对国家的发展还是对社会进步来说，对一项社会政策进行评估的重要标准就是看是否能够促进生产力的发展。政府在评估社会政策过程中的首要任务是不断推动社会生产力的发展，满足公民的需要并树立良好的政府形象。这便充分体现生产力标准在社会政策评估过程中的决定性地位。

### （二）社会公平标准

社会公平标准指的是社会政策结果所展现出来的与该项政策有关的成本和收益在社会不同群体或阶级之间均衡公正地分配。社会公平标准主要是分析社会政策成本和收益在不同群体中分配的公平程度，并且权衡一项社会政策的实施对社会发展总体状况和群体发展所造成的后果影响和作用程度等。

政府应该积极采取有效的措施，通过多种民主化程序让公民行使政治参与权，能够实时、充分地了解社会政策的现实情况，积极主动地参与社会政策制定的讨论活动。社会政策在评估的过程中如果忽视了公平标准，往往使某项政策出台后部分群众受惠而另外一部分群众权益受损。

## 二、社会政策评估的事实标准

社会政策评估的事实标准一般用数量、比率、统计结果来建立，也可以以确立的某一特定事物或既成事实作为标准。[1] 事实标准是指对社会政策在实施过程和收效中所有事实

---

① 丁建定．社会政策概论［M］．武汉：华中科技大学出版社，2009：184．

的评价和分析，旨在明确一项社会政策在事实上产生的后果或影响。一般来说，事实标准多数情况下可以在经验中被测量，也可以通过对收集来的定性资料进行分析而得出客观结论。从社会政策评估标准的具体内容来说，事实标准大致有以下几个方面：

### （一）社会政策影响标准

社会政策影响标准指的是在某项政策执行之后，其产出所引起的群体在立场和行为方面的实际变化。在分析政策时，要注意人们立场和态度的直接变化、间接变化、短期变化、中期变化、长期变化等。要充分考虑并结合各种实际情况，分析某项社会政策在执行后对社会发展的总体变化所造成的变动和影响。在对社会政策进行评估时，既要考虑到积极效应和消极效应的关系，又要顾及某项单一性政策与系统性政策之间的联系。在评估社会政策的经济产能时，要避免重经济影响而忽视社会影响、政治文化影响的倾斜行为，应当充分考虑到政策对不同方面所带来的影响。对某项社会政策的影响标准要用全面的眼光加以分类评估，根据各类不同情况的特征对社会政策做出尽可能正确、客观的评估。

### （二）社会政策绩效标准

绩效目标是指社会政策执行后所产生的成绩与成效的综合，即政策目标得以实现的程度。在某项社会政策执行前，对其预期期望值做出一定的预估，并在政策执行后对其所产生的实际结果和对政策环境的影响做出分析，对二者做出一定的等额或差额评估，从而分析该政策的绩效是否合乎标准。

社会政策绩效标准在实际进行评估的过程中较为复杂，各种因素所带来的影响都应该在具体运用时被充分考虑。

第一，政策效益是根据政策预期目标衡量比较出来的，一个明确具体的目标是进行绩效评估的重要基础条件。

第二，要分析绩效的充分性，高度重视政策执行完成或实现目标的充分性。衡量实现目标是否具有充分性表现为政策的执行结果与人们实际需要被满足的有效程度，还表现为需要被满足的人数，包括解决社会问题的层次性和广延性。与此同时，应分析政策的总体效应，即对政策执行后社会发展总体发展的变动加以描述和分析，衡量该政策执行后给社会带来了什么样的积极或消极影响，又造成了什么样的后果。

第三，必须注意政策的全部效益，包括正负效益、主从效益、经济效益和非经济效益等，把公共政策的负效益从政策的正效益中排除开来，并考虑它对公共政策正效益的抵消。

### （三）回应的充分性标准

对社会政策回应的充分性标准内涵的阐述应包含两个方面：回应性指的是社会政策实际影响与人们需求、机会和期待被满足的有效程度，充分性指的是政策绩效的有效性，即既定的政策目标实施后对解决问题的有效程度。

在社会生活中，政策回应程度的侧重点应在于政策具体内容的实际效果，而不是在于政策制定和实施的形式方面。因为群体的利益需求是内在且主观的，是会随着时间空间和其他外部因素而发生调整改变的不稳定因素，所以政策回应程度不能简单地归纳为人们实际需求和价值对政府系统输入程度和输出程度之间的对应性。

政府部门应该选择最具急迫性和最需解决的问题作为主要的回应对象，并制定合理的社会政策对其进行有效解决。在政策制定和实施过程中，既要注意单一性政策的回应性，也要充分考虑复合性政策的回应性，同时，要以复合性政策有效回应程度作为衡量回应的充分性的一个重要标准加以强调。

### （四）执行力标准

执行力标准指的是贯彻社会政策战略意图并完成政策预期目标的实际操作能力，衡量把政策目标转化为实际成果的能力以及实际完成度。主要是分析政策执行机构实际具有的整体执行政策能力与它投入某项政策的执行过程的能力之间的比例关系。

执行力标准的设立使我们有可能在政府执行力与政策结果之间建立起某种因果关系。执行力是一个不可控的变量，执行的效率、完整度等会因为时间、实际操作者和各种因素而有所差异。在实施某项社会政策的过程中，要想减少或避免因执行力问题而导致的政策影响不如人意，就要首先分析影响该政策执行力的根源并找到解决方法。在政策执行过程中，首先要对政策预期目标和实施计划做出明确规定，在实施过程中对实际进展、执行者的实际能力以及执行进度等做出定期的监控和必要的调节。通过有效的执行措施实现社会政策的预期目标和良好的社会影响。

## 三、社会政策评估的效率标准

社会政策效率标准即一项政策成本和收益之间的比例关系。社会政策成本包括在该政策行动所投入的人力、物力、财力、时间等，社会政策实施过程中直接产生的效益称为社会政策的产出。[①] 社会政策效率的高低可以划分为三对关系：

### （一）投入与成本的关系

投入是为了使一定的社会政策达到预期目标或某种社会影响而发生的总耗费，也是为了达到一定的经济目的而产生的所有耗费。投入一般包含人力、财力、物力、运输力、自然力以及时间。成本是指对象化了的费用，即计算分配的费用要以产品为对象，成本和费用是相对应的概念。社会政策运行的成本由人力、物力、时间等因素构成。获取并维持这些人力、物力、时间所耗费的费用就是投入的成本。

### （二）行政开支与业务开支的关系

在社会政策实施的过程中，用于服务对象的开支称为业务开支，花费在管理机构、管理人员和社会公共服务上的资金即为行政开支。当行政开支远大于业务开支时，意味着效率不高。当行政开支远低于业务开支时，表明效率是较高的。

### （三）人均开支与单位成本的关系

人均开支水平是反映行政单位经费支出与人员配备之间关系的指标，计算公式如下：人均开支水平＝本期经费支出总数/本期在职人员总数。单位成本指的是生产单位产品所平均支出的费用。人均开支水平指标是反映行政单位费用支出定额的重要指标之一，单位

① 《社会政策概论》编写组．社会政策概论［M］．北京：高等教育出版社，2021：179.

成本充分反映了成本水平的高低。人均开支和单位成本的关系是社会政策评估的重要角度。

当纳税人所承受的花费较高时，即单位成本较高时，就说明该项社会政策在推行的过程中人均花费较高，这种情况下就称为效率低下。但是要充分注重个别效率与整体效率的影响因素。社会政策效率标准的侧重点主要是衡量一项政策能否用最小的成本来获取最大的产出，即要以较便捷、较好、较节约的方法来执行该项社会政策。

## 第二节　社会政策评估的方法

### 一、社会政策评估的整合研究方法

在社会政策评估中，整合研究方法相应地又表述为定量研究方法和定性研究方法。在对社会政策进行评估时，往往将这两种研究方法结合在一起加以使用，以提高政策分析的效度和可信度。

整合研究方法注重定量研究和定性研究的结合。在对社会政策进行评估的实际过程中，如果只用单一的定量研究，就只能实现对社会政策局部的掌握和分析。而若只用定性研究方法，就很难对社会政策有科学的认识。定性研究是进行定量研究的基础和前提，没有定性的定量是一种盲目的、毫无价值的研究。

定量研究使定性更加科学、准确，它可以促使定性分析得出广泛而深入的结论。我们应该克服那种非彼即此的做法，把定性研究和定量研究相互结合起来，互相取长补短，充分发挥两种研究方法的优势。① 即运用整合研究方法有助于我们更好地对社会政策做出评估。

#### （一）定量研究方法

在社会政策评估活动中，定量研究方法主要是对政策中资金、人力、信息等因素的数量特征、数量关系与数量变化进行分析的方法。即在社会政策评估中，对定量研究方法的运用主要是在统计、分析各种数据方面，以获得对政策实施过程和影响效果的把握理解。详细且准确的统计数据是进行定量分析的重要前提与基础，因此要求社会政策的相关主体仔细收集并统计相关数据，以保证定量研究分析的科学性。除此之外，可以通过发放调查问卷获得第一手数据资料，并运用分析软件进行数据分析，从而解释并分析一项社会政策产生的实际影响和效果，更好地分析社会政策实施过程中不同要素之间的内在关联以及社会政策行动与相关要素之间的联系。

除此之外，社会政策评估中的定量分析也主要通过广泛收集资料，并对资料进行统计分析和比较，从而获得对社会政策行动及其收效的数量分析结论。在现实的社会政策评估中，定量研究方法也被广泛采用。这类方法主要是采用一组客观的指标来分析社会政策行动是否达到预期目标，并对社会政策实施前后的情况进行定量比较，通过广泛的社会调查

① 洪芳．定性研究和定量研究的比较分析［J］．南方论刊，2013（12）．

来分析社会政策实施的效果。在社会政策评估的定量分析中，常常采用社会政策行动的统计数据，以及“专家调查法”“受益者调查”“普通居民调查”等方法收集资料，并采用社会统计分析、前后对比、实验组对比等方法去分析资料。[①] 定量研究方法的主要步骤有四个：

1. 确定研究目标

首先要根据社会政策的性质和主题来明确研究的目的，研究范围和大致内容应该被作为首要条件予以确认。确定研究目标是展开研究计划和设计方案的基础。在社会政策评估中，选取研究目标要具有代表性。

2. 制定研究计划

研究计划应该围绕研究目标展开，包括要确定研究的类型、研究手段、研究变量等。制定研究计划要注重可行性标准，即通过现有仪器设备、技术等先进手段，研究目标能够被准确获取。

3. 收集数据

为了方便进一步的分析研究，要依据研究计划，采取合适的方法对数据进行收集与整合。在收集数据的过程中要注重准确性，任何一个细小数据的错误都会造成整个研究或评估出现错误。

4. 解析数据

要对收集来的数据做认真且合理的分析测评，要通过数据来分析某项社会政策的产出或造成的社会影响。

### （二）定性研究方法

定性研究方法主要以访谈、个案、参与观察等不同方法获取的资料对社会政策进行文本式的概述和解释。定性研究方法可以对社会政策目标、实施过程、产能、影响进行深刻的诠释。在对政策的各种因素进行分析的过程中，应该注重把社会政策中的各要素和具体社会情景结合起来加以整合研究。

定性研究方法侧重于对个案（个人、社区或组织）的探析，通过对个案的深刻剖析而获取对整个社会政策的实施过程和社会影响、绩效的清晰了解。定性研究应该在自然的情景中进行，研究结果也只适应于特定的情景中，在生活情景中探索被研究者的生活习惯和日常的行为，把自己试着放入一个丰富、自然的情景中去体验研究最真实的状态。[②] 定性研究方法的主要方法有四个：

1. 观察法

观察法就是依据一定的研究目的，充分调动自我的感官去观察被研究对象以获取资料的一种方法。在观察的过程中要求研究者对社会政策的过程、影响等因素进行全面的、细致的、多角度的观察。

---

① 《社会政策概论》编写组．社会政策概论［M］. 北京：高等教育出版社．2021：181.

② 王薇，嵇红亮．定性研究和定量研究的比较［J］. 才智，2018（10）.

2. 访谈法

访谈法又称为研究性的交谈，是通过研究者与被调查对象面对面直接交谈获取资料的一种方式。在访谈过程中，要注意及时搜集社会政策的信息资料。

3. 个案研究法

个案研究法也称为案例研究法，比较注重对一项社会政策的连续性调查，能够全面详细地研究社会政策的整个过程并对其做出较为合理的评估。但是要注意，个案研究法并不是完全孤立的个体研究，要注重社会政策因素之间的相互联系，要通过个体性因素分析整体社会政策的影响。因此，社会政策的个案研究方法要求对社会政策的研究必须具有深刻性和全面性。

4. 行动研究法

提高行动质量、改进实际工作、解决实际问题是行动研究法的三大强调中心。对社会政策进行评估的过程要提高效率，对社会政策的差错要进行及时、实际性的调整和整改，使社会政策在促进经济提升、社会发展、美好生活的轨道上平稳行驶。

总之，定量研究方法和定性研究方法二者都有利弊。在对社会政策进行实际评估的过程中，将两种方法充分有效结合起来，才能够提升研究成果的质量和准确度，做到研究的深度和广度并存。无论是定性研究方式，还是定量研究方式，或是二者结合的方式，选择的标准都只有一个，这就是回答研究的问题的合适性，即应该选择和采用最为合适的研究方式，来达到研究的目标和最好的研究效果。①

## 二、社会政策评估的制度分析方法

制度分析法是社会政策评估中的常用方法之一。对社会政策的制度分析就是在研究中将各种可能影响要素加以分类，并深入分析它们在社会政策过程中的不同作用和呈现的不同效果。制度分析的主要要素包含价值观念、规则契约、福利权利和福利组织。

在制度分析的范畴中，主要包括了四个方面的内容：第一，制度的各种因素与内容，包括条约、规则、传统、习惯和价值观点；第二，制度安排的各种要素及构成，包括市场、国家、网络、协会和社区；第三，制度部门，包括不同的系统；第四，组织，包括行动者、资源和环境如何使用特定规则与途径来对行动轨迹造成影响或改变。

## 三、社会政策评估的比较分析法

比较分析法也称为对比分析法，是对客观事物加以比较分析，从而获得对事物本质、规律的了解和认知。在社会政策评估中，比较分析法通常是把两个相互联系的政策或政策中的相关因素的指标数据进行对比分析，从数据视角展示说明社会政策的影响。在对比分析的过程中，可以比较社会政策的结果，也可以对社会政策投入成本与社会政策产出效益进行比较，还可以对社会政策的积极影响与消极影响进行比较。

比较分析法的标准主要有四个，即时间标准、空间标准、经验或理论标准以及计划标准。时间标准是指在比较分析的过程中选取不同时间段的指标数值作为对比的标准，可以

① 风笑天．定性研究与定量研究的差别及其结合［J］．江苏行政学院学报，2017（2）：68－74.

选取某年同期的数值作为比较，还可以同以往最好水平或关键时期的有关社会政策进行比较。空间标准就是以不同的空间指标数据为标准，加以比较而得出分析。经验标准通常是对大量的历史资料进行归纳总结后而得到的标准，而理论标准则是对那些经过科学推敲的理论体系进行推理而得到的标准。计划标准就是和社会政策执行前制定的计划数据和目标数据进行对比，科学合理的计划数据是衡量社会政策实际执行与社会效应的重要标准之一。

比较分析法包括直接比较法与间接比较法，单项比较法和综合比较法，前后对比法、有无对比法和综合对比法。直接比较并不需要引入其他的中介，只要将两种需要比较的状态进行直接对比即可，而间接比较是将两种需要比较的状态分别与中介状态进行直接对比。单项比较只对反映两种状态的某一同类指标进行比较，而综合比较则需要把反映两种状态的全部指标综合起来进行比较。在多种方法中，前后对比法、有无对比法和综合对比法一般会被广泛使用。具体分析如下[①]：

### （一）前后对比法

前后对比法是把社会政策实施前的情况与实施后的情况进行对比，从而评估政策实际效果的方法。

前后对比法的公式为：

$$P=I_2-I_1$$

其中，$P$ 代表项目效果，而 $I_2$代表政策项目完成后的实际情况，$I_1$则代表项目实施前的情况，即计划指标数据。例如，A 校部分学生心理健康存在问题，于是该校心理辅导中心开展了一系列的讲座和培训活动以试图改善部分学生的心理问题。对该项目的评估可以采用前后对比法。对实施培训项目前后目标群体心理健康的变化进行测验对比以评估该项目的效果。

### （二）有无对比法

在社会政策项目不可避免地受到外部因素影响较多的情况下，一般优先选取有无对比法。有无对比法是社会实验法的一种，一般把实验的参与者随机分配成实验组和控制组，通过将两组实验结果进行对比以分析社会政策的价值和效应。实验组和控制组的前后结果都要进行比较。

有无对比法的公式为：

$$P=I_2-C_2$$

其中，$P$ 代表社会政策项目效果，$I_2$代表项目完成后的情况，就是实验组后的测量数值，$C_2$代表控制组在相同阶段的情况。有无对比法往往有一个假设的前提，就是控制组和实验组设备性能参数的参考值是一样的。使用有无对比法进行比较的缺陷是比较耗时耗资。

### （三）综合对比法

综合对比法一般应用于实验组和控制组基线值相差较大而无法准确测评的情况下，它

① 游清富．社会政策导论［M］．武汉：武汉大学出版社，2018：254.

是通过比较政策实验组前后测之差与控制组前后测之差以评估社会政策项目效果的方法。

综合对比法的公式为：$P=(I_2-I_1)-(C_2-C_1)$

其中，$P$代表的是政策项目效果，$I_2$代表的是实验组后测值，$I_1$则是代表实验组前测值，而$C_2$代表的是控制组后测值，$C_1$则代表着控制组前测值。一般来说，运用综合对比法进行比较测出的结果是较为精确的。但是由于综合对比法本身就需要实验组和控制组的前后测值，所以该方法也比较耗时耗资。

## 第三节　社会政策评估的程序

### 一、制定社会政策评估方案

制定评估方案是对社会政策进行评估的前提和起点，也是社会政策评估得以顺利进行并取得有效成果的基础条件。社会政策评估方案准备得合理充分，就能抓住关键问题，明确评估的重点和中心，避免工作的盲目性。一般来说，制定社会政策评估方案需要完成的工作任务主要包括以下几个方面。

#### （一）明确评估对象

明确评估对象主要回答了“评估什么”的问题，是制定社会政策评估方案的首要问题，也是解决评估客体及其时空范围的问题。日常生活中，各种类别的社会政策不计其数，但这并不表示任何一项社会政策在任何时间地点都可以并且有必要进行评估。这就要求我们在确定评估对象时遵循有效性和可行性相结合的原则，对评估的对象有充分的认识和了解，并且能够根据客观实际的需要，科学地选择那些较为成熟的、有良好产出和社会影响的、较为值得推广的社会政策作为评估的主体对象。

社会政策评估的对象包括两个层面，一是社会政策方案本身，二是社会政策实施行动。社会政策评估行动应该同时或分别对这两个方面作出评估。

#### （二）确定评估目的

确定评估目的主要回答了“为什么要评估”的问题，政策的评估目的决定了社会政策的基本方向。不同的评估目的对于整个社会政策评估过程的侧重点也是不一样的。只有解决了为什么评估的问题，才能够进一步确定评估主体、评估标准、评估方式、评估方法等。

#### （三）选择评估标准

选择评估标准主要回答了“以什么作为评估标准”的问题，正确的评估标准是确保社会政策评估科学性、客观性、公平性的基本前提保障。一般来说，社会政策评估既要设置价值标准，也必须以客观事实判断为基础，即要注重事实标准。

社会政策的评估是一项复杂且细致的工作。想要制定出全面、客观、公正的评估标准，就必须遵守方向性、科学性、客观性、可比性以及准确性五大原则。五大原则的阐释如下：

1. 方向性原则

方向性原则要求坚持让制定出的评估标准为中国式现代化建设服务、为人民服务，符合社会可持续发展的趋势。

2. 科学性原则

遵守科学性原则，就是坚持以科学思想为指导，以科学的理论基础为依据制定评价标准。必须保证拟定的评估标准要能够科学、客观地反映出事物发展的规律，要以事实为依据，而不是依靠想象和虚构。

3. 客观性原则

客观性原则的基本要求就是在制定评估标准的过程中尽可能地采取量化的标准，即考核标准尽可能量化，对于那些无法量化的则尽量让更多的公众参与评估。

4. 可比性原则

可比性原则要求在制定评估标准的过程中充分考虑到在相类似的条件或基础上的有关政策之间的相互比较。通过比较判别优劣也是评估的目的之一，因此可比性原则是评估标准中所必不可少的。可比性原则包括横向可比性和纵向可比性，要求我们在做出比较时尽量选择含义明确、相同一致的评估标准。

5. 准确性原则

准确性原则要求我们制定出的评估标准不仅能够真实地反映社会政策运行的实际状态和后果影响，而且符合客观实际。

### （四）确定评估主体

确定评估主体主要回答了“谁作为主体来参与评估”的问题，要以认真谨慎的态度来确保评估主体的多元性、独立性和专业性。选取具有优秀专业素养和良好道德品质的评估主体，是对社会政策进行客观评估的重要前提之一。评估主体包括何种类型的人，每一种类型的人在总体中所占的比例，在评估决策中的权重如何确定和分配，都需要经过仔细思考之后，做出认真合理的安排。社会政策评估主体一般分为领导评估、政策执行机构评估、专家评估、媒体评估和群众评估。

领导评估是一种最直接的评估方式。由于领导人在社会政策的决策和实施中起着决定性的作用，往往可以直接决定一个社会政策行动的资源分配和发展前途，但是要避免因领导人的个人偏好而在评估中出现偏差。

政策执行机构评估主要指的是行政机关、党政机关、事业机关、国有企业等相关主体对某项社会政策做出的评估。政策执行机构对社会政策评估具有举足轻重的影响，往往直接关系到某项社会政策是否能被执行实施。

专家评估要求参与社会政策评估的人员具有专业的理论知识和方法技术，能够胜任咨询、评审等具体工作。一般会组织相关领域的专家通过直观的归纳、细致的调查、科学的分析等途径对某项社会政策展开合理的评估。专家评估有利于提高社会政策评估的科学性和合理性。

媒体评估即报纸、杂志、书籍等媒体对有关社会政策所进行的评估活动。不过多数情况下，媒体的评估报道是负面的，如治安管理差、老百姓看病难等社会政策问题。网络时代，网络媒体的影响日益增强，政府要及时对媒体报道的政策问题作出回应，并对存在的问题作出相应的政策调整。媒体评估是社会政策议程的重要来源，对社会政策的逐步完善有一定的促进作用。①

群众评估是指群众在社会政策评估的过程中对该政策的合理性、公平性、收益性等提出的意见和建议。社会政策评估要注重充分吸纳群众主体，以反映基层群众的真实需求和愿望。群众评估可以为社会政策的改进和调整提供方向和依据，同时可以增加群众的参与感与满意度。

一般来说，选择社会政策评估主体要遵循四大原则，即评估主体多元化原则、社会政策对象参与原则、评估主体独立性原则以及评估主体专业化原则。

1. 评估主体多元化原则

评估主体多元化原则是社会政策公共性、民主性和公平性得以实现的有效保障。社会政策评估主体的多元结构包含两个方面：一是公共组织内部评估主体和外部的评估主体；二是社会组织和公众。评估主体多元化能够提高评估的客观性和全面性，也能够进一步提升社会政策评估结果的公信力。

一般来说，社会政策评估主体主要有立法机关、司法机关、行政机关、企业组织、社会群众以及大众传播媒体。

2. 社会政策对象参与原则

社会政策对象是社会政策的直接接受者，判断一项社会政策是否公平合理，是否应该被实施，都应该充分重视社会政策对象的建议。如果社会政策的评估主体缺乏公众代表，那么会导致社会政策在评估过程中相关利益群体话语权的缺失，使得社会政策的评估结果有失公正。

3. 评估主体独立性原则

社会政策评估是对社会政策实施的实际效果的评价，多少都会触及相关机构或人员的政绩和利益，因此会受到一定程度的干扰，为此，确保社会政策评估主体的独立性就成为评估结果客观性的有效保障。

4. 评估主体专业化原则

专业化原则即社会政策的评估主体必须掌握关于相关政策方案和政策影响结果的充分信息和相关政策理论，尤其是政策评估理论的知识，以保证评估结论的可靠性。

参加社会政策评估的主体要进行专业知识的训练和评估手法的学习，同时要增强各个评估主体的交流学习工作。专业化原则对评估主体的素质也有所要求，评估主体的素质直接影响社会政策评估的科学性和客观性。对社会政策评估人员的素质要求主要包括知识素质、思维素质，以及实事求是的精神。

### （五）确定评估手段

确定评估手段就是回答了“用什么方式评估”的问题，具有相应的评估手段和方式是保证评估工作得以顺利进行的重要因素之一。评估的具体手段主要是用来确定评估的主体、环境、时间、场地、经费使用等各种要素的具体步骤和操作方法。在涉及大量的数据

① 《社会政策概论》编写组．社会政策概论［M］．北京：高等教育出版社，2021：177.

处理和价值研判时，采取何种评估手段对评估结果也十分重要，无论怎么样都要坚持采取科学有效的评估手段和方法。在评估社会政策时要注重系统性和全面性，需要综合运用多种评估手段，把不同的评估手段加以结合，这样才能够全面地对社会政策做出详细、客观的评估。

## 二、收集社会政策评估资料

收集评估资料是社会政策评估实施阶段的重要工作，在评估实施阶段首先就必须对社会政策作用对象以及社会环境所处的状态进行客观真实的描述以获取评估资料。

收集的评估资料主要包括：社会政策作用前社会政策对象以及社会环境的状况；社会政策作用后社会政策对象以及社会环境的状态；社会政策对象与社会环境间相互作用、相互影响的状态。在评估工作中，评估者通过收集、整合并分析社会政策的评估资料，得出客观合理的评估结论，并以此为依据撰写相关的评估报告。

在收集社会政策评估资料的过程中，要注重资料的充分性、客观性以及收集资料方法的多样性。如果缺乏足够的社会政策评估资料，社会政策的评估就失去了来源，也会影响评估的可靠性。足够充分的评估资料有利于对社会政策的各方面做出系统全面的评估。客观性即资料必须客观真实，对于社会政策的现状和社会影响等相关状况的表述不夸张也不回避，不夹杂任何主观情感。为了保证社会政策的客观真实性，就必须建立反映社会政策对象客观实际的指标体系。最后，收集社会政策评估资料时还要注重多种手段相结合。

实施社会政策评估时，评估主体需要采用多样性的调查手段，要全面收集社会政策拟定、政策实施、社会政策影响和社会政策效益等方面的信息资料。为了保证所获信息具有全面性、系统性和精确性，需要综合地采用各种科学方法来收集各种各样的信息。一般来说，常被用于资料收集的方法有观察法、查阅资料法、调查法、实验法等。

### （一）观察法

在收集资料的方法中，观察法是一种最常见的形式。在观察时，评估主体要根据一定的评估目的和标准，运用感官对社会政策进行直接观察从而获取信息。但是因为人的感觉器官具有一定的局限性，所以在观察的过程中要注重运用多种现代化的仪器和方法以辅助观察。

### （二）查阅资料法

查阅资料法就是围绕评估目标与主题，收集并查阅相关的文献资料，广泛获取有关政策信息资料的方法。但是要注意，查阅资料只能作为一种先行调查方法，并不能作为评估结果的现实依据。所以在评估的过程中要始终坚持以政策实际影响为依据。

### （三）调查法

调查法是评估主体通过实地考察，了解政策实际运行状况和影响而直接获取相关信息材料，并对这些材料进行分析的研究方法。使用调查法要对社会政策进行广泛全面的调查，同时要注重调查方法的可操作性和实用性等。

### （四）实验法

实验法即在某种特定的情况下，通过实验对比，对社会政策中某些变动因素之间的关系以及变化过程予以观察分析的一种方式。采用实验法收集资料必须讲究科学性，坚持遵守客观规律。

## 三、分析社会政策评估结果

分析社会政策评估结果对整个社会政策有着不可忽视的重要意义。社会政策评估结果是决定社会政策执行方向的科学依据，是重新确定政策目标、制定新政策的必要前提。在分析社会政策评估结果的过程中，评估者应该始终坚持评估材料的完整性和分析的科学性两个原则，尽可能客观公正地反映出社会政策的实际效果。

在评估工作中，评估者通过收集资料并对资料做出整理分析，从而得出科学的评估结果，撰写评估报告。评估报告是评估工作的最终产品，其内容一般包括对评估工作执行进程及操作方法的介绍和说明、评估结论以及相应的政策建议等内容。对社会政策结果的分析必须形成相应的报告，以供社会政策的进一步决策或指导下一步的实施方向。社会政策的评估结果有时要以报告的形式向社会公开发布，所以需要对社会政策的评估结果进行细致认真的分析。

### （一）撰写评估报告①

在对社会政策的影响结果进行有效评估后，相关评估主体还应该认真撰写书面的评估报告。评估报告应该是总结多方评估主体按照明确的评估目的、科学的评估标准和合理的评估方法对特定社会政策，即评估对象的实施效果进行全面评估后得出评估结论。

评估结果的报告应比较全面地反映社会政策执行过程的实际情况，特别是政策实施、政策影响和政策效益等方面的结论。评估报告除了对社会政策影响进行公正客观的陈述，对社会政策进行价值、事实判断，提出对社会政策相关整改建议以外，还应对评估过程、评估方法和评估标准等一些重要问题进行必要的说明。最后要对评估工作的优缺点进行系统的总结，要以提高今后的政策活动水平服务为目标。同时，社会政策的评估结果应该通过书面报告的形式提交给相关机构予以认证检查。

### （二）总结评估活动

除了对社会政策评估结果撰写相应的评估报告外，对评估活动进行认真总结也是该阶段的重要任务之一。在提交评估报告、结束评估工作之前，要对评估过程进行再检查，对评估结果的可信性和有效性进行分析；要与社会政策设计、制定、执行、监督机构和人员及社会政策的目标群体进行必要的沟通和讨论，以便提高社会政策评估的效果。② 此外，还要注意妥善处理决策者与评估者之间的分歧，实现决策者与评估者之间对评估报告的最大限度的协调。

### （三）评估结果的应用

社会政策评估结果可以帮助相关组织者发现社会政策制定及执行过程中存在的问题并进行调整。与此同时，社会政策评估结果还有以下三个方面的作用：一是社会政策的评估

---

① 游清富．社会政策导论［M］．武汉：武汉大学出版社，2018：249.

② 郑杭生．社会学概论新修［M］．北京：中国人民大学出版社，2019：384.

结果可以作为对被评估社会政策制定和执行的相关组织或主体进行奖惩的参照标准；二是被评估社会政策的相关主体可以通过评估结果发现相应的问题并展开整改工作；三是按时向社会公众发布评估结果，可以加强社会舆论的监督，进一步提升社会政策的科学性和公信力。

## 思考题

1. 社会政策评估的事实标准和价值标准有哪些？
2. 结合案例，如何运用社会政策评估的比较研究方法？
3. 社会政策评估程序的主要内容是什么？

# 第六章　社会政策历史和发展

## 本章提要

现代社会政策实践发端于西方国家，早期各种社会慈善救济对社会政策产生了重要影响。以 1601 年《伊丽莎白济贫法》为萌芽，德国社会保险法为正式成形，社会政策开启了它的扩展之路，并伴随着经济社会形势的变化进行着改革和调试。纵览社会政策在世界各国的发展，可以将社会政策的发展历程划分为形成、发展、改革与转型三大阶段。本章对社会政策发展历史进行了回顾，简述了西方发达福利国家以及中国的社会政策形成、发展和改革、转型历程。

## 引导案例

**英国历史上第一部专门的济贫法——《伊丽莎白济贫法》**

15 世纪末到 16 世纪初，由于工业化运动，英国大批农民被迫出卖土地，或远走他乡，或到处流浪，陷于极端悲惨的境地，大量的圈地导致了大量的流民。英国统治者被迫考虑救济贫民问题，该问题成为 16 世纪英国首要问题。为此，1601 年英国历史上第一部专门的济贫法——《伊丽莎白济贫法》将原来分散化、应急性的济贫事务转化成为政府的一项基本职能，《伊丽莎白济贫法》成为第一部表明政府承担公民福利的正式法律。由此，确立了社会救助在英国经济和政治发展中的托底性作用，将济贫与英国经济发展很好地协调起来，济贫由一件出于人道主义责任的善举变为了一项与经济紧密相连的重要制度安排。

之后，1834 年英国又出台了《济贫法修正案》。新济贫法制度的经济功能从旧济贫法制度所具有的保证农业劳动力规模以促进农业经济稳定为主，变为提供大量自由流动的劳动力以适应工业经济的扩展为主，并发展成为适应和促进工业经济发展的政策工具。因此，英国幸运地避开了托克维尔悖论，成为全世界第一个在没有革命的情况下实现了工业化和城市化的国家。

总体来看，济贫法制度既与英国政治、经济与社会的变迁直接联系，又对英国政治、经济与社会变化产生了重要影响，英国政治、经济与社会变迁决定了济贫法制度性质与功能的变化，济贫法制度性质与功能的变化反过来影响了英国政治、经济与社会的发展变化。

资料来源：林闽钢．社会保障如何能成为国家治理之“重器”?：基于国家治理能力现代化视角的研究 [J]. 社会保障评论，2017 (1).

**案例思考：**

(1) 从社会政策历史角度，分析英国济贫法起到的托底性作用。

(2) 从社会政策历史角度，分析社会政策与国家治理的关系。

# 第一节　社会政策的形成

现代社会政策实践发端于西方国家。早期各种社会慈善救济对社会政策的起源产生了重要影响。

## 一、济贫法政策

济贫法政策在西方社会政策发展史上具有重要地位，为了应对中世纪后期的社会问题，英国从 14 世纪开始颁布了一系列不同形式的济贫法。其中 1601 年颁布的《伊丽莎白济贫法》对社会政策发展的影响最大，通常被视为社会政策的萌芽。

在《伊丽莎白济贫法》中，政府区分出不同类型的穷人并施以不同方式的救济：将无工作能力的穷人送入济贫院或进行院外救济；为失依儿童提供学徒训练机会；将身体健全者送入习艺所参加劳动，以工作换取救济，否则会被处以刑罚；用严酷手段惩罚那些懒惰而“不值得帮助”的穷人。济贫法规定的济贫资金来源以每户固定缴纳的税款为主，不缴纳济贫税者会受到法律惩罚①。济贫事务由各教区负责，中央政府委派专门的贫民监督员。济贫法的实施意味着政府在贫困救济上的责任，但是济贫法主要目的更在于社会控制。

1834 年，英国颁布了《济贫法修正案》，因其确定了新的救济原则，又被称为“新济贫法”，其核心思想是通过惩治懒惰的贫民，从而根治贫穷问题。新济贫法规定停止对身体健康者和游手好闲者的院外救济，受助者必须进入济贫院才能得到救济；接受院内救济者不仅受到许多限制，还被剥夺选举权等政治权利；同时废除教区为单位的救济行政，扩展为较大的地方单位，组建济贫法实施委员会管理济贫工作，对济贫事务实行严格的集中化管理②。其后，英国各地逐步建立起济贫院。新济贫法所确立的院内救济原则曾长期保持不变，成为 19 世纪前期英国实施贫困救济的主要社会政策措施。济贫院内的生活条件极为恶劣，劳动极其繁重，被称为劳动者的“巴士底狱”。

18 世纪中期后，济贫法政策在其他西欧国家陆续颁布。之后欧洲的济贫法政策也传播至北美殖民地。独立战争后，美国各州也逐步颁布济贫法案，建立济贫机构，对值得救济者提供院内救济。伴随济贫法救济措施的逐渐推进，西欧和美国社会救济政策开始广泛出现。

## 二、社会保险政策

在工业化的推动下，欧洲各国在 19 世纪以后开展了大规模的社会政策实践。工业革命后，西欧各国经济和社会状况发生很大变化，劳动者无力应对工业化带来的社会问题，生活质量下降、贫困风险增大，导致了大规模的阶级冲突。为避免资本主义制度的崩溃，西欧各国开始重视解决劳动者面临的各种社会问题，它们意识到需要社会保险制度来应对

---

① 丁建定，杨风娟．英国社会保障制度的发展［M］．北京：中国劳动社会保障出版社，2004：5.

② 熊跃根．社会政策概论［M］．北京：华文出版社，2005：24.

贫困等社会问题。

第一个实施社会保险政策的国家是德国。19世纪后期德国劳工和社会问题愈演愈烈，罢工事件屡见不鲜。为应对这种局面，当时的德国首相俾斯麦采取了“胡萝卜加大棒”的政策：一方面镇压社会民主党的革命运动；另一方面推出了一系列保护劳动者的社会保险政策立法。

1883年，《疾病保险法》出台，对工资劳动者实行强制疾病保险，工人在患病期间可以领取疾病津贴；实施费用由雇主和工人分担，国家给予一定补贴。1884年颁布《工伤事故保险法》，规定因工伤丧失劳动能力者可领取工伤事故津贴，工伤致死者的家属也可获得抚恤津贴；实施费用全部由雇主承担。1889年出台《伤残和养老保险法》，在工业工人、农业工人、手工业者及公务员中建立养老保险制度，由国家、雇主及雇工三方共担费用，国家统一管理；70岁以上的退休工人可领取养老金，伤残者可以领取伤残救济金。以上法案采用保险原则为工人在遭遇疾病、工伤、死亡、老年等风险困境时提供了经济支持，同时保险待遇由保费缴纳而来，并不损害个人尊严，因而比较有效地缓解了当时的劳资矛盾，社会趋于稳定。

德国社会保险政策的实施标志着社会政策的形成，为其他国家起到了示范作用，极大地推动了西方国家社会保险政策的出现，对19世纪后期西方国家社会政策的发展产生了直接影响。[①]

## 第二节　社会政策的发展

### 一、西方福利国家的社会政策发展

#### （一）欧洲福利国家社会政策的发展

福利国家是一种国家形态，突出地强化了现代国家的社会功能，即政府通过实施一系列社会福利政策承担主要的福利供给责任。

第二次世界大战后期，英国采取了一系列行动来探讨战后完善社会保障及福利体制的措施，其中最重要的就是贝弗里奇委员会在1942年提出的《关于社会保险和相关服务》的报告，即《贝弗里奇报告》。该报告提出现代社会保障体系框架应由社会保险、国民救助和自愿保险三个层次构成，以消除社会中的“五大毒瘤”——匮乏、疾病、无知、肮脏和懒惰。社会保险满足国民的基本需要，要取代旧的国民保险计划，建立一个新的、统一的、综合的、基本上涵盖全体国民的社会保险体系；国民救助解决国民特殊情况下的需要；自愿保险用于满足国民超出基本需要的额外需要。社会保险在三者中最为重要，国民救助和自愿保险是补充[②]。

① 史探径．世界社会保障立法的起源和发展［J］．外国法译评，1999（2）．

② 贝弗里奇．贝弗里奇报告：社会保险和相关服务［M］．劳动和社会保障部社会保险研究所，译．北京：中国劳动社会保障出版社，2008：113．

《贝弗里奇报告》为英国战后建立“从摇篮到坟墓”的福利国家提供了蓝图，1944—1948年英国政府颁布了一系列社会立法——《就业政策白皮书》《教育法案》《家庭津贴法案》《国民保险法案》《国民救助法案》《国民健康服务法案》《儿童法案》等，这些法案初步建成了“福利国家”的基本框架，在英国社会政策发展中具有里程碑的意义。1948年英国首相艾德礼宣布建成“福利国家”。

继英国之后，从20世纪40年代起西方国家纷纷效仿英国社会政策模式迈入福利国家建设中；美国、澳大利亚、新西兰以及日本也在按“福利国家”的模式构建各自的社会保障制度。[①]

### （二）美国社会政策体系的形成与发展

20世纪30年代，经济大萧条导致美国企业大量倒闭，失业人员剧增，美国人开始认识到贫困不只是个人问题，更是一个社会问题。

在美国前总统罗斯福的推动下，美国联邦政府在1935年颁布了《社会保障法案》，其基本内容包括两个保险计划和三个现金援助计划，前者是老年及遗属保险和失业保险；后者则是为盲人、孤儿和未纳入老年及遗属保险的老年人分别设立的津贴计划。该法案意味着美国形成了政府在社会政策方面的责任意识，开始承担起满足国民基本需要的责任，表明美国社会政策体系的根本性转型：从过去以私人保障为主的模式向更多强调政府责任的社会政策模式转变，从地方责任模式向联邦政府承担更多责任转变。

20世纪50年代中期开始，美国社会不平等、两极分化问题不断加剧，给社会发展带来很大负面影响。美国前总统约翰逊提出了“伟大社会”计划，并相应地通过了一系列重要的社会福利法案，涵盖贫困救助、老年人医疗保险、联邦公共教育援助、弱势青年就业培训、贫困者和移民工人健康照顾、妇女儿童营养和健康计划、少数民族权利保护等，强调为人们提供更多平等的机会以及对弱势群体权利的保护和基本需要的满足。20世纪50年代中期到60年代是美国社会政策的扩张时期，美国社会政策有了进一步的发展。

## 二、社会主义国家社会政策的出现

### （一）苏联和东欧社会主义国家社会政策的建立

十月革命胜利后，俄罗斯苏维埃联邦政府发布《关于社会保险的政府通告》，提出要实行社会主义社会保险政策。1918年，俄罗斯苏维埃联邦政府通过《劳动者社会保障条例》，提出建立覆盖疾病、伤残、老年和失业等风险的社会保障制度。1921年，俄罗斯苏维埃联邦政府通过共和国社会保险决议、残疾人社会保障、失去赡养人的劳动者和军人家庭成员社会保障等方面的文件。1928年苏联通过第一个养老金法案，覆盖对象为纺织工人；次年通过了关于社会保险的决议。1932年又通过《关于改进残疾、抚恤、养老金的决议》，社会主义社会政策体系初步建立。

第二次世界大战后，苏联加快推进社会政策的发展。1949年通过《科学工作者老年和残疾恤金条例》；1956年《苏维埃社会主义共和国联盟国家老残恤金法》建立针对全体职工

---

① 史探径．世界社会保障立法的起源和发展［J］．外国法译评，1999（2）．

的养老金制度；1964 年针对集体农庄劳动者通过了《集体农庄庄员养老金和补助费法》。

20 世纪前期，民主德国颁布了多项法令，建立社会主义社会政策。1949 年通过《农业劳动力保护法》，1950 年通过《休假法》《劳动法》《保护母婴和妇女权利法》，1956 年出台《职工社会保险条例》，且《劳动法》在 20 世纪 60 年代多次调整，并纳入教育、就业等社会政策。

捷克斯洛伐克也在构建社会政策体系，相关法律相继颁布。1948 年《国民保险法》、1956 年《职工医疗保障法》、1964 年《合作农民医疗保障和母子保障法》、1971 年《母子补贴法》、1975 年《社会保障法》推进了社会政策体系的初步建立。匈牙利、保加利亚等国家也在二战后积极出台养老金法案、健康保障政策。

### （二）中国社会主义社会政策的建立

随着新中国的成立，计划经济体制开始逐步确立。在城市，社会政策主要通过企事业单位来实施，被称为“单位福利制度”。企业除了要完成国家分配的生产计划外，还要承担社会任务，形成“企业办社会”模式：城镇劳动力就业由国家“统包统配”，企业执行国家招工计划[①]；企业同时承担诸如提供退休工资、公费医疗、基础教育、福利服务、住房分配等多种社会政策功能，向所有单位职工提供相同的“低工资、高福利”，具有明显的平均主义色彩。

1951 年公布的《中华人民共和国劳动保险条例》规定企业提供包括养老、医疗、工伤、生育在内的劳动保险，同时规定各单位建立食堂、疗养所、托儿所等，是新中国第一部比较完整的社会保障法规。20 世纪 50 年代中期至 60 年代中期确立国家机关、事业单位职工的退休制度，并统一国家机关工作人员和企业职工退休金制度。同期在城镇企业、机关、事业单位等陆续建立了一整套社会福利制度，为职工及其家属提供住房、食堂、幼儿入托、上下班交通补贴、冬季取暖补贴、家庭生活困难补助等福利待遇。

在农村，社会政策主要通过社队集体单位来实施，人民公社是农村地区政治、经济、社会活动的主要载体。农村合作医疗逐步推行，到 70 年代末期该制度覆盖了 85%的农村人口[②]。农村五保供养制度初具雏形，解决特殊困难群众的生活问题。

此外，政府对于无法得到单位与集体保障的“三无”人员还建立了民政福利制度，对其基本生活进行保障，如通过建立社会福利院与养老院收养孤老，建立儿童福利院与婴幼院收养社会弃婴、孤儿与流浪儿童等。

## 第三节　社会政策的改革与转型

### 一、西方福利国家的社会政策改革

20 世纪 70 年代，两次石油危机给发达资本主义国家带来了经济危机，经济发展停滞与通货膨胀并存，失业问题严重，福利国家运行陷入困境，西方各国政府积极寻找调整社

① 宋士云．中国劳动就业制度改革启动的历史考察［J］．聊城大学学报（社会科学版），2015（5）．

② 世界银行．1993 年世界发展报告：投资于健康［M］．北京：中国财政经济出版社，1993：111．

会政策的策略。①

## （一）市场化改革

英国政府最早尝试对社会政策进行改革，最有影响力的是撒切尔夫人对英国社会福利制度进行的市场化改革。撒切尔夫人认为解决福利危机必须依靠市场，实行福利私有化，以减少国家的福利支出、紧缩政府福利规模。撒切尔夫人执政以来，英国的社会政策发生了巨大变化，撒切尔夫人在任时社会政策改革主要包括以下几方面：

（1）抑制公共支出的增长，废除一些社会保障项目，削减人们依法获得福利补贴的权利基础，降低选择性福利补贴的实际价值，注重个人责任，降低个体对国家的依赖。

（2）调整社会保障待遇计算标准，将其与价格同步增长，而非与一般生活水平同步增长，拉大了津贴领取者与工作者之间的收入差距。

（3）开征新的社会保障相关税收，对失业津贴征税，引入人头税代替地方税，要求所有人向地方当局缴纳均等税款。

（4）私有化。利用税收鼓励私人保险计划的发展；住房法案允许私人机构管理地方公共住房；教育改革法强化父母对子女教育的责任；改革国民医疗服务，在其中引入一个内部市场或准市场，政府不再向医院提供全额经费，不再直接管理医院的内部事务，而是成为医疗服务的购买者，医院则为了更多的经费而竞争。

与此同时，美国的里根政府也进行了福利改革，随后德国、法国、荷兰、芬兰、意大利等国也进行了社会政策的改革，改革措施可以归纳为：

（1）强化个人责任，减少政府社会保障支出，缩小社会保障支付范围，降低社会保障支付水平，严格或改革社会保障享受资格或标准，改变社会保障基金的财务机制等。

（2）增加社会保障基金收入，提高社会保障税（费）率，提高或取消社会保障缴费基数的上限，新开征社会保障收入所得税。

（3）部分社会保障项目私有化，缩小政府干预社会保障的范围，鼓励私营部门参与社会保障资源的配置，让私营部门、第三部门参与到一些原来由国家举办的社会保障项目的管理和运行中，形成混合福利，从福利国家向福利社会转变。

福利国家开展的市场自由化改革对于恢复经济运行效率起到了明显的效果，但是自由市场的弊端也日益凸显，出现了严重的贫困和社会不公平现象。在英国，撒切尔政府的社会保障改革措施导致英国民众强烈不满，最终以撒切尔夫人为首的保守党被布莱尔为首的新工党击败，社会政策市场化改革到此出现新的转向。

## （二）“第二代福利”改革

英国前首相布莱尔在继承工党思想传统、借鉴保守党政府执政的经验教训、充分吸收工党理论家关于“第三条道路”中积极福利及社会投资国家的理论主张的基础上，提出了区别于贝弗里奇第一代福利国家的“第二代福利”的思想。②

布莱尔“第二代福利”思想的基本主张是转变社会福利观念——给人扶持而非施舍；

① 林闽钢，鲁全，童文莹．现代社会保障通论［M］．北京：中国社会科学出版社，2014：45－54．

② 林闽钢．现代西方社会福利思想：流派与名家［M］．北京：中国劳动社会保障出版社，2012：130．

强调权利与责任的对等，增强个人的责任和义务，通过对人们责任意识的培养，消除和减少福利依赖现象；推崇工作福利，将享受福利的权利和承担工作的责任关联；变结果平等为机会平等；减少政府干预，发挥社会组织的作用；同时还要保证向民众提供合理的社会保障。

与撒切尔政府的福利改革重点强调市场竞争和个人的社会保障责任不同，布莱尔政府的社会福利政策更强调社会公平和正义的因素，力求在经济效率和社会公平公正之间实现有机协调[①]；在强调个人合理社会保障责任的同时，也强调国家在为社会成员提供充分的社会保障方面的责任不能因强调个人责任而削弱[②]。

1998年，英国工党政府公布《我们国家的新动力：新的社会契约》的绿皮书，总体上确定了英国福利国家的改革方向。布莱尔执政期间进行的福利改革实践体现在以下几方面[③]：

（1）养老金制度改革。布莱尔政府继续加强国家基本养老金和职业养老金制度建设，特别鼓励更多有能力者参与职业养老金和个人储蓄年金制度，以便通过个人努力为自己提供更加充分的养老保障。1999年，布莱尔政府推出了针对雇员的“存托养老金计划”、对老年贫困群体的“最低收入保证制度”；2002年为中低收入群体建立国家第二基本养老金制度；2003年针对退休贫困推出“养老金津贴制度”。

（2）失业保障制度改革。大力鼓励失业者接受职业培训和重新就业，并提出了“工作福利”计划，采取一系列新的政策促进失业者的就业积极性，使他们脱离对传统社会福利救济的依赖。“工作福利”计划针对不同特征类型的人，实施了不同的措施。

（3）医疗卫生体系改革。1998年，新工党开始改革国民医疗服务体系（NHS），减少医疗保健服务覆盖面，鼓励医疗保健服务的市场化；逐步将医疗保健由普遍权利意识向个人责任意识转变，降低政府的医疗保健支出，同时确保为全体民众提供充分的医疗保健服务。

（4）教育政策改革。布莱尔政府将教育列为国家发展的战略计划，推进终身教育；推出一系列促进公立薄弱学校、不利群体、内城教育发展的改革计划，如“教育行动区”“追求卓越的城市教育计划”“教育优先区”等。

从总体来看，英国布莱尔政府突破了英国工党传统的社会福利政策主张，对英国社会和西方社会产生了深远的影响。

### （三）21世纪以来福利国家面临的挑战

进入21世纪，福利国家经济和社会领域发生了急剧变革，再度将福利制度推向风口浪尖，促使福利国家重新审视社会政策。

1. 福利国家支出的经济和财政基础受到削弱

人口老龄化和劳动力短缺的叠加意味着福利国家的社会抚养压力剧增，二者从两个不

---

① 林闽钢．现代西方社会福利思想：流派与名家［M］．北京：中国劳动社会保障出版社，2012：129.

② 丁建定．布莱尔政府的社会保障改革［J］．国际论坛，2004（1）.

③ 同①133－137.

同的方面同时挤压着福利制度①。福利国家面临形势严峻且难以逆转的人口老龄化问题，加剧了欧洲福利国家的养老金和公共支出负担。与此同时，低生育率和人口低增长带来的劳动力短缺危机，导致税收规模萎缩，福利资金来源受到削弱。再加上经济结构调整、国际金融危机和欧债危机提高了失业率，不仅极大地减少了社会保障缴费总额，还迫使政府支付巨额失业救济金，从而使得福利国家支出的可持续性经济和财政基础都受限，而数字化时代下互联网产业发展对劳动力市场的影响更有可能加剧这一状况。

2. 福利形式和内容单一化难以满足多样化福利需求

福利国家的最初制度设计建立在传统的标准工人家庭假设和家庭主义照护模式之上，主要覆盖常规的产业工人、男性就业者和弱势群体，"男主外女主内"是福利国家家庭成员的基本分工。随着向后工业社会转型，工业社会时代整体性、全日制和单一性的标准就业模式发生根本变化，出现了大量自营就业、临时就业等新型非标准化就业形态，对传统的程式化福利制度形成一种新的挑战，不断涌现的新职业和形式多样的灵活就业没有被及时纳入社会福利的支持体系中。

面对家庭生活压力的增加，伴随女性受教育程度的提高和对平等就业机会的追求，越来越多的女性走上工作岗位。传统的建立在性别分工基础上、由家庭主妇承担的无薪式家庭照顾模式变得难以适应双薪家庭的需要，为平衡有薪工作和家庭照顾责任，对老幼照料的社会支持成为新的福利需求。

3. 不平等加剧引发新的社会政策风险

福利国家福利政策的核心是希望通过提升福利水平维系社会公平，使贫富差距不至于过大，然而，现在却陷入相反的境地——欧洲福利国家的社会不平等程度正在扩大。

资本主义国家普遍的不平等加剧，引发族群分裂扩大、种族抗争频发，这对福利国家的社会政策制定带来更大挑战：既有福利国家社会政策维持不变会导致政策僵化，贫富差距进一步拉大；既有福利国家社会政策变动过于频繁，虽然有助于维系不同族群或阶层之间的基本公平，却可能导致民选政府无限许诺抬高福利，加速"福利超载"，从而引发新的福利风险。②

## 二、中国社会政策的改革与发展

20 世纪 70 年代末开始，我国全面改革计划经济体制，向社会主义市场经济体制转型，由此社会政策也进入改革发展时期，先后经历了四个发展阶段：

### （一）1976—1991年：社会政策的应对型改革

20 世纪 70 年代末"文化大革命"结束，大批下乡知识青年集中返城，就业安置和住房问题突出。80 年代初政府进行了就业工作思路的改革，采用劳动部门介绍就业、自愿组织就业和自谋职业"三结合"的就业方针。针对住房问题，政府开始集中建房，基于资金压力，开展了住房出售试点，住房改革之路正式开启。同时医疗卫生领域开始朝向市场化改革，政府对医疗卫生事业的直接投入逐步减少，采取放宽政策、简政放权、多方集资

① 吕普生．21 世纪欧洲福利国家面临的新挑战［J］．武汉大学学报（哲学社会科学版），2020（1）．

② 冉昊．当代资本主义国家的新福利风险：表现、原因与应对［J］．教学与研究，2021（2）．

的改革思路，开启医疗机构的转型过程。

就业制度和社会保险方面，1986 年国有企业新招工人一律实行劳动合同制，并明确合同工与固定工采用不同的养老保险筹资模式与受益规则，标志着我国开始探索新型社会化养老保险制度。1988 年职工医疗保险明晰了费用三方共担、个人负担部分医疗费用等重要改革原则。这个时期的社会化改革为我国构建新型社会保险制度积累了经验。

1986 年民政部开始探索农村养老保险试点，各地农村尤其经济发达地区的农村加快了建立农村社会养老保险的步伐。1991 年国务院授权民政部在有条件的地区开展建立农村社会养老保险制度的试点。

### （二）1992—2002年：社会政策的转型重塑

20 世纪 90 年代开始，我国进入社会政策深化改革阶段，1993 年党的十四届三中全会通过《中共中央关于建立社会主义市场经济体制若干问题的决定》，明确建立社会主义市场经济体制，且将建立多层次社会保障体系作为社会主义市场经济体制的重要组成部分。为适应我国经济体制从计划经济向市场经济的转型要求，我国社会保障制度、医疗卫生、住房体制等领域都进行了深入的适应性改革。

（1）重构社会保险制度。在养老保险方面，1997 年确定了新型职工基本养老保险制度。在医疗保险方面，1998 年确定了新型职工基本医疗保险制度的基本框架。在失业保险方面，1999 年失业保险在我国正式得以确立。在生育保险和工伤保险上，明确了职工生育保险和工伤保险的社会统筹和社会化管理服务改革方向。到 21 世纪初，我国构建了企业职工五大新型社会保险制度。

（2）建立新型社会救助制度。20 世纪 90 年代“减员增效”的国企改革浪潮引发了严重的失业问题以及随之而来的贫困问题。上海等城市率先建立了城市居民最低生活保障制度，1999 年确立城市低保基本制度体系，到 2000 年全国城镇全部建立了低保制度。

（3）深化医疗卫生体制市场化改革。这一阶段进一步推动 80 年代后期以来公共医疗机构的市场化改革，通过市场化机制提高医疗机构的运行效率，降低对政府财政的依赖。2000 年，进一步强化了市场化原则，此后我国医疗卫生的市场化程度越来越高。市场化推进了医疗卫生资源的增加，但同时也导致医疗卫生服务价格不断上升，“看病难”“看病贵”的问题日益突出。

（4）推进城市住房制度商品化改革。1988 年，开始在全国城镇分期分批推行住房制度改革。1994 年，废除住房实物分配制度，逐步转向住房分配货币化，建立商品化的住房供应体系。

（5）调整农村养老保险和合作医疗制度。农村养老保险经历了试点推广到有限发展的历程，1992 年民政部将县级农村社会养老保险方案推广全国，但 1999 年该制度被清理整顿，停止接收新业务。1997 年，农村合作医疗开始引入政府支持，2001 年又强化了政府对于合作医疗发展的引导作用。

### （三）2003—2012年：社会政策的快速扩展

2006 年，党的十六届六中全会《中共中央关于构建社会主义和谐社会若干重大问题的决定》第一次使用了“社会政策”的概念，提出要着力发展社会事业，完善社会管理，推动社会建设与经济建设、政治建设、文化建设协调发展，社会公平和民生改善受到重视。

2008 年，在国际金融危机冲击下，中央经济工作会议把改善民生作为“扩内需保增长”的出发点和落脚点，社会政策的积极意义更加突出。

1. 加强社会政策的政府主导作用

进入 21 世纪后，面对 20 世纪 90 年代对社会服务市场化改革的负面影响逐渐显现的情况，政府对社会政策领域的过度市场化倾向进行改革。2009 年，对医疗卫生政策做了重大调整，强化医疗卫生的公益性，改变医疗卫生服务商业化的局面。同时，政府开始加大对教育的投入，进一步重视教育公平和教育保障。尤其在 2001 年开始实行“两免一补”，后来又开展了“营养午餐”等项目，贫困地区教育难的状况快速好转。政府也通过各种政策抑制教育领域的商业化行为，2004 年实施新一轮教育振兴行动计划，2008 年全国城乡普遍实行免费义务教育，2010 年中共中央、国务院印发《国家中长期教育改革和发展规划纲要（2010—2020 年）》，明确“均衡发展是义务教育的战略性任务”。

2. 社会政策体系的制度结构调整

（1）社会救助方面，逐步构建了以城乡低保、农村五保供养为核心，以医疗、住房、教育等专项救助为辅助，覆盖城乡的新型社会救助体系，初步实现了社会救助制度的定型化、规范化和体系化。2003 年，对流浪乞讨人员从治安管理转向救助服务，确立了以人为本的救助理念，开启了社会救助体系建设。2003 年起，在我国城乡陆续建立并完善医疗救助制度、法律援助制度、流浪乞讨人员救助制度、住房救助制度、教育救助制度等。2006 年修订了《农村五保供养工作条例》；2007 年，全国普及了农村最低生活保障制度。城市低保制度在实现了应保尽保的目标后，把完善工作的重点转向了配套措施和分类救助。

（2）社会保险方面，城镇职工社会保险进一步完善。2004 年实现了国有企业下岗工人基本生活保障向失业保障并轨；2006 年提出建立适合农民工特色的社会保障制度，2008 年开始扩大社会保险制度覆盖面，推进农民工、非公有制经济组织就业人员、城镇灵活就业人员参加社会保险。2009 年明确了跨区域的社会保险关系转续办法。2010 年《中华人民共和国社会保险法》出台，明确了社会保险的制度框架。

城乡居民社会保险制度逐步建立。在医疗保险方面，2003 年出台《关于建立新型农村合作医疗制度的意见》，2007 年开始建立农村和城市居民医疗保险制度。在养老保险方面，2009 年开始探索建立新型农村居民社会养老保险制度，2011 年开始建立城镇居民基本养老保险制度。

（3）医疗卫生方面，2003 年在“非典”事件后，国家出台了一系列法律法规开展系统的疾病预防控制体系建设，缩小城乡医疗卫生服务的差距。2009 年中共中央、国务院发布《关于深化医药卫生体制改革的意见》，提出“有效减轻居民就医费用负担，切实缓解‘看病难、看病贵’问题”的目标，以及“建立健全覆盖城乡居民的基本医疗卫生制度”的中期目标。

### （四）2013年至今：社会政策体系的衔接和整合

社会政策体系是由满足国民基本生活和发展需要相关政策构成的、具有特定功能的有机整体。党的十八大以来，以人民为中心的发展理念确立了新时代我国社会政策发展的方向和趋势，社会政策建设的重点开始从注重效率逐渐转向更注重公平，让全体社会成员分享社会发展带来的成果。

1. 社会保险方面

实施全民参保计划，推进制度之间的衔接和整合，并在社会保险可持续发展方面实现制度完善。

（1）在不同群体间的社会保险制度整合方面，2014 年建立统一的城乡居民基本养老保险制度，2015 年推动机关事业单位工作人员养老保险制度改革，2016 年实施整合城乡居民基本医疗保险制度。

（2）在社会保险制度的衔接方面，2013 年提出加强医疗救助与慈善事业衔接，2017 年提出加强医疗救助与城乡居民大病保险有效衔接，2019 年实施全面推进生育保险和职工基本医疗保险合并，2021 年实施基本医疗保险关系转移接续，2022 年推进基本医疗保险跨省异地就医直接结算，等等。

在养老保险体系完善方面，2015 年推动机关事业单位职业年金实施，2017 年推进企业年金实施，完善第二层次养老保险制度。2017 年加快发展商业养老保险，2018 年开展个人税收递延型商业养老保险试点，2022 年推动个人养老金发展，完善第三层次个人养老金制度。

在基本养老保险可持续发展方面，2015 年启动全国基本养老保险基金投资运营；2017 年开展部分国有资本划转充实社保基金，以弥补企业职工基本养老保险基金缺口。2018 年建立企业职工基本养老保险基金中央调剂制度，2022 年启动企业职工基本养老保险全国统筹。

2. 社会救助方面

2014 年，临时救助制度在全国获得全面推进，社会救助体系的临时救助短板得以补齐，建成多层次社会救助体系。2014 年我国第一部统筹各类社会救助制度的行政法规《社会救助暂行办法》出台，正式确立我国 8+1 社会救助体系，即最低生活保障、特困人员供养、灾害人员救助、医疗救助、教育救助、住房救助、就业救助、临时救助和社会力量参与。①

3. 医疗卫生方面

整合提供医疗卫生和健康促进服务，实施健康中国战略，完善国民健康政策，为人民群众提供全方位全周期健康服务。2019 年发布的《国务院关于实施健康中国行动的意见》和《健康中国行动（2019—2030 年）》分别成为实施健康中国战略的“路线图”和“施工图”，同年颁布《中华人民共和国基本医疗卫生与健康促进法》，推进“以治病为中心”向“以人民健康为中心”转变，落实预防为主，个人、家庭、社会和政府各方共同参与的工作方针。

4. 社会福利服务方面

（1）整合养老医疗、健康和服务资源。2015 年推进医疗卫生与养老服务相结合，

① 林闽钢．我国社会救助体系发展四十年：回顾与前瞻［J］．北京行政学院学报，2018（5）．

2022 年进一步推进医养结合发展，2023 年在推进基本养老服务体系建设中，强调加强医疗养老资源共享，实现医疗、康复、护理、养老服务资源的高效协同。

（2）推动“一老一小”照顾服务协同发展。2020 年促进养老托育服务健康发展的意见出台，2021 年提出在“十四五”期间积极应对人口老龄化工程和托育建设实施方案，同年在《“十四五”城乡社区服务体系建设规划》中明确，推动基本公共服务资源向社区下沉，优先发展社区养老、托育等服务。

## 思考题

1. 西方福利国家的社会政策改革与发展有哪些主要内容？
2. 中国社会政策改革与发展的主要标志是什么？

# 第七章　劳动就业政策

## 本章提要

就业是民生之本、安国之策，也是中国式现代化建设的内在要求，更是社会和谐与稳定的基石，关系着国家的整体竞争力。进入现代工业社会后，获得劳动就业机会成为公民的一项基本权利。因此，了解劳动就业政策的历史发展演变，理解劳动就业政策的基本内涵、主要模式，掌握劳动就业政策的主要内容及劳动就业政策的发展趋势对实现更加充分更高质量就业具有重大意义。

## 引导案例

**青岛破解招工难、就业难：精准就业服务直抵供需“痛点”**

来到乡村夜校，年轻妇女可以学做花样馒头，年纪略大的可以学做月嫂，男的可接受培训并考取电焊等机械类技能证书，进街道工厂当工人……山东青岛胶州市通过遍布全市乡村的 75 所夜校，培训了 2.1 万名农村转移就业劳动者。

青岛市能够如此精准提供公共就业服务，源于其以问题为导向的准确施策。“招工难与就业难并存，培训针对性与市场需求匹配性欠佳，产业转型升级亟须劳动者技能提升，这是技能培训市场供需的三对主要矛盾。”青岛市公共就业和人才服务中心职业培训部副部长王同山说：“要破解这些矛盾，就要针对问题，提供精准的公共就业服务，让服务直抵供需‘痛点’。”

“招工难和就业难并存，有薪酬、观念等多个原因，但缺乏技能是一个重要因素，这就要靠培训服务来弥补。”王同山告诉记者，青岛的培训机制是发挥企业主体作用，鼓励支持社会力量参与，政府补贴性职业培训主要发挥市场引导和“兜底”作用。“政府‘兜底’主要包括五类人员：贫困家庭子女、高校毕业生、城乡未继续升学的应届初高中毕业生、农村转移就业劳动者、城乡登记失业人员。”

胶州的乡村夜校培训，就是针对农村转移就业劳动者的精准施策。“近年来，随着农业机械化水平提高，农活越来越少，村民们想找份工作的想法越来越强烈，然而缺技术、想学没时间、培训费贵等难题成了‘拦路虎’。”胶州市委组织部副部长祝春雷告诉记者，针对这些难题，市里打造了乡村夜校，将市直部门业务专家、镇街干部、站所负责人等纳入师资库，对接培训机构，储备了 700 余名师资力量、23 家培训机构。同时，根据村民实际需求改进课程，更注重实践，让村民实现了坐在家门口免费学就业技能，目前已累计开课 1 200 余次，有 1 571 人获得了各类技能证书。

“乡村夜校帮助我们解决了招工难问题。”青岛华康塑料包装有限公司总经理孟宪鑫告诉记者，公司一期工程已开始投产运营，技术工人出现紧缺，铺集镇乡村夜校便组织周边4个村庄的200余名学员，定向为华康公司培训了大量技术工人。“目前，已有100余人培训合格上岗。”

资料来源：刘成．青岛破解招工难、就业难：精准就业服务直抵供需“痛点”[N]．经济日报，2022-05-04(6).

**案例思考：**

(1)“招工难与就业难并存”的矛盾为何要选择精准施策？青岛市是如何破解“两个错配”的？

(2) 结合案例，谈谈你对“要破解这些矛盾，就要针对问题，提供精准的公共就业服务，让服务直抵供需‘痛点’”这句话的理解。

# 第一节　劳动就业政策概述

## 一、劳动就业政策及相关概念

劳动就业政策是社会政策的重要组成部分，对于解决失业问题与促进充分就业具有十分重要的意义。

### （一）就业、失业与劳动就业政策

1. 就业

广义的就业是指劳动力要素和生产资料要素结合的状态，它是通过劳动过程中人和物的结合形成社会生产力，为社会创造财富。狭义的就业是指具有劳动能力并处在法定劳动年龄阶段的人，从事某岗位的工作或合法的社会经济活动以获取劳动报酬或经营收入的一种活动。①

就业需要具备三个条件：一是从事劳动的人必须处在法定劳动年龄段，且有劳动能力；二是从事的劳动必须是法律允许、社会承认的劳动；三是从事的劳动必须是有报酬或收入的劳动，义务劳动不属于就业范畴。

2. 失业

广义的失业是指劳动和生产资料相分离的一种状态，在这种分离的状态下，劳动者的主观能动性和潜能无法发挥，不仅是社会资源的浪费，还会对经济社会发展造成负面影响，因此，最大可能地缓解失业状况、降低失业率便成为各国政府努力实现的宏观调控目标之一。狭义的失业，通常是指具有劳动能力的处在法定劳动年龄阶段并有就业愿望的劳动者，失去或没有得到有报酬的工作岗位的社会现象。在社会高度组织化、劳动社会化的社会经济环境中失业同时还意味着失去了参与社会经济生活、获得社会归属感的最主要的机会，从而使自己的物质需求和精神需求得不到满足，进而会影响着一个社会的安全稳定

① 郑功成．社会保障概论[M]．上海：复旦大学出版社，2005：188.

和经济的健康发展。[1]

3. 充分就业

“充分就业”这一概念是1936年美国经济学家凯恩斯在《就业、利息和货币通论》中提出的。充分就业是一个相对的概念，它不是指一切有劳动能力的人全部都能够就业，而是指在某一倾向工资水平下愿意就业的人都能就业，由于自愿失业现象仍然存在，充分就业并不意味着劳动参与率为100%。国际上通常认为，如果失业率保持在4%～5%，就可以视为实现了充分就业。如果失业率超过了5%，则认为不充分就业。5%的失业率通常构成失业警戒线。

4. 劳动就业政策

劳动就业政策是指以国家或政府为主体，在特定经济社会条件下实行的以促进劳动就业、加强就业管理为主要形式，旨在解决就业问题，从而满足社会经济发展以及劳动者个人需要的一种社会政策。

劳动就业政策主要涉及的是社会发展中的劳动就业领域，关系到社会经济活动能否稳定有效地运行。劳动就业政策实施的好坏，不仅影响着广大劳动者的就业和收入状况，而且直接影响到整个国民经济的发展和社会的稳定。对此，可以从以下几方面来理解劳动就业政策：[2]

第一，就业需求包括两个方面：一是个人的求职需求，想工作的人可以获得工资水平符合社会标准的工作。二是用人单位的招聘需求，聘用单位可以很容易地招聘到符合其要求的求职者。

第二，就业问题的重点是失业问题，同时也包括公平就业和安全就业或者是就业安全。这是劳动部门就业管理（干预）的主要内容。

第三，集体干预是指干预的主体一般是政府或机构，而不是个人，而且如果问题得不到解决，可能会带来危害，因而需要制定相应措施加以制止。国家或政府是通过对劳动力市场的干预来推行其就业政策的。

### （二）劳动就业政策的类型与主要模式

1. 劳动就业政策的类型

劳动就业政策对于一个国家劳动力资源配置的效率乃至经济增长至关重要。从世界范围来看，劳动就业政策可以划分为以下四种类型：

（1）完全计划的配置制度。在改革开放前，我国实行“统包统配”的就业制度就是这种制度模式。

（2）完全市场的配置制度。劳动力资源完全由市场进行配置。西方发达国家的制度模式就类似于这种制度模式。

（3）市场和计划配置双轨运行制度。劳动力资源由市场和计划共同进行配置。改革开放以来直到实现并轨之前，我国实行的就是这种制度模式。

（4）国家宏观指导下的市场竞争就业模式。劳动力资源主要由市场进行配置，国家发

---

① 杨伟民，罗桂芬．失业保险［M］．北京：中国人民大学出版社，2000：13.

② 黄晨熹．社会政策［M］．上海：华东理工大学出版社，2008：329.

挥宏观指导作用。这是我国劳动就业制度改革的目的和方向。

2. 劳动与就业政策的主要模式①

各个国家根据自身现实情况的不同，采取的劳动就业政策也各有侧重，具有不同的劳动就业政策模式。

（1）凯恩斯主义的就业政策模式。凯恩斯主义以充分就业为主要目标，主张通过国家干预经济政策来控制需求进而促进经济的发展。凯恩斯主义的劳动就业政策体现积极的就业特征，通过采取各种就业促进措施，例如政府将就业纳入城市建设与和复兴计划，以财政拨款作为支持来扩大公共部门或私营部门对劳动力的需求，政府作为雇主的身份进入劳动力市场直接雇佣劳动者从而增加就业的机会。通过采取积极的就业培训政策，越来越重视政府投资教育、职业技能培训，强化职业介绍以推进劳动力市场信息服务。

（2）新自由主义的就业政策模式。新自由主义推崇市场机制、反对国家干预，主张私有化、自由化和放松管制。在劳动与就业领域，新自由主义的就业政策模式主要特征表现为以下两个方面：一是放弃充分就业政策。认为失业有助于减轻工资压力、降低通货膨胀率和加强工人的劳动纪律，可以作为刺激经济增长和治理通货膨胀的一种手段。二是恢复市场的激励机制。实施微观供给管理应对劳动力市场制度性僵化带来的结构性失业。具体措施包括：通过减税激励资本和劳动力供给的不断增加；改革失业福利制度，减少保护性劳动力市场政策，增加积极的劳动力市场政策，促使失业者积极地重返劳动力市场，实施积极的工作福利政策。②

（3）合作主义的劳动就业政策模式。一是强调维持充分就业的目标和国家的干预作用，认为国家应当肩负起完成充分就业的责任，不能将就业与失业问题完全推向市场、社会或者是劳动者个人。为此，政府部门创造了大量的服务性就业机会来促进充分就业目标的实现。二是合作主义的劳动就业政策模式主张充分发挥政府、工会、雇主三方的合作机制作用，强调在政府的直接参与和监督下，调动工会与雇主之间的协商谈判，在协商一致的基础上，决定与劳动者有关的问题，使其能够在微观上既满足劳动者的需求，又能刺激雇主投资，从而实现就业与社会经济目标的协调发展。

## 二、劳动就业政策的内容和功能

### （一）劳动就业政策的内容

劳动就业政策一般包括促进劳动力需求的政策、改善劳动力供给的政策和规范劳动力市场的政策。③

1. 促进劳动力需求的政策

劳动力需求是指企业或者雇主在生产过程中所需的员工数量和类型。政府干预的重点在于提高雇主雇用雇员的能力和愿望，这包括改善市场和创造就业机会的政策、鼓励雇主雇用就业困难人员的税收减免政策以及预防歧视政策等。一般来说包括以下几个方面：

① 程胜利．社会政策概论［M］．济南：山东人民出版社，2012：138－140.

② 金喜在，孔德威．劳动就业政策的新自由主义发展趋势［J］．当代经济研究，2005（16）.

③ 程胜利．社会政策概论［M］．济南：山东人民出版社，2012：136－138.

（1）合理分配就业机会的政策。在就业竞争中比较弱势的个体和群体往往更容易失业和更难获得再就业，需要政府通过适当的公共行动为他们提供更多的帮助，以优先解决他们的就业问题。为此，政府在制定就业社会政策时往往会优先考虑这些弱势人员，给予他们更多的政策优惠，努力解决他们的就业问题。例如，通过公共工程计划、小额贷款项目以及扶贫开发项目来增加失业者和低收入者的就业机会。

（2）增强劳动者利用就业机会能力的政策。在劳动力市场中普遍存在的一种现象是，很多劳动者虽有劳动能力，但他们却不能够利用就业机会获得工作岗位，这主要是因为他们缺乏利用就业机会的能力。通常是这些劳动者缺乏求职技巧，或者他们的劳动能力低下，满足不了现代社会中日益提高的对劳动力素质的要求。针对这种情况，政府普遍采取的措施是加强职业培训，提高劳动者素质。

根据劳动者的不同层次，职业培训主要分为三类，即职前培训、在职培训和失业培训。职前培训是劳动者就业前的准备工作，主要是对其劳动技能与就业意识的培养；在职培训是对在岗职工的工作能力的训练，使其能够适应工作环境及技术变化发展的需要；失业培训则是对失业人员进行专门的技术训练，使其获得重新就业的能力。通过职业培训，劳动者的职业素质得以提高，具有了更强的就业能力，可以更好地利用就业机会实现就业。

2. 改善劳动力供给的政策

劳动力供给方面的政策主要是以政府为主体提供促进就业机会的社会政策。促进就业是就业社会政策的主要内容之一。促进就业机会的增多是各国政府就业工作的重要内容，其方式有很多，实行比较多的主要有以下三种：

（1）积极发展劳动密集型产业，增加就业机会。劳动密集型产业对劳动力的需求比较大，就业岗位多，而且对于劳动力的素质要求也往往不高，可以解决众多劳动力的就业问题。发展中国家由于劳动力人口众多，素质相对不高，大多采用这种方式解决本国劳动力的就业问题。

（2）政府兴建公共事业，增加就业岗位。当社会中出现规模比较大的失业人群时，政府通过投资兴建公共事业，如高速公路、高铁、地铁等，可以安置大量的失业人员，促成其就业，使其具有生活保障，从而维持社会稳定；公共事业的兴办也能够为经济发展提供一个良好的公共环境，为下一步的经济起飞创造条件。

（3）鼓励失业人员的创业活动。失业并不等于丧失了劳动能力。失业人员是具有劳动能力的，他们完全有可能解决自身甚至其他一些失业人员的就业问题。当然，创业并不是一件容易的事情，尤其是对于这些失业人员来说，他们本身就处在较低的起点上，创业对他们来说也就更加困难。为此，政府要给予这些人员一些比较优惠的政策，为他们提供一个良好的创业环境。

3. 规范劳动力市场的政策

良好的劳动力市场秩序对于维护公平竞争、切实保障劳动者与用人单位权益至关重要。我国近几年来高度重视劳动力市场秩序规范问题，建立了相应的政策措施，主要体现在以下几个方面：

（1）规范企业用工制度，为劳动者提供安全稳定的就业环境。2019 年人力资源社会保障部颁布了《关于进一步规范人力资源市场秩序的意见》，明确指出要依法规范劳动者与用人单位之间的权利与义务关系，从强化招聘活动管理、规范劳务派遣服务、完善年度报告公示制度等方面来加快规范企业用工制度。

(2) 加大劳动监察执法力度。劳动监察工作的开展标志着我国劳动就业政策进入了新的发展阶段，体现了国家对劳动者权益保护的高度重视。从2005年以来，我国不断推进企业劳动保障守法诚信制度，全面建立起以企业诚信数据收集体系、动态监管体系、失信企业惩戒机制为主要内容的企业劳动保障守法诚信制度，同时在大数据环境背景下，依托互联网、大数据技术形成的“互联网＋监管”信息化建设，进一步推动劳动监察执法的智慧化、精准化建设。

(3) 维护劳资关系和谐稳定。劳资关系是指劳动者与用人单位之间的关系，劳资关系是否和谐关系到社会生产的运行。2008年以来，我国施行的《中华人民共和国劳动合同法》以及相应的配套法律法规从总体原则和具体细节上对平衡劳资关系、保护劳动者权益作出了规定。如《职工带薪年休假条例》规定了职工的工作时间和休假制度，《劳动合同法实施条例》对劳动的种类和内容，劳动合同的订立、履行、变更和终止以及劳动合同效力等作出了规定。

### （二）劳动就业政策的功能

1. 促进失业人员再就业

实现充分就业是世界性课题。劳动就业政策的主要功能之一就是要通过政府对就业市场的指导和干预，以适当的政策鼓励积极就业，提供全方位就业服务，来推动失业者实现再就业。从西方发达国家的经验看，政府指导组织下的公共就业服务对再就业，特别是就业困难群体实现再就业有重要作用。享有劳动就业信息的通达、就业技能培训、就业去向指导、就业优惠和其他就业服务，有助于失业人员再就业。我国目前的主要做法与经验包括：拓展新的就业领域，创造就业岗位，以减免税收、小额信贷、就业补贴等政策鼓励失业者自我就业创业，鼓励企业提供就业岗位等。

2. 助推新生劳动力初次就业

新生劳动力指初次面临就业的各类有关人员，包括由于某种原因未能继续升学而直接进入求职大军的青年劳动力、达到劳动年龄的学校毕业生、进入城市初次求职的农民工等。新生劳动力是社会经济发展的必要保障因素，相比于失业者而言，新生劳动力就业问题更容易引发社会问题。所以，解决新生劳动力的初次就业与解决失业者的再就业是同等重要的问题。解决新生劳动力的初次就业也就构成了政府就业政策的功能之一。

3. 调控宏观经济，维持供求总量平衡

在国民经济运行过程中，劳动力就业既紧密联系着社会供给也紧密联系着社会需求。劳动力的充分就业，扩大产品的生产，将增加社会供给量，而就业者本身又是消费者，通过就业获取的工作报酬中又有相当的比例汇入社会消费需求。失业率过高，劳动力大量闲置，一方面必然降低社会供给，另一方面也会因为劳动者工作报酬的减少而降低社会消费需求。因此，就业问题也是供求总量平衡的重要问题。政府就业政策的有效实施将对社会供求总量的平衡起到调控作用。

## 三、中国劳动就业政策的演变

从新中国成立之时起，政府就将解决就业问题放到重要的位置，形成计划经济时代的劳动就业政策。改革开放以后，我国基本的就业政策发生了重大的变化，形成了适应社会主义市场经济的劳动就业政策体系。

### （一）1949—1977年计划经济时期的劳动就业政策

新中国的就业政策是伴随着社会主义国家经济体系的建立逐渐发展起来的。新中国成立后，为解决存在的严重失业问题，劳动部于1950年颁布了《市劳动介绍所组织通则》和《救济失业工人暂行办法》；1951年，政务院又颁布了《中华人民共和国劳动保险条例》；1953年，政务院再次颁布经过修订的《中华人民共和国劳动保险条例》；同年，劳动部发布《中华人民共和国劳动保险条例实施细则》等重要劳动就业法规。

20世纪50年代中后期开始，我国逐渐实行高度集中的计划经济体制，1955年以后，为了适应重工业优先发展战略，中央强调劳动力的统一招收和调配，确定了对劳动力招收调配实行“统一管理、分工负责”的原则，这一时期我国劳动力就业政策特点表现为：统一的劳动力招收和调配制度、统一的工资分配制度。

### （二）1978—2001年转型期的劳动就业政策

20世纪70年代末期以后，随着我国经济体制的改革，计划经济体制下劳动就业政策越来越不适应经济社会发展的需要，国家统包统分的劳动就业政策面临极大压力。

1981年，中共中央、国务院颁布了《关于广开门路，搞活经济，解决城镇就业问题的若干决定》，国家在国有经济发展的同时，大力发展城镇集体经济，并鼓励个体经济的发展，开辟多条就业渠道。新的政策的颁布改变了单纯靠行政力量安置劳动力就业的被动局面，触动了传统就业政策中的“统包统配”问题，逐步形成了多种所有制、多渠道就业的新格局，使我国劳动就业管理逐步走向建立起国家宏观计划调整与企业微观运行两个机制相结合的体系。

1986年，国务院颁布《国营企业实行劳动合同制暂行规定》和《国营企业职工待业保险暂行规定》，开始迈出国营企业劳动用工制度改革的关键步伐。规定企业在国家劳动工资计划指标内招用常年性工作岗位上的工人，除国家另有特别规定者外，统一实行劳动合同制。用工形式由企业根据生产、工作的特点和需要确定，可以招用五年以上的长期工、一年至五年的短期工和定期轮换工。不论采取何种用工形式，都应当按照规定签订劳动合同。此后，有关部门发布一系列相关法令与法规，进一步探索建立完善的失业保险制度，企业用工制度改革逐步向前发展。

1993年，国务院发布了《国有企业富余职工安置规定》，对国有企业职工因企业破产、倒闭而失去工作者的重新安置问题作出了明确规定。同年，国务院颁布《国有企业职工待业保险规定》，扩大了失业保险的适用范围。1994年，劳动部在上海等30个大中城市具体组织实施再就业工程试点。同年，《中华人民共和国劳动法》颁布，规定国家通过促进经济和社会发展，创造就业条件，扩大就业机会；国家鼓励企业、事业组织、社会团体在法律、行政法规规定的范围内兴办产业或者拓展经营，增加就业；国家支持劳动者自愿组织起来就业和从事个体经营实现就业；地方政府发展多种类型的职业介绍机构，提供就业服务。该法极大地推动了我国劳动就业政策的发展。

为保护劳动者和用人单位的合法权益，发展和规范劳动力市场，促进就业，1994 年至 1995 年，劳动部陆续颁布了《职业指导办法》《就业训练规定》《就业登记规定》《职业介绍规定》四个规范性文件。此外，为做好企业富余职工分流安置和失业职工再就业工作，1995 年 2 月劳动部、国家经贸委发布了《关于配合企业深化改革试点做好失业保险工作的通知》。1995 年，中共中央办公厅、国务院办公厅发布了《关于千方百计解决部分群众生活困难问题的通知》，按照通知要求，进一步做好困难企业职工生活保障、生产自救分流安置工作。1995 年 4 月国务院批转了劳动部关于在全国实施再就业工程的报告，标志着我国再就业工程在全国范围内推广和开始启动。在总结前期试点的基础上，进一步明确提出了我国再就业工程实行企业安置、个人自谋职业和社会帮助安置的新“三结合”就业工作方针。

1997 年，《国务院关于在若干城市试行国有企业兼并破产和职工再就业有关问题的补充通知》等文件发布。这些政策文件作为“再就业工程”的配套措施，表明全国各部门以及社会各界纷纷投入再就业工程。这样，在社会主义市场经济体制改革的初级阶段，我国逐步开始建立政府行政分配就业与市场就业相结合的就业政策机制。

为更好地解决国有企业下岗职工的生活保障问题，1998 年，中共中央、国务院颁发了《关于切实做好国有企业下岗职工基本生活保障和再就业工作的通知》，建立国有企业下岗职工基本生活保障制度。所有有下岗职工的国有企业必须建立再就业服务中心，按规定标准给下岗职工提供基本生活保障，并帮助下岗职工实现再就业。下岗职工由再就业中心管理并提供基本生活保障的最长时间为 3 年，期满后仍未实现再就业者，要依法解除与原单位的劳动关系，转为正式失业。1999 年，国务院公布《失业保险条例》，正式建立失业保险制度。同年，劳动和社会保障部发布《关于做好国有企业下岗职工基本生活保障失业保险和城市居民最低生活保障制度衔接工作的通知》，国有企业下岗职工在再就业服务中心期满未实现再就业的，与企业解除劳动合同并可申领失业保险。失业人员享受失业保险待遇期满仍未实现再就业者，可申请领取城市居民最低生活保障金。

2000 年，国务院发布《关于完善城镇社会保障体系的试点方案》，决定于 2001 年 7 月开始在老工业基地和国有企业集中的辽宁实行下岗职工基本生活保障、失业保险制度和城镇居民最低生活保障制度并轨试点。其后，国有企业下岗职工基本生活保障制度和失业保险制度、城镇居民最低生活保障制度并轨工作全面推进，失业保险制度开始进入规范化发展阶段。

### （三）2002—2012 年新时期积极的劳动就业政策阶段

2002 年，中共中央、国务院下发了《关于进一步做好下岗失业人员再就业工作的通知》，重点围绕解决国有企业下岗失业人员再就业问题，制定了积极的就业政策。国务院连续三年召开全国性会议，对就业再就业工作进行部署。2005 年 11 月，国务院再次下发《关于进一步加强就业再就业工作的通知》，明确了就业再就业工作的指导思想是按照科学发展观和构建社会主义和谐社会的要求，落实“十一五”时期国民经济和社会发展规划，将扩大就业摆在经济社会发展更加突出的位置，进一步贯彻落实“劳动者自主择业、市场调节就业和政府促进就业”的方针，在重点解决好体制转轨遗留的再就业问题的同时，努力做好城镇新增劳动力就业和农村富余劳动力转移就业工作，有步骤地统筹城乡就业和提高劳动者素质，探索建立市场经济条件下促进就业的长效机制。

2007年8月，十届全国人大常委会审议通过《中华人民共和国就业促进法》，并于2008年1月起实施。2008年2月，国务院下发的《关于做好促进就业工作的通知》对贯彻落实《就业促进法》，明确政策要求，作出安排部署。促进就业的政策从产生到发展，到不断完善，最终上升为法律规范，形成了有中国特色的积极的就业政策体系。积极就业政策实施以来，再就业工作进入了改革开放的最好时期，为深化体制改革、促进经济发展、维护社会稳定作出了积极的贡献。

### （四）2012年至今劳动就业政策完善阶段

党的十八大以来，深入实施就业优先战略和更加积极的就业政策，不断丰富完善促进就业创业的政策措施，先后出台《关于进一步做好新形势下就业创业工作的意见》等一系列政策文件，对高校毕业生就业创业、化解过剩产能过程中的职工安置、农民工就业创业、农村贫困劳动力就业脱贫等重点群体就业作出重要部署，政策体系更加健全，扩大就业与经济发展联动效应日益显现。同时加大推进公共就业服务体系建设，实施“互联网+公共服务”，有效整合人力资源市场，提升公共就业服务能力，劳动力市场供需匹配效率进一步提高。加大职业培训工作力度，实施职业培训行动计划，开展企业新型学徒制培训试点。

近年来，提出推动实现更高质量的就业，实施就业优先战略和更加积极的就业政策，并把实现更加充分的就业作为全面建成小康社会的重要目标，进一步明确了“劳动者自主就业、市场调节就业、政府促进就业和鼓励创业”的新时期就业方针。

党的二十大提出“就业是最基本的民生”。就业从“民生之本”“最大的民生”成为“最基本的民生”，就是坚持以人民为中心的发展思想，把就业放在优先的位置，作为最大的民生，稳定之基，发展之源，就业优先实现了从战略到政策落地的重大转变。坚持实施就业优先战略，强化就业优先政策，健全就业促进机制。

## 第二节　劳动就业政策的主要内容

### 一、公共就业服务政策

公共就业服务是以政府为主导、社会力量各方参与，以促进就业为目的，通过就业服务机构帮助劳动者获得就业岗位和提升就业能力，帮助用人单位寻找合格劳动力的一系列活动的总称。

公共就业服务是解决劳动力供给与劳动力需求双方均衡的关键手段。公共就业服务职能是实施就业政策，促进人力资源的合理配置和有效开发，对城乡所有劳动者提供公益性就业服务，对就业困难群体提供就业援助，对用人单位提供招聘服务，对就业与失业进行

社会化管理，对用人单位和劳动者提供基本人力资源社会保障事务代理等。公共就业服务具有以下四个主要职能：①

（1）职业介绍。职业介绍是公共就业服务或私营职业介绍所帮助求职者寻找工作和为雇主填补岗位空缺的过程。

（2）提供劳动力市场信息。劳动力市场信息是任何关于劳动力市场或其某个部分的规模和组成的信息，包括运转方式、存在问题、可能出现的机会和其中部分人员与就业相关的意向或愿望。

（3）管理失业补贴。失业补贴是提供给失业者所有形式的收入支持，分为失业保险和失业救济两类。公共就业服务承担向失业补贴领取者提供求职帮助或再就业服务及持续的资格认证与求职认证两项职责。

（4）管理劳动力市场调整计划。劳动力市场调整计划是政府针对特定的劳动者群体，或为解决特定的劳动力市场问题而制定的政策措施，包括专项计划和综合计划。专项计划分为求职帮助、培训与教育计划及直接创造就业岗位计划三类；综合计划是将多个专项计划串联组成一个总体计划。

## 二、职业技能培训政策

职业技能培训是国家教育体系的重要环节。广泛开展职业技能培训，能有效提高我国劳动力的技术水平和生产效率，为国家经济和社会发展奠定坚实的人力资本基础。改革开放以来，经济建设快速发展需要大量技能人才，提高劳动力技术水平成为我国的紧要任务。

经过20多年的发展，到21世纪初，我国职业培训体系基本得以重建，大量劳动力进行了轮训，技术水平低的现象得到一定程度的缓解，面对新的机遇和挑战，我国职业培训政策关注的重点发生了转变，逐渐转移到改革和完善现代职业培训体系、应对大量进城农民工缺乏就业技能的问题上来。2018年国务院发布了《关于推行终身职业技能培训制度的意见》，提出在全国范围内推行终身职业培训制度，突出“人人皆学、时时能学、处处可学”的终身学习理念，终身培训制度的提出标志着我国对劳动者的要求从精通单一技能上升到专业技能水平持续提升②。

2021年，在人力资源社会保障部、教育部、发展改革委、财政部的《关于印发“十四五”职业技能培训规划的通知》中，提出以深化供给侧结构性改革为主线，以改革创新为动力，推进技能型社会建设，全面实施技能中国行动，进一步健全完善劳动者终身职业技能培训制度，充分发挥市场在资源配置中的决定性作用，配合实施国家重大战略、区域协调发展战略，加大职业技能培训力度，吸引更多劳动者技能就业技能成才。推出一系列政策措施：

第一，健全完善终身职业技能培训体系。深入实施职业技能提升行动；大力开展企业职工岗位技能提升培训；强化重点群体就业技能培训；加强创业培训和新业态新模式从业

① 王阳．经济转型与就业优先政策［M］．北京：中国工人出版社，2020：244－245.

② 王书柏，胡祎．改革开放以来我国职业培训政策的演化历程与嬗变逻辑［J］．教育与职业，2020（19）.

人员技能培训。第二，提升职业技能培训供给能力。加大公共职业技能培训供给；鼓励企业建设职业技能培训基地，推进院校开展职业技能培训工作；支持民办培训机构和线上培训平台规范发展。第三，提高职业技能培训质量。大力弘扬劳模精神、劳动精神、工匠精神；增强职业技能培训的针对性有效性；高质量推动产训结合；加强全民数字技能培训。第四，加强职业技能培训标准化建设。建立健全职业培训工作多元化、多层次标准框架体系；加强职业培训教材与数字资源建设；加强师资队伍建设；推动职业技能培训信息化建设等。

## 三、劳动保护政策

广义的劳动保护政策是对劳动者各方面合法权益的保护，包括国家制定的有关劳动保护利益的全部法律规范，其核心是保障劳动者安全和健康这一基本权益。狭义的劳动保护政策指直接保护劳动者在生产过程中的安全和健康的各种措施，包括劳动安全技术规程、劳动卫生规程、劳动卫生安全管理制度及国家安全监察等方面的法律规定①。

改革开放初期，劳动保护受到严峻的挑战，一方面在劳动力配置行政性的影响下，一大批返城知青面临待业困境；另一方面农村剩余劳动力向城市转移，在城市居民就业优先政策的影响下，就业不稳定、工资随行就市、劳动强度大、就业环境差。为此该时期的劳动保护政策以1994年颁布的《劳动法》规定的保障劳动者享有的合法权益为主，着重规定了劳动关系应当以签订劳动合同为准、实行8小时工时制度，实行按劳分配、同工同酬工资制度，建立健全社会保险制度。另外，《劳动法》确定了工会的独立地位，由工会代表和维护劳动者的合法权益。

从1997年以来，劳动保护政策进入调整完善时期，主要体现在政策涉及的人群更加广泛，外企职员、国内流动人口、外来务工人员都纳入了劳动保护主体范围，同时劳动保护政策的立法层次性不断提高。2010年我国出台了社会保险综合性法律《中华人民共和国社会保险法》，这为加快建立包括劳动者在内的城乡居民社会保障体系奠定了法律基础。

党的十八大以来，人力资源社会保障部相继出台了《劳务派遣行政许可实施办法》《劳务派遣暂行规定》，并配合有关部门出台了《女职工劳动保护特别规定》和《防暑降温措施管理办法》，配合全国人大常委会修订了劳动合同法、就业促进法、劳动法、社会保险法，出台了关于社会保险欺诈刑罚适用的立法解释。我国工时制度日益完善，逐步形成了以标准工时为主体、特殊工时为补充的工时制度。为改进特殊工时行政审批管理，人社部开发了中央企业特殊工时网上申报信息系统，进一步规范了企业审批材料及流程，提高了审批效率，方便了审批对象。

针对新就业形态劳动者权益保障所面临的新情况新问题，通过改革创新来解决问题更显迫切。2021年7月印发的《关于维护新就业形态劳动者劳动保障权益的指导意见》，创新和完善了新就业形态劳动者权益保障制度机制，推动了该群体权益保障水平稳步提高。

---

① 耿爱生，许珊．我国劳动保护政策变迁及其福利效应分析［J］．环境与职业医学，2015（32）．

## 四、就业创业政策

就业是民生之本，创业是就业之源，推进基本劳动力就业创业服务是促进劳动者实现就业创业的重要保障。

推进基本劳动就业创业公共服务建设是促进劳动者实现就业创业的重要保障。2017年《“十三五”推进基本公共服务均等化规划》（以下简称《规划》）提出，国家实施就业优先战略，大力推动大众创业、万众创新，鼓励以创业带动就业。健全覆盖城乡的公共就业创业服务体系。同时，《规划》要求，国家建立基本劳动就业创业服务制度，其根本目的是“实现更高质量和更充分就业”。基本劳动就业创业领域服务项目共10项，具体包括基本公共就业服务、创业服务、就业援助、就业见习服务、大中城市联合招聘服务、职业技能培训和技能鉴定、“12333”人力资源社会保障服务热线电话咨询、劳动关系协调、劳动人事争议调解仲裁、劳动保障监察。国家提供上述10项基本劳动就业创业服务，是执行和落实《规划》要求的必要措施。

根据就业创业政策针对目标群体，可以将就业创业政策分为以下三类：

（1）针对农民工群体的就业创业政策。

农民工的就业创业问题成为关乎国家民生、稳定的大问题。2017年提出乡村振兴战略以来，党中央、国务院先后出台《关于做好当前农民工就业创业工作的意见》等一系列促进农民工就业创业的政策，主要体现在拓宽外出就业渠道、支持就地就近就业、强化平台就业服务和权益保障、优先保障贫困劳动力稳岗就业等①。

（2）针对大学生群体的就业创业政策。

随着高等教育的不断普及，各大高校的不断扩招，高校毕业大学生数量逐年增多，就业压力越来越大。为了实现高校毕业生高效、全面就业，各地区出台了一系列关于高校毕业生的就业创业政策。

（3）针对残疾人的就业创业政策。

残疾人是容易致贫和返贫的特殊群体。残疾人实现自主就业创业，能够切实稳定残疾人群体的基本民生。对残疾人来说，自主就业创业不仅是获取收入、维持生存的必要手段，也是融入社会、获得与健全人同等权利的重要途径。因此，扶持残疾人自主就业创业是为残疾人提供的最好社会保障。2022年3月国务院办公厅印发的《促进残疾人就业三年行动方案的通知》进一步落实对残疾人就业创业的扶持，主要措施包括实施机关、事业单位带头安排残疾人就业；鼓励残疾人组织助残就业；实施就业困难残疾人帮扶行动；提升残疾人就业技能行动；落实好残疾人就业的资金保障与网络信息平台支撑工作；等等。

# 第三节　劳动就业政策的发展

就业是最大的民生工程、民心工程、根基工程，是社会稳定的重要保障，需要强化就

---

① 曾伟，周露美，杨森雅，等．乡村振兴背景下农民工就业创业政策研究：基于31个省级政策文本分析［J］．农业工程技术，2022（42）．

业优先政策，健全就业促进机制，促进高质量充分就业，在推动高质量发展过程中促进高质量充分就业。

## 一、就业公共服务体系更加健全

就业公共服务体系是以政府为主导，社会各方参与，通过就业服务机构，帮助劳动者获得就业岗位和提升就业能力，帮助用人单位寻找合格劳动力的一系列服务性工作的总称[①]。就业公共服务体系是我国基本公共服务体系的重要组成部分。健全就业公共服务体系，对于扩大就业规模、改善就业结构具有重要意义。

### （一）推进就业公共服务均等化

加快推进就业公共服务均等化，即努力实现不同地区、不同行业、不同群体劳动者享受同等服务。要着力推进就业公共服务标准化，规范就业公共服务的基本要求、服务项目和服务方式，统筹调配服务资源，确保在不同区域提供大体相当的服务。在统筹兼顾的同时，推动就业服务资源适当向重点群体倾斜，根据高校毕业生、农民工、退役军人等群体的差异化需求提供有针对性的服务，同时加大对残疾人、零就业家庭等困难群体的帮扶力度，确保就业公共服务体系能有效惠及各个群体，为稳定和扩大就业提供制度保障。

### （二）完善就业公共服务制度

加快破除妨碍劳动力和人才市场化配置与自由流动的制度体制障碍，推动实现劳动者在户籍地、常住地、参保地、就业地都能平等享受各项公共就业服务。针对城乡公共就业服务差异，推动公共就业服务向农村延伸，实现城乡公共就业服务便利共享，将公共就业服务覆盖全体城乡劳动者，特别要持续改善革命老区、边境地区、国家乡村振兴重点帮扶地区公共就业服务水平和质量，缩小区域间差距。

### （三）促进就业信息和数据互通共享

需要进一步推动技术应用和体制机制创新，构建覆盖就业服务部门的数据共享平台，为就业信息的采集、共享、使用提供完善的体系保障；在确保信息安全的前提下，鼓励求职者与相关机构参与信息采集工作，提高相关信息的准确性、及时性和完整性。优化不同部门之间的就业信息共享机制，根据求职者在就业中的多样化需求定向推送就业信息。充分利用互联网、大数据等信息技术，建立就业信息线上联动体系，实现求职者和用人单位即时对接，提高劳动力市场资源配置效率。

### （四）鼓励引导社会力量参与就业服务

需要进一步深化改革，消除社会力量参与就业公共服务的体制机制障碍，激发社会力量参与就业公共服务、创新服务方式的积极性。通过财政补贴、税收优惠、政府购买社会服务等方式，支持社会力量提供专业的就业创业公共服务。鼓励和引导社会力量通过政府与社会资本合作的方式，参与就业公共服务设施建设、运营与管理，提高服务质量与效率。广泛吸引志愿服务组织、慈善组织和专业社会工作服务机构参与就业服务，拓宽就业

① 陈建刚．完善我国就业公共服务体系的几点建议 [J]. 中国行政管理，2005 (21).

服务供给渠道。加强对就业服务行业的监管，引导就业服务机构不断提高专业化、标准化、精细化水平。

## 二、劳动关系更加和谐

需要在推动非公有制企业普遍建立劳动争议协商调解机制、充分发挥商会（协会）预防调解劳动者争议的作用、加强非公有制企业劳动争议调解与仲裁工作的衔接、加强非公有制企业劳动争议预防调解工作的组织实施等方面提出指导意见，对多个行业尤其是劳动争议较多的行业出台专项政策指导构建和谐劳动关系。

深入推进新时代和谐劳动关系创建要坚持五个基本原则，即坚持党的全面领导，坚持增进民生福祉，坚持法治规范保障，坚持文化凝心聚力，坚持创新稳健并重。同时，明确目标任务，实现创建内容更加丰富、创建标准更加规范、创建评价更加科学、创建激励措施更加完善，创建企业基本达到创建标准，和谐劳动关系理念得到广泛认同，规范有序、公正合理、互利共赢、和谐稳定的劳动关系进一步形成。

## 三、重点群体就业支持体系更加完善

目前我国重点群体的就业支持体系不断完善，初步形成了以大学生、农民工、退役军人等为重点支持对象，涵盖职业技能培训政策、城乡基层就业政策、就业服务教育培训、就业补助、就业激励为内容的重点群体就业支持体系[①]。

### （一）支持高校大学生等青年就业创业

针对大学生群体，着重建立就业供需匹配支持体系，构建政府、企业、高校、社会组织等多元主体常态化联系机制，高校发挥为政府提供毕业生总量、结构、意向等供给信息的作用，政府为高校提供辖区内产业、企业用人需求信息，提高高校各院系与社会各行业的供需对接力度，实现校企、院企合作，提升高校企业匹配效率，促进就业。

### （二）支持农村转移劳动力就业创业

构建城乡统筹就业政策体系，将农村劳动力纳入就业创业的扶持政策体系，努力在就业、住房、医疗、子女入学等方面提供均等化服务；完善职业教育培训政策，特别是职业教育、职业培训以及劳动预备制培训，培养适应产业发展需求的新型产业大军；加强青年农民创业政策支持力度，着力完善小额贷款、创业培训、青年农民创业园建设、创业指导和创业服务等政策措施。

### （三）做好就业困难人群就业帮扶

提高就业援助的管理水平，实行合理放宽准入、生存需求与能力提升兼顾、长期安置与稳妥退出相结合的工作原则；拓宽资金筹集渠道，加强失业保险促进就业的积极作用；加强政策指导和研究，实现政策统一规范和尊重地方实际相结合，努力克服政策平衡难题；加强部门协调，发挥残联、非政府组织、社区等机构的作用，多渠道帮助困难人员就业。

---

① 蔡潇彬．完善重点群体就业支持体系研究［J］．中国劳动关系学院学报，2021（35）．

### （四）支持发展灵活就业和新就业形态

灵活就业是指在劳动时间、劳动报酬、工作场地、社会保险、劳动关系等至少一方面不同于传统的、建立在工业化和现代大工厂制度基础之上的主流就业方式的总称。① 新就业形态与传统就业形态不同，是伴随着互联网技术进步与大众消费升级出现的、去劳动关系化的就业模式以及偏离传统正规就业并借助信息技术升级的灵活就业模式。② 随着互联网技术发展以及大数据、人工智能等先进技术的大规模应用，各种新业态蓬勃发展，极大地拓展了就业空间。灵活就业和新业态就业吸纳了众多的劳动者。

在国家促进新业态发展和灵活就业总体战略下，积极将灵活就业发展纳入就业优先战略总体规划，鼓励和支持各种灵活就业形态发展，允许企业在保障劳动者基本权益情况下，结合实际，采取非全日制用工、阶段性合同、劳动者个人承揽、服务外包等多种形式实现灵活用工，完善对平台型用工等新就业形态的政策支持，促进新就业形态快速发展。

### （五）统筹推进退役军人等群体就业

加快退役军人就业信息平台建设，加强失业和就业困难退役军人就业帮扶和援助。针对退役军人，要拓宽就业能力提升渠道。在军队内部开展面向退役军人的技能培训班，提升退役军人技能水平。建立面向军人的社会职业培训体系，无缝衔接军人服役和学习两阶段，增强退役军人的求职能力，推进党校与军队衔接，把党校作为培养提升军人整体水平的重要平台，扩大军事院校招收军人规模，让普通士兵及士官有更多机会入读军事院校。

## 思考题

1. 劳动就业政策的主要内容包括哪几个方面？
2. 针对不同群体的就业创业的主要内容有哪些？
3. 如何理解劳动就业政策的主要发展。

---

① 中国劳动和社会保障劳动科学研究所课题组．中国灵活就业基本问题研究［J］．经济研究参考，2005（45）．

② 张成刚．就业发展的未来趋势、新就业形态的概念及影响分析［J］．中国人才资源开发，2016（19）．

# 第八章　社会保险政策

## 本章提要

社会保险是维护社会稳定和保障民生的重要政策，扮演着经济发展“助推器”、经济运行“稳定器”、社会贫富差距“调节器”等重要角色。理解我国社会保险政策的概念、基本功能和特征、历史演变规律，了解社会保险政策的主要内容，掌握社会保险政策的发展趋势，有助于把握社会保险可持续发展的要义。

## 引导案例

### 昆明市多措并举推动社会保险事业高质量发展

云南省昆明市着力在推进系统化制度改革、提供精细化管理服务、打造社保服务品牌上持续发力，社会保险参保人员覆盖范围不断扩大，多层次、多支柱养老保险体系进一步健全完善。

第一，推动信息共享、精准扩面，传递民生温度。作为全国首批试点，昆明市全民参保登记工作于 2014 年启动。昆明市政府高位推动，利用数据比对和入户调查相结合工作法，统一研发系统软件、统一制定经办流程、统一组织业务培训、统一规范入户登记，建立了全面、完整、动态更新的社会保险基础数据库，确保参保扩面不漏一人。2021 年，昆明市建立了涉人力资源社会保障信息共享交换机制，民政、教体、市场监管、税务、医保等 16 个部门常态化开展信息共享。2022 年，昆明市制定下发《关于开展基本养老保险扩面增效专项行动的通知》，建立了政府领导、人社牵头、部门协同、社会参与的协同联动工作机制，并成立了昆明市实施基本养老保险扩面增效专项行动工作领导小组，使参保扩面工作得到有效延伸和拓展。通过数据比对，结合入户调查工作，建立了涉及个体工商户、网约车司机、快递员、导游、律师等八类群体的数据库，引导和促进更多灵活就业人员参加职工基本养老保险。针对新业态从业人员、农民工等重点群体特点，开展推进“六个一批”专项行动，形成层层责任清晰、任务明确、目标统一的挂包督导工作局面。

第二，聚焦经办服务转型，让经办提质增速，释放民生热度。作为全省首家开展社银合作一体化的社保经办机构，引进社保自助服务机，升级自助查询、打印、办事功能，部分业务在银行网点即可办理，增强了用户体验。借助智慧社保服务网厅，社保业务线上线下皆可办理，实现了“数据多跑路，群众少跑腿”的惠民举措。聚焦经办服务升级，以标准化助跑社保加速。2021 年，昆明市社会保险局建立了涵盖服务通用基础标准体系、服务保障标准体系、服务提供标准体系共计 205 项的社会保险公共服务标准化体系，标准化体系的建立和实施，成为全市社保经办机构业务经办的根本遵循，做到了上下一盘棋；同时综合柜员制、“打包一件事”、容缺办理和承诺制办理多举措同步施行，提高了办事企业和群众的满意度。

资料来源：熊明．昆明市多措并举推动社会保险事业高质量发展：扩面增效增色“幸福春城”［N］．云南日报，2023-05-21（5）．

**案例思考：**

（1）昆明市如何使参保扩面工作得到有效延伸和拓展？

（2）结合案例，谈谈你对“社会保险事业高质量发展”的理解。

## 第一节　社会保险政策概述

社会保险是社会保障政策体系中最核心的部分之一，是对参保者在年老、疾病、工伤、失业、生育等风险情境下提供基本生活保障的重要制度安排。

### 一、社会保险的概念和范围

社会保险是对当参保人遭遇退出劳动力市场而丧失基本收入、因健康原因造成身体损害及财富支出、因丧失劳动能力造成非主观意愿下失去就业岗位或暂时失去劳动岗位等风险时，为其提供收入补偿或服务保障的政策。

社会保险为参保者提供的保障涉及养老、医疗、生育、失业、工伤、长期护理等多层次、多领域保障内容。

#### （一）养老保险

养老保险是为保障劳动者在达到国家规定的解除劳动义务的劳动年龄界限或因年老丧失劳动能力而退出劳动岗位后生活需要，而建立的一种保障其基本生活的社会保险制度。

养老保险政策的根本目的是用社会保险的手段，解决老年人及因老丧失劳动能力者的基本生活来源不足问题，为老年人提供稳定的收入保障。

#### （二）医疗保险

医疗保险制度是国家立法规定的，以疾病治疗为目的、费用报销为主要手段的，为解决参保者“病有所医”问题，满足社会医疗需求而建立的一种制度。

#### （三）生育保险

生育保险是国家通过立法，通过提供生育津贴、医疗服务和产假等方式，为怀孕和分娩的妇女劳动者暂时中断劳动时给予保障的社会保险制度。

生育保险的实施目的是稳定参保者在生育时期的基本收入，保障其基本医疗需求。生育保险政策有助于保障妇女权益和地位，减少参保者的生育风险，促进劳动力再生产。

#### （四）失业保险

失业保险是国家通过立法强制实行的，通过社会统筹方式集中账户基金，对因失业而造成生活来源中断或丧失的劳动者提供帮助的一项社会保险制度。

失业保险基金主要用于支付领取失业保险金期间的职工应当缴纳的社会保险费以及终止或者解除劳动合同时的一次性生活补助。

### （五）工伤保险

工伤保险也称职业伤害保险，是指劳动者在生产经营活动中或在规定的某些特殊情况下遭受意外伤害，或是患职业病，以及因这两种情况造成死亡、暂时或永久丧失劳动能力时，由用人单位或劳动者缴费形成的工伤保险基金向伤者支付医疗康复费用，为劳动者及供养亲属提供必要物质帮助的社会保险制度。

失业保险制度有助于最大限度地降低工伤事故对职工及企业的影响，具有工伤预防、工伤补偿、工伤康复等多方面功能。

### （六）长期护理保险

长期护理保险是以社会保险的方式筹集资金，为长期失能人员的基本生活照料和与基本生活密切相关的医疗护理提供资金或服务保障的公共政策。

长期护理保险政策待遇享受方式包括对接受长期护理服务所产生的费用进行分担给付、提供服务等形式。

## 二、社会保险的特征和功能

### （一）社会保险的特征

一般而言，社会保险具有以下四个特征：

（1）社会保险以社会风险为前提。社会领域中存在的各类风险是社会保险政策设立并得以实施的客观前提，社会保险所应对的是参保者在生命周期内潜在遭遇的各类人身风险。

（2）社会保险创办主体具有特定性。社会保险由国家主导，为应对各类社会风险而在全社会范围内实施。

（3）社会保险运行具有强制性。社会保险属于强制性制度安排，国家立法举办并资助实施是社会保险政策有效运行的重要基础。

（4）社会保险资金来源多元化。社会保险基金来源包括单位缴费、劳动者按照标准缴纳费用以及政府财政的支持等多元主体与渠道。

### （二）社会保险的功能

根据社会保险的概念、范围和特征，社会保险主要有以下四个功能：

（1）保障参保者的基本生活。社会保险通过在全社会范围内对遭遇风险的社会成员给予一定的物质帮助，可以在一定程度上保障其基本生活水平，降低因风险造成的身体及心理伤害。

（2）稳定社会生产。社会保险有助于缓解劳动者在劳动过程中遇到各种意外事件对其再生产过程造成的不利影响。通过对遇到意外事件风险的劳动者给予必要的经济补偿和生活保障，使劳动力再生产得到恢复和发展。

（3）增进社会公平，缩小收入差距。在初次分配环节，要素配置的不平等往往会造成收入水平和创收机会上的差异，进而出现社会不平等现象和问题。社会保险的运行具备再分配的功能，有助于增进社会公平和收入均衡。

（4）稳定社会秩序。社会保险为广大劳动人民提供基本的生活保障，有助于提高参保者生产生活信心，维护国家的长治久安与社会的安全稳定。

## 三、我国社会保险政策的演变

我国社会保险政策的演变实现了从适应计划经济体制的传统社会保障制度到适应市场经济体制的现代社会保障体系的转变，形成了包括养老保险、医疗保险、生育保险、失业保险、工伤保险和长期护理保险在内的社会保险政策体系。

### （一）养老保险政策的演变

我国养老保险政策的演变可以分为“国家-单位”保障阶段、社会化养老保险探索和快速发展阶段、养老保险制度城乡统筹发展阶段和养老保险多层次发展阶段。

1.“国家-单位”保障阶段

1951年，政务院发布《中华人民共和国劳动保险条例》，规定企业或雇主按职工工资总额的3%缴纳劳动保险金，由中华全国总工会委托中国人民银行代理保管，职工在退职后根据工龄按月支付退职养老费。1955年国务院颁布《国家机关工作人员退休处理暂行办法》，规定国家机关工作人员退休金标准为本人工资的50%～80%。1957年国务院发布《关于工人、职员退休处理的暂行规定》，进一步放宽退休、退职条件，提高企业职工退休金待遇。

2. 社会化养老保险探索和快速发展阶段

20世纪80年代中期到90年代初，我国进行了企业职工基本养老保险制度改革试点。为满足农村居民养老需求，民政部要求各地根据本地区的实际情况探索建立农村社会保障制度。

1985年，劳动人事部发布《关于做好统筹退休基金与退休职工服务管理工作的意见》，提出实行国营企业职工退休基金统筹政策。1986年国务院发布《国营企业实行劳动合同制暂行规定》，提出国有企业新招职工一律实行劳动合同制，并实行养老保险个人缴费制度。

1991年，《国务院关于企业职工养老保险制度改革的决定》提出，建立基本养老保险、企业补充养老保险、个人储蓄型养老保险相结合的多层次养老保险制度。1992年，在总结农村养老保险试点经验的基础上，民政部在全国范围内制定印发了《县级农村社会养老保险基本方案（试行）》。

1993年，《中共中央关于建立社会主义市场经济体制若干问题的决定》正式提出，建立“统账结合”的养老保险模式，要求城镇职工养老和医疗保险金由单位和个人共同负担，实行社会统筹和个人账户相结合模式。

1995年，国务院《关于深化企业职工养老保险制度改革的通知》提出在全国范围内试行社会统筹与个人账户相结合的基本养老保险制度，建立基本养老金正常调整机制。

1997年，国务院发布《关于建立统一的企业职工基本养老保险制度的决定》，明确了单位和个人的缴费比例、个人账户规模和养老金领取办法，标志着企业职工养老保险制度逐步规范化、明晰化。

3. 养老保险制度城乡统筹发展阶段

2005年国务院在印发《关于完善企业职工基本养老保险制度的决定》中要求，调整两个账户的比例，企业缴费全部进入统筹账户，单位缴费不再划入个人账户。个体工商户和灵活就业人员开始纳入养老保险范围，并正式确认企业按缴费工资20%入统筹账户，个人按缴费工资8%入个人账户。2008年人社部、财政部印发《关于提高做实企业职工基本养老保险个人账户比例的通知》，要求天津市、山西省、河南省、湖北省、湖南省、新疆自治区自2007年1月1日起做实企业职工基本养老保险个人账户比例从3%提高到4%，中央财政按规定给予补助。

为解决城镇职工基本养老保险费率过高、企业负担较重等问题，2016年人力资源社会保障部、财政部印发《关于阶段性降低社会保险费率的通知》，2018年人力资源社会保障部印发《关于继续阶段性降低社会保险费率的通知》。2019年国务院办公厅《降低社会保险费率综合方案》出台，明确要求降低城镇职工基本养老保险（包括企业和机关事业单位的基本养老保险）的单位缴费比例。

2003年，劳动和社会保障部印发《关于做好当前农村养老保险工作的通知》和《关于认真做好当前农村养老保险工作的通知》，要求“积极稳妥地推进农村养老保险工作”。2009年国务院颁布《关于开展新型农村社会养老保险试点的指导意见》，决定从2009年开始在10%的县（市、区）实行新型农村社会养老保险的试点。2011年国务院发布《关于开展城镇居民社会养老保险试点的指导意见》，要求逐步建立城镇居民养老保险制度。

4. 养老保险多层次发展阶段

为解决制度碎片化问题和促进养老保险关系转移接续，2009年人力资源社会保障部、财政部印发《城镇企业职工基本养老保险关系转移接续暂行办法》，明确了跨省流动就业参保人员的基本养老保险关系转移接续程序。2011年人社部印发《实施〈中华人民共和国社会保险法〉若干规定》，要求对参加职工基本养老保险的跨省流动就业人员，按照分段计算、统一支付的具体办法发放基本养老金。2014年，按照城乡统筹的基本原则，国务院颁布《关于建立统一的城乡居民基本养老保险制度的意见》和《城乡养老保险制度衔接暂行办法》，并在全国范围内把城镇居民养老保险和新型农村养老保险两项制度合并实施。

2015年，国务院印发《关于机关事业单位工作人员养老保险制度改革的决定》，要求机关事业单位养老保险参照企业退休人员养老保险实施“统账结合”制度，至此养老保险“双轨制”现象结束、企事业单位养老金并轨，机关事业单位实行单位和个人缴费，建立与企业统一的基本养老保险制度。

2016年，人力资源社会保障部印发《关于城镇企业职工基本养老保险关系转移接续若干问题的通知》，对跨省流动就业人员的养老保险关系转移接续工作中存在的视同缴费年限计算、缴费信息历史遗留问题、重复领取基本养老金的处理等问题给出解决方案。

为解决养老保险制度统筹层次低的问题，2010年10月在《社会保险法》第64条中表述为“基本养老保险基金逐步实行全国统筹”。2017年10月，党的十九大报告提出，完善城镇职工基本养老保险和城乡居民基本养老保险制度，尽快实现养老保险全国统筹。2017年人力资源社会保障部、财政部联合印发《关于进一步完善企业职工基本养老保险省级统筹制度的通知》，要求进一步完善省级统筹制度，推动实现全国统筹。2018年国务院印发《关于建立企业职工基本养老保险基金中央调剂制度的通知》，要求实行企业职工养老保险基金中央统一调剂使用，合理均衡地区间基金负担。根据《关于企业社会保险费交由税务部门征收的公告》，2020年开始由税务部门统一征收企业缴纳的职工基本养老保险费、职工基本医疗保险费、工伤保险费、失业保险费，以及灵活就业人员缴纳的基本养老保险费、基本医疗保险费。2021年国务院办公厅印发《企业职工基本养老保险全国统筹制度实施方案》，并于2022年起实施养老保险全国统筹。

### （二）医疗保险政策的演变

1. 传统合作医疗保险制度阶段

20世纪50年代初开始，我国逐步建立了以公费医疗、劳保医疗和互助性质的合作医疗保健制度为主要内容的医疗保障制度安排。

1956年，全国人大一届三次会议通过的《高级农业生产合作社示范章程》中规定，合作社对因公负伤或因公致病的社员要负责医治，从而首次赋予集体介入农村社会成员疾病医疗的责任①。

该时期医疗保险具有明显的城乡二元特征，城市中的国家机关工作人员、事业单位工作人员享受由国家提供的公费医疗；国营或集体所有制企业职工及其供养的直系亲属享受由企业提供的劳保医疗；农村地区的医疗保险制度尚未正式建立，日常的医疗保障主要通过公社、生产大队统筹，即农民社员以共同集资和集体补助的方式，建立互助互济式的农村合作医疗模式。

2. 改革开放以来医疗保险制度建立与探索阶段

1998年，国务院在总结各地医疗保险制度改革试点经验的基础上颁布《关于建立城镇职工基本医疗保险制度的决定》，规定城镇职工基本医疗保险费由用人单位和职工共同缴纳，社会保险经办机构负责职工医保基金筹集、管理和支付。

2003年，国务院办公厅转发了卫生部等部门《关于建立新型农村合作医疗制度的意见》，强调新型农村合作医疗保险是一种由政府组织、引导、支持，以大病统筹为主的农民医疗互助共济制度。

2007年，国务院印发的《关于开展城镇居民基本医疗保险试点的指导意见》规定，在有条件的省份开展城镇居民基本医疗保险试点工作，用以补偿城镇居民的住院和门诊大病医疗支出。城镇居民基本医疗保险基金筹集实行家庭缴费和政府补助相结合的模式，相应的医保基金纳入社会保障基金财政专户统一管理。2007年居民医保试点城市有88个，2010年居民医保在全国全面推行。

2009年，人社部发布《关于基本医疗保险异地就医结算服务工作的意见》，要求保障流动人口异地就医需求。

① 林闽钢. 社会保障理论与政策："中国经验"视角［M］. 北京：中国社会科学出版社，2012：94.

3. 全民医疗保险制度的发展与完善阶段

2010 年，《中华人民共和国社会保险法》提出社会保险制度坚持广覆盖、保基本、多层次、可持续的方针，并对职工基本医疗保险、新型农村合作医疗制度、城镇居民基本医疗保险制度的覆盖人群、保险待遇、基金支付和跨统筹地区就业人员的医疗保险关系转移方式进行规定，为扩大医疗保险制度覆盖范围和基金使用规范提供了法律依据。

在大病保险发展方面，2012 年国家发展改革委、卫生部、财政部、人社部、民政部、保险监督管理委员会等六部委联合发布《关于开展城乡居民大病保险工作的指导意见》，要求引入市场机制，建立大病保险制度，减轻城乡居民的大病负担。2015 年国务院办公厅印发《关于全面实施城乡居民大病保险的意见》，要求坚持政府主导、专业承办的原则，采取商业保险机构承办大病保险的方式经办城乡居民大病保险，全面覆盖城乡居民。

在整合城乡居民医疗保险发展方面，2016 年国务院印发《关于整合城乡居民基本医疗保险制度的意见》，明确指出要打破医疗保障的户籍分割，把城乡居民医保制度整合纳入全民医保体系发展和深化医改全局。

在医疗保险异地结算发展方面，2016 年人社部、财政部印发《关于做好基本医疗保险跨省异地就医住院医疗费用直接结算工作的通知》，促进了全国统筹地区跨省异地就医直接结算工作。2021 年国家医疗保障局办公室印发《关于联通京津冀、长三角、西南五省普通门诊费用跨省直接结算服务的通知》，国务院办公厅印发了《关于建立健全职工基本医疗保险门诊共济保障机制的指导意见》《"十四五"全民医疗保障规划》，国家医保局、财政部联合印发《关于加快推进门诊费用跨省直接结算工作的通知》，国家医保局办公室、财政部办公厅联合印发《基本医疗保险关系转移接续暂行办法》，进一步推进了门诊费用跨省直接结算试点工作，减轻参保人员医疗费用负担。

在医保支付方式改革发展方面，2017 年《国务院办公厅关于进一步深化基本医疗保险支付方式改革的指导意见》要求进一步加强医保基金预算管理，全面推行以按病种付费为主的多元复合式医保支付方式。2019 年国家医疗保障局印发《医疗保障标准化工作指导意见》，要求分批制定实施各类医疗保障标准。

在医保基金监管改革发展方面，国务院办公厅印发《关于推进医疗保障基金监管制度体系改革的指导意见》和《关于加强医疗保障基金使用常态化监管的实施意见》，要求加大医保基金监管执法力度，实现医保基金监管法治化、专业化、规范化、常态化。

在特殊群体医疗保险发展方面，针对农村贫困人口、退役军人等特殊群体，我国专门印发了与基本医疗保险制度相关的政策法规，包括《中华人民共和国军人保险法》《社会救助暂行办法》《医疗保障扶贫三年行动实施方案（2018—2020 年）》《关于健全重特大疾病医疗保险和救助制度的意见》等政策法规。

### （三）生育保险政策的演变

1. 新中国成立初期生育保险阶段

1951 年，政务院颁布《中华人民共和国劳动保险条例》，规定职工享受生育保险的权利和义务，生育保险面向机关事业单位、国营企业女职工。生育保险金包括在劳动保险金内，产假期间，工资全额发放，生育补助费由劳动保险基金支付，孕产期间发生的体检费和接生费由单位支付。尽管生育保险覆盖项目较为多样，但该时期生育保险的待遇给付水平较低。

2. 企业生育保险阶段

根据1969年财政部《关于国营企业财务工作中几项制度的改革意见（草案）》的规定，国营企业的劳动保险金照护改为企业营业外列支，生育保险制度的统筹路径也发生改变，职工生育保险责任由国家转移到企业。

3. 生育保险社会化改革探索阶段

1988年《女职工劳动保护规定》明确女职工生育保险相关的产假、工资等待遇计发规则。1994年，劳动部发布《企业职工生育保险试行办法》，正式设立生育保险基金，要求企业生育保险转向社会生育保险。2001年《劳动和社会保障事业发展第十个五年计划纲要》提出进一步规范和完善生育保险政策，扩大覆盖面，提高社会统筹水平和基金管理能力。

4. 生育保险和职工基本医疗保险合并实施时期

2010年，我国发布《中华人民共和国社会保险法》，将生育保险纳入国家法律。《中华人民共和国社会保险法》第五十三条规定："职工应当参加生育保险，由用人单位按照国家规定缴纳生育保险费，职工不缴纳生育保险费。"2012年国务院颁布的《女职工劳动保护特别规定》对产假和生育保险待遇内相关费用的承担主体等作出了规定。

2017年，国务院办公厅印发《生育保险和职工基本医疗保险合并实施试点方案》，提出在河北省邯郸市、山西省晋中市等12个城市开展合并实施生育保险和职工基本医疗保险的试点，要求统一参保登记、统一基金征缴和管理、统一医疗服务管理、统一经办和信息服务，职工生育期间的生育保险待遇不变。

2019年，国务院办公厅印发《关于全面推进生育保险和职工基本医疗保险合并实施的意见》，要求将生育保险基金并入职工基本医疗保险基金，按照用人单位参加生育保险和职工基本医疗保险的缴费比例之和，统一征缴新的用人单位职工基本医疗保险费率，个人不缴纳生育保险费。

2022年，《关于进一步完善和落实积极生育支持措施的指导意见》要求国家统一规范并制定完善生育保险生育津贴支付政策，强化生育保险对参保女职工生育医疗费用、生育津贴待遇等保障作用。

### （四）失业保险政策的演变

1. 待业保险阶段

1986年，国务院发布《国营企业职工待业保险暂行规定》，明确规定了国营企业中的职工实行职工待业保险制度。1993年国务院发布《国有企业职工待业保险规定》，明确了待业保险基金的来源包括企业缴纳的待业保险费、待业保险费的利息收入和财政补贴，并要求企业按照全部职工工资总额的百分之零点六缴纳待业保险费。待业保险基金实行市、县统筹，省、自治区可以集中部分待业保险基金调剂使用。

2. 失业保险规范发展阶段

1999年，国务院发布《失业保险条例》，规定了失业保险基金的构成，明确了失业保险缴费方式和数额、投保条例和范围、失业保险待遇、失业保险管理和监督工作等事项。

按照规定，用人单位和职工共同缴纳失业保险费。

2011年实施的《中华人民共和国社会保险法》以立法的形式规定并扩大了失业保险适用范围，要求失业保险金的标准不得低于城市居民最低生活保障标准，明确了失业保险基金使用的细则和程序。

2019年，人力资源社会保障部印发的《失业保险金申领发放办法》和《关于推进失业保险金“畅通领、安全办”的通知》等文件，进一步为保证失业人员及时获得失业保险金及其他失业保险待遇提供了政策依据。

在失业保险基金管理方面，根据2017年人力资源社会保障部、财政部《关于调整失业保险金标准的指导意见》，失业保险金标准已经提高到最低工资标准的90%。2020年人力资源社会保障部、财政部印发《关于扩大失业保险保障范围的通知》，强调加强农民工为重点群体的失业保险扩面征缴。

2022年，人力资源社会保障部办公厅印发《关于扎实做好失业保险待遇发放工作的通知》，要求建立失业保险待遇申领渠道信息推送机制、健全审核结果及时反馈机制、持续提升失业保险经办服务便捷性。2023年，人力资源社会保障部、财政部、国家税务总局联合印发《关于阶段性降低失业保险、工伤保险费率有关问题的通知》，要求继续实施阶段性降低失业保险费率至1%的政策，实施期限延长至2024年底。

### （五）工伤保险政策的演变

1. 工伤保险制度建立阶段

1951年，政务院发布的《中华人民共和国劳动保险条例》规定了实行劳动保险的企业，其工人与职员可享受因工负伤待遇。1951年劳动部公布的《中华人民共和国劳动保险条例实施细则草案》，1953年政务院发布的《关于中华人民共和国劳动保险条例若干修正的决定》、劳动部公布的《中华人民共和国劳动保险条例实施细则修正草案》等文件，进一步细化了工伤范围和待遇标准。1957年《职业病范围和职业病患者处理办法的规定》，明确规定劳动者患上职业病后可以享受工伤保险待遇。在“计划经济”的社会经济体制背景下，工伤保险由国家直接进行管理，并交由经办机构实行独立核算、自负盈亏。总体上，该时期的工伤保险保障项目单一、支付方式及基金管理并不规范。

2. 工伤保险制度改革阶段

在社会经济体制市场化改革的背景下，工伤保险制度逐渐社会化，工伤保险经办机构采用统筹基金与个人账户相结合的方式进行基金管理。1988年，劳动部主持研究社会保险改革方案，形成了工伤保险改革框架，包括建立待遇调整机制、按照“以收定支、留有储备”原则建立社会化的工伤保险基金、确定定期调整的差别费率等①。1994年《中华人民共和国劳动法》提出在遭遇工伤的情况下，劳动者可以获得工伤保险基金的资金支付、医疗康复、保健服务、工作假期等方面的帮助和赔偿。1996年劳动部发布《企业职工工伤保险试行办法》，将工伤保险作为单独的制度来组织实施，标志着我国工伤保险逐渐从企业保障转换为社会保险。2002年卫生部、劳动保障部联合印发《职业病目录》，规范了

① 孙树菡，朱丽敏．社会保险学［M］．北京：中国人民大学出版社，2019：204.

工伤范畴。工伤保险制度着重推进劳动者的工伤鉴定与补偿工作，但疏于工伤预防和职业康复等事前、事后的保障性工作。

3. 工伤保险制度完善阶段

2003 年，为了保障因工作遭受事故伤害或者患职业病的职工获得医疗救治和经济补偿，促进工伤预防和职业康复，分散用人单位的工伤赔付压力，国务院发布《工伤保险条例》，并于 2004 年在全国正式实施，标志着我国工伤保险制度基本实现了从“分散运行”到“统筹管理”的转变。

2008 年，《中华人民共和国社会保险法（草案）》提出建立全国统一的工伤保险制度，职工应当参加工伤保险，由用人单位缴纳工伤保险费，职工不缴纳工伤保险费。2010 年《中华人民共和国社会保险法》正式以法律的形式对工伤保险待遇和劳动者享有工伤保险的权利作了明确规定。

考虑到建筑业职工和新业态就业人员工伤保险工作的特殊性，2021 年人力资源社会保障部等八部门发布《关于维护新就业形态劳动者劳动保障权益的指导意见》，要求以出行、外卖、即时配送、同城货运等行业的平台企业为重点，组织开展平台灵活就业人员职业伤害保障试点。

为进一步加强工伤保险基金管理，提高基金使用效率，2015 年人力资源社会保障部、财政部联合印发《关于做好工伤保险费率调整工作 进一步加强基金管理的指导意见》《关于调整工伤保险费率政策的通知》等文件。2017 年人力资源社会保障部、财政部联合印发《关于工伤保险基金省级统筹的指导意见》，要求在省（区、市）内统一工伤保险参保范围、参保对象、缴费标准、工伤认定和劳动能力鉴定办法、待遇支付标准、经办流程和信息系统。2018 年修正的《中华人民共和国社会保险法》增加了因工伤由用人单位支付的费用范围。2021 年人力资源社会保障部印发了《关于进一步加强工伤医疗管理服务工作有关问题的通知》，要求切实保障工伤职工医疗救治权益。

### （六）长期护理保险政策的演变

我国长期护理保险制度仍处于试点扩面状态，大致的发展可以分为小范围试点初期阶段和扩大试点阶段。

1. 小范围试点初期阶段

2012 年，青岛市发布《关于建立长期医疗护理保险制度的意见（试行）》，进行长期护理保险政策试点的自主探索。2014 年，山东省人民政府办公厅印发《关于开展职工长期护理保险试点工作的指导意见》，确定在东营、潍坊、日照、聊城 4 市开展职工长期护理保险试点。2016 年，人力资源社会保障部办公厅印发《关于开展长期护理保险制度试点的指导意见》，要求以基层医疗机构和老年护理机构为依托，多渠道筹集资金，探索建立社会化的职工长期护理保障制度。

纳入人社部 2016 年长期护理保险首批试点名单的城市有 15 个。在试点初期阶段，我国长期护理保险筹资机制、保障范围、服务提供、待遇支付等政策体系尚未定型，不同地区试点方案存在差异。

2. 扩大试点阶段

2020 年，国家医保局、财政部联合印发《关于扩大长期护理保险制度试点的指导意见》，标志着长期护理保险作为我国社会保障“第六险”进入制度加速探索和推进阶段。在扩大试点阶段，长期护理保险试点城市增加到 45 个。

长期护理保险制度坚持保障基本、低水平起步、以收定支的原则，合理确定保障范围和待遇标准。制度建设坚持责任共担，探索建立互助共济、责任共担的多渠道筹资机制，合理划分筹资责任和保障责任，并要求着眼于建立独立险种。

在此阶段，我国长期护理保险制度试点城市数量和覆盖人数都明显提升。2021 年，国家医保局会同民政部联合下发《长期护理失能等级评估标准（试行）》，为失能人员长期护理保险待遇享受对象的确定提供了依据。2021 年我国银保监会办公厅发布《关于规范保险公司参与长期护理保险制度试点服务的通知》，为保险公司参与长期护理险业务制定了相关服务规范，引导提升了保险公司经办长期护理保险的服务能力。此外，山东省、成都市等省市开始试点针对居民的长期护理保险制度，将进一步提升长期护理保险受益人群覆盖面。

## 第二节 社会保险政策的主要内容

我国社会保险政策主要包括养老保险、医疗保险、生育保险、失业保险、工伤保险、长期护理保险。

### 一、养老保险

我国已经形成了社会统筹账户与个人账户相结合，包含城镇职工基本养老保险、城乡居民基本养老保险、企业年金等在内的多层次多支柱制度框架。

#### （一）城镇职工基本养老保险

我国基本养老保险的运行采取社会统筹和个人账户相结合的方式。在统账结合模式下，基本养老保险基金来源分为两部分：一部分由用人单位缴纳，进入基本养老金统筹基金。基本养老金统筹基金用于支付职工退休后领取的社会统筹部分养老金，基本养老金统筹基金实行现收现付制，强调社会成员之间的互助共济。另一部分是个人缴纳的基本养老保险金，该部分资金累计计入个人账户之中，用于支付参保者退休后的个人账户部分养老金，强调养老资产储蓄的纵向积累。

城镇职工基本养老保险制度的主要内容：

（1）覆盖对象是城镇所有企业及其职工、个体工商户和灵活就业人员。

（2）缴费方式为企业和职工个人共同缴费，政府进行补贴。企业缴纳基本养老保险费的比例，一般不得超过企业工资总额的 20%。个人一般不超过本人月缴费工资的 8%。单位职工本人缴纳基本养老保险费的基数原则上以上一年度本人月平均工资为基础，在当地职工平均工资的 60%～300%的范围内进行核定。

（3）无雇工的个体工商户、灵活就业人员可以用个人身份参保的，且由个人缴纳基本养老保险费，缴费比例为20%，其中12%进入社会统筹账户，8%进入个人账户。

(4) 职工基本养老保险个人账户主要用于记载参保人员个人按规定缴纳的基本养老保险费及利息。根据规定，个人账户不得提前支取，记账利率不得低于银行定期存款利率，免征利息税。参保人员流动时，个人账户及其储存额随同转移。参保个人死亡的，个人账户本息余额可继承。

(5) 基本养老保险基金实行收支两条线管理，保证专款专用。全国社会保障基金理事会现已开展基本养老保险基金投资运营工作。

(6) 发放条件为达到退休年龄且个人缴费和视同缴费年限累计满15年。

### （二）城乡居民基本养老保险

2014年，我国将城镇居民养老保险和新型农村养老保险两项制度合并实施，建立了全国统一的城乡居民基本养老保险制度。该制度的筹资方式为个人缴费、政府补贴、集体补助和社会资助相结合。同时，待遇发放由个人账户养老金和基础养老金共同支付。参保人员为城乡居民，包括农民和城镇非职工居民。

城乡居民养老保险制度的主要内容：

(1) 从基金来源来看，城乡居民基本养老保险基金由个人缴费、集体补助和政府补贴三部分构成。缴费方式为个人分档次自愿参保缴费。按年缴费，缴费档次固定，国家给予缴费补贴。有条件的村集体对参保人缴费给予适当补助[①]。

(2) 覆盖对象为16岁以上（不含在校学生）非国家机关和事业单位工作人员及不符合职工基本养老保险参保条件的城乡居民。

(3) 养老金领取资格为参保人年满60周岁、累计缴费满15年。

(4) 城乡居民养老保险待遇由基础养老金和个人账户养老金构成，支付终身。

(5) 国家为每个参保人员建立终身记录的养老保险个人账户。个人账户养老金的月计发标准参考城镇职工基本养老保险，目前为个人账户全部储存额除以计发系数（60周岁对应的计发系数为139）。

(6) 城乡居民养老保险基金纳入社会保障基金财政专户，实行收支两条线管理，单独记账、独立核算。

### （三）企业年金

企业年金是企业为提高职工的养老福利水平而自愿建立的补充性养老保险计划。企业年金制度的主要内容：

(1) 缴费方式主要由企业和职工共同筹资，企业缴费每年不超过本企业职工工资总额的8%，企业和职工个人缴费合计不超过本企业职工工资的12%。

(2) 企业年金作为企业的一项福利制度，是对社会养老保险的补充，作为一项补充性的福利制度安排，往往被视为企业人力资源战略的重要组成部分。

(3) 企业年金是特定企业依据自身经济状况自愿建立的养老保险制度，参加企业年金的职工可以享有企业年金的投资收益。

---

① 丁建定．社会政策概论［M］．武汉：华中科技大学出版社，2023：276.

（4）企业年金实行市场化运营，由国家认可的具备企业年金管理资格的年金管理机构管理，同时会面临相应的市场化风险。

## 二、医疗保险和生育保险

我国现行医疗保障制度体系以城镇职工基本医疗保险、城乡居民基本医疗保险两大基本医保制度横向覆盖为基础，以大额医疗费救助金、补充医疗保险、大病保险、长期护理保险、医疗救助、医保扶贫六大医保制度政策纵向延伸为补充。

### （一）城镇职工基本医疗保险和生育保险

城镇职工基本医疗保险制度以城镇地区用人单位（包括企业、机关、事业单位、社会团体、民办非企业单位）及其就业人员为参保对象，旨在为参保职工提供基本医疗保障。

我国城镇职工医疗保险主要由基本医疗保险、大病医疗保险、补充性医疗保险三个层次组成，其中，基本医疗保险作为最基本的层次，普及程度最高，所起到的保障作用也最为显著。就城镇职工基本医疗保险制度而言，由用人单位及其职工共同缴纳基本医疗保险费，用人单位缴费率应控制在职工工资总额的6%左右，职工缴费率一般为本人工资收入的2%。无雇工的个体工商户、未在用人单位参加职工基本医疗保险的非全日制从业人员也可以参加城镇职工基本医疗保险，但缴费须由个人承担。在全面推进生育保险和职工基本医疗保险合并实施背景下，职工个人不缴纳生育保险费，按照用人单位参加生育保险和职工基本医疗保险的缴费比例之和确定新的用人单位职工基本医疗保险费率。

城镇职工医疗保险制度的主要内容：

（1）筹资来源包括用人单位缴费、职工个人缴费和补充性筹资来源。

（2）城镇职工医疗保险按月缴费，次月即可获取医疗保险待遇给付资格。

（3）城镇职工医疗保险在缴纳规定年限后能够按照规定享受退休免缴待遇。未达到规定缴费年限标准的，可按退休地统筹地区规定逐年缴费至规定年限，也可以一次性补缴至规定年限。

（4）医保基金账户包括统筹账户和个人账户，其中统筹账户主要由用人单位缴纳，个人账户由职工个人与用人单位共同缴纳，其中个人缴纳费用全部计入个人账户，单位缴费的30%计入个人账户。

（5）参加职工基本医疗保险的在职职工同步参加生育保险。

根据2019年国务院办公厅印发《关于全面推进生育保险和职工基本医疗保险合并实施的意见》，遵循保留险种、保障待遇、统一管理、降低成本的总体思路，将生育保险和职工基本医疗保险合并实施。

生育保险制度的主要内容：

（1）参保对象为与用人单位建立了劳动关系的职工，包括男职工。

（2）生育保险基金并入职工基本医疗保险基金，实现参保同步登记、基金合并运行、征缴管理一致、监督管理统一、经办服务一体化，不再单列生育保险基金收入。

（3）生育保险基金并入职工基本医疗保险基金后，按照用人单位参加生育保险和职工基本医疗保险的缴费比例之和确定新的用人单位职工基本医疗保险费率，个人不缴纳生育保险费。

（4）享受生育保险的前提之一是参保人所在单位按照规定参加生育保险并为该职工连续足额缴费一年以上。

（5）我国生育保险待遇主要包括两个方面：一是生育津贴。《女职工劳动保护特别规定》规定，已经参加生育保险的女职工，按照用人单位上年度职工月平均工资的标准由生育保险基金支付，对未参加生育保险的，按照女职工产假前工资的标准由用人单位支付。二是生育医疗待遇，用于保障女职工怀孕、分娩期间以及职工实施节育手术时的基本医疗保健需要，包括产前检查，分娩住院期间的分娩检查费、接生费、手术费、住院费和药费。

### （二）城乡居民基本医疗保险

城乡居民基本医疗保险制度是在新型农村合作医疗保险制度和城镇居民医疗保险制度基础上，整合两项制度设计形成的，其参保对象包括除职工基本医疗保险参保人员以外的其他所有城乡居民，其主要目的是为没有从属单位的社会群体提供医疗保障。

城乡居民基本医疗保险制度的主要内容：

（1）覆盖范围为除城镇职工基本医疗保险制度已参保人员之外的所有城乡居民。农民工和灵活就业人员依法参加城镇职工基本医疗保险，有困难的可以按照当地相关规定参加城乡居民基本医疗保险制度[①]。

（2）实行个人缴费与政府补助相结合为主的筹资方式，同时积极鼓励集体、单位及其他社会经济组织予以扶持。

（3）采取个人自愿缴纳的原则。按年缴纳，当年缴纳次年医疗保险费用。

（4）城乡居民基本医疗保险基金没有设计个人账户，所得资金全部进入社会统筹基金运行管理。

（5）在费用补偿方面，城乡居民基本医疗保险基金突出大病统筹，主要用于补助参保者因生病治疗时产生的住院医疗费用或大额医疗费用。

### （三）大病医疗保险

大病医疗保险是为了应对重大疾病风险而设立的一种医疗保险制度，主要目的是对参保人因患大病、重病而产生的高额医疗费用进行报销支付，以减轻突发风险所带来的沉重经济负担。大病医疗保险是对基本医疗保障制度的有效补充，保障对象经城镇居民医保、城乡居民医保报销后，个人负担的合规费用超过一定额度的部分，大病医疗保险可以进行二次报销，避免参保者因社会医疗保险报销比例过低、起付线过高、封顶线过低而陷入经济困境，有助于解决“因病致贫返贫”问题[②]。

大病医疗保险制度的主要内容：

（1）大病医疗保险保障对象覆盖所有参加基本医疗保险的人群。

（2）大病医疗保险筹资依靠基本医保基金按一定比例或额度划拨形成大病保险资金，

---

① 丁建定．社会政策概论［M］．武汉：华中科技大学出版社，2023：281.

② 林闽钢．走向社会服务国家：全球视野与我国改革［M］．北京：中国社会科学出版社，2020：167.

具体标准由各地综合医疗保险基金筹资能力、地区经济发展水平、现有基本医疗保险给付水平等多种因素测算决定。

(3) 大病医疗保险仅用于支付由应对重大疾病所产生的高额医疗费用。

(4) 大病医疗保险仅仅报销医保目录内的医疗费用。

(5) 同一社保年度内个人支付的医保费用累计超过大病医疗保险起付线后的费用可以进入大病医疗保险报销范畴。

(6) 因地区经济发展水平、人口总量、地区政策等方面的差异，大病医疗保险在全国各地的报销标准差异较大。

### (四) 职工补充医疗保险

职工补充医疗保险包括企业补充医疗保险、商业医疗保险、社会互助和社区医疗保险等多种形式，是由用人单位和个人自愿缴费的补充性医疗保险。作为一项补充性的医疗保险计划，职工补充医疗保险的实施目的在于通过适当增加医保项目来提高职工的医疗保险保障水平、有效缓解社会医疗保险赔付后依然存在的医疗负担问题，使职工可以获得更全面、更高额度的医疗保险待遇。

职工补充医疗保险制度的主要内容：

(1) 职工补充医疗保险费的缴纳参考用人单位上一年职工工资总额的一定比例，由用人单位代扣代缴。

(2) 职工补充医疗保险主要用于给付基本医疗保险、职工大病医疗保险和医疗救助支付之余个人负担的医疗费用。

(3) 职工补充医疗保险不是国家强制实施的，由用人单位管理。

(4) 职工补充医疗保险费当年结余部分，单位结转下一年度使用。

(5) 职工补充医疗保险在给付标准上设有起付线和封顶线，各地区之间的设置方式和水平有差异。

### (五) 公务员医疗补助

公务员医疗补助主要用于补助公务员在基本医疗保险用药目录、诊疗项目和医疗服务设施标准范围内的医疗费用中，超出基本医疗保险最高支付限额的部分。公务员医疗补助待遇包括医疗费用报销、住院费用补助等。2000 年劳动保障部、财政部《关于实行国家公务员医疗补助的意见》规定了公务员医疗补助的原则、医疗补助的范围、医疗补助的经费来源、医疗补助经费的使用、省级以下（含省级）机关公务员医疗补助的管理层次等内容。

公务员医疗补助制度的主要内容：

(1) 参保人员限定为公务员和事业单位职工。

(2) 医疗补助经费筹集标准按用人单位上年度职工工资总额的一定比例缴纳，由市财政负担。

(3) 经费来源按现行财政管理体制，由财政列入当年财政预算。

(4) 医疗补助经费专款专用、单独建账、单独管理，与基本医疗保险基金分开核算。

## 三、失业保险

我国失业保险制度的适用范围是城镇企业事业单位及其职工，包括国有企业、城镇集体企业、外商投资企业以及其他城镇企业。失业保险的待遇发放方式包括为失业人员提供经济补贴和就业服务等，目的在于帮助失业人员度过无收入来源时期，保障劳动者在失业时的基本生活需求得到满足。

失业保险制度的主要内容：

（1）失业保险参保单位应不分部门和行业，不分所有制性质，其职工应不分用工形式，不分家居城镇、农村，解除或终止劳动关系后，只要本人符合条件，都有享受失业保险待遇的权利。

（2）失业保险基金的构成来源包括城镇企业事业单位、城镇企业事业单位职工缴纳的失业保险费及失业保险基金的利息、财政补贴等。失业保险筹资由单位、个人共同负担，用人单位应当自行申报、按时足额缴纳失业保险费，职工应当缴纳的失业保险费由用人单位代扣代缴。2015年以来，为减轻企业负担，各地实行了阶段性降低失业保险费率的政策。经过多次降费，许多地区的失业保险总体费率降到1%左右①。

（3）在待遇发放方面，失业保险金标准不超过最低工资标准，经办机构根据失业人员累计缴费时间核定其领取失业保险金的期限。失业前累计缴费满1年不满3年的，领取失业保险金期限最长为6个月。累计缴费时间3年以上不满4年的，可以领取9个月失业保险金。领取失业保险金的期限最长不得超过24个月。

（4）失业保险强调权责统一。参保单位和参保人员按照规定缴纳失业保险费，当参保人失业时才能领取失业保险待遇，享受就业培训等服务。失业人员领取失业保险金需要具备履行满1年的参保缴费义务、非因本人意愿中断就业、已办理失业登记等条件。

（5）失业保险基金具有明显的互济功能，需要在统筹地区内统一调度使用。

（6）企业职工是强制性参保对象，并且，失业人员失业保险关系跨省、自治区、直辖市转迁的，失业保险费用应随失业保险关系相应划转。

## 四、工伤保险

2003年我国颁布《工伤保险条例》，规定中华人民共和国境内的企业、事业单位、社会团体、民办非企业单位、基金会、律师事务所、会计师事务所等组织和有雇工的个体工商户应当依照本条例规定参加工伤保险，为本单位全部职工或者雇工缴纳工伤保险费。职工因工作遭受事故伤害或者患职业病进行治疗，享受工伤医疗待遇。社会保险行政部门按照国务院有关规定设立的社会保险经办机构具体承办工伤保险事务，在全社会范围内负责工伤保险基金运营管理。我国根据不同行业的工伤风险程度确定了行业的差别费率，费率划分为若干缴费档次。

工伤保险制度的主要内容：

（1）保障对象具有特定性。劳动者与用人单位存在劳动关系或事实劳动关系，是劳动

① 《社会政策概论》编写组．社会政策概论［M］．北京：高等教育出版社，2021：223.

者进行工伤认定的重要前提。

（2）个人不缴费。根据单方责任原则，由企业或雇主单方缴纳工伤保险费，员工不缴纳费用。

（3）无过失补偿性。工伤保险在补偿工伤劳动者时，往往不以劳动者的过失与否来判断。无论事故责任在谁，只要造成职工伤害，企业或雇主都要承担对职工的补偿或赔偿责任。

（4）互济性。工伤保险通过统筹基金来分散劳动者可能遭受的职业风险，缓解劳动者进行生产活动的后顾之忧。为应对突发性、大规模、集中的工伤保险基金支付风险，我国还建立和完善了工伤保险储备金制度。这其实是双向保护机制，一方面保护劳动者，另一方面缓解用人单位的支付压力。

（5）待遇保障的综合性。工伤保险待遇给付强调"工伤补偿、工伤预防与职业康复相结合"的原则，全方位保障遭遇职业风险的劳动者的权益。

（6）工伤保险基金管理遵循以支定收、收支平衡的原则，单位缴费费率由社会保险经办机构根据国家规定的行业差别费率及行业内费率档次、用人单位工伤保险费使用情况、工伤发生率等情况浮动设立。

### 五、长期护理保险

我国的长期护理保险制度尚处于局部试点阶段，不同的试点地区之间，长期护理保险的覆盖人群范围、筹资方式、护理形式与支付标准均存在一定差异。

长期护理保险制度的主要内容：

（1）长期护理保险主要是支付由于疾病或伤残引起的日常照顾费用。保险待遇包括现金给付、服务给付等形式。

（2）以需求为导向，主要覆盖参加基本医疗保险的失能老年人和特殊群体。根据部分试点地区的经验，参加基本医疗保险是参保人员同步长期护理保险的前提。

（3）筹资对象以单位、个人、政府补助为主，且筹资比较依赖于职工基本医疗保险统筹基金结余划拨。

（4）给付条件为经医疗机构或康复机构规范诊疗、失能状态持续 6 个月以上。由于长期护理保险的保障对象具有特殊性，通常护理期限较长。

## 第三节 社会保险政策的发展

党的二十大报告提出，健全覆盖全民、统筹城乡、公平统一、安全规范、可持续的多层次社会保障体系。作为基础性的社会制度安排，我国社会保险政策体系逐步走上了高质量发展的道路。

### 一、社会保险覆盖面逐步扩大

#### （一）保障群体不断扩大

在养老保险、医疗保险这两个主要的社会保险项目上，当前已经达到了较高的覆盖水平。我国社会保险覆盖范围已经从国有部门扩展到非国有部门，从正规就业者扩展到非正规就业者，从工薪劳动者扩展到全体国民，基本实现了全民覆盖的目标。针对非正规就业者、新业态从业人员、流动人口社会保险权益落实问题，社会保险的覆盖面将会持续扩大。

### （二）保障范畴不断延伸

优化制度内容，建立和完善多层次社会保险制度体系，使得我国社会保险的保障范畴不断延伸。在原有的“五险”框架下，我国于 2016 年开始推行长期护理保险的试点工作，有效缓解了人口老龄化背景下持续增长的照护需求。随着长期护理保险试点政策的不断完善，未来试点范围将会进一步惠及城乡居民。

### （三）保障力度不断强化

根据社会经济形势的变化、人口老龄化和制度现状，我国在不同时期与时俱进地调整了各社会保险项目的待遇水平。自 2005 年以来，我国已经连续 19 年上涨企业退休人员基本养老金水平。基本医疗保险不断扩大医疗保险药品、服务目录范围，稳步提升待遇水平。工伤保险待遇和生育保险的补偿水平也呈现出增长的态势，且配套的政策措施更齐全。为不断满足国民对美好生活的向往，社会保险政策的保障力度将不断加强。

## 二、社会保险筹资机制不断健全

社会保险资金是社会保险制度建立、发展和运行的基础，是社会保险制度实现其再分配功能的基础，也是社会保险制度运行的中心环节，继续健全社会保险筹资机制是我国社会保险政策未来发展的必然趋势之一。

### （一）各方社会保险筹资责任合理划分

从筹资主体结构来看，我国社会保险筹资制度已初步建立了责任共担机制，强调发挥国家、单位和个人的共同作用。这种依托国家、社会与个人共同承担的责任分担机制，对于减轻国家财政负担、形成多元主体责任的社会保险可持续发展具有深远影响。但是这一筹资机制仍有待完善，需要进一步划清各责任主体的边界。在强调政府作用的同时，充分发挥市场与社会的作用，使用人单位的缴费责任更清晰明确，监管更加有力有效。同时，强化个人在社会保障中的责任，强调权利与责任的相对应。

### （二）社会保险筹资模式不断完善

为提高社会保险制度运行效率，我国不断完善各项社会保险制度之间筹资机制的统筹协调工作，进一步优化社会保险制度的筹资体系和责任分担结构，建立更加多元、适度灵活的社会保险筹资机制。例如，积极扩充困难群体的社会保险资金来源，提高社会保险的待遇水平。国家规定领取失业保险金人员应按规定参加其失业前失业保险参保地的职工医保，由参保地失业保险经办机构统一办理职工医保参保缴费手续，相关基本医疗保险费从失业保险基金中支付，个人不缴费。

### （三）参保和缴费积极性不断提高

2018 年，中共中央办公厅、国务院办公厅印发《国税地税征管体制改革方案》，明确提出，自 2019 年 1 月 1 日起社会保险费由税务部门统一征收。将社会保险费征收机制改为税务部门征收负责，是社会保障费用征收走向专业化、高效化的有效探索。

在社会保障进入高质量发展的新阶段，我国社会保险制度迫切需要建立更加多元、适度灵活的筹资机制。从城镇职工养老保险筹资而言，微观主体缺乏内在的参与激励，养老保险的缴费率趋于下降。未来将会进一步降低缴费率，提高职工参保和缴费的积极性，提高养老保险费的实际征缴率，进而增加基金收入。从城乡居民养老保险筹资来看，我国城乡居民仍然实行的是弹性缴费标准，部分农民收入有限，未来的征缴机制将会提高灵活性和针对性。

## 三、社会保险待遇机制不断完善

社会保险待遇机制的调整是制度可持续性的关键，也是制度切实发挥保障民生和缩小待遇差距的重要举措。未来我国将会进一步优化社会保险给付参数，科学地调整待遇给付水平。

### （一）结合精算模型科学调整保险待遇

《人力资源和社会保障事业发展“十四五”规划》指出，推进社会保险待遇水平与经济社会发展的联动调整，综合考虑物价变动、职工平均工资增长、基金承受能力以及财力状况等因素，完善职工基本养老保险、工伤保险待遇水平调整机制，完善失业保险保障标准与物价上涨挂钩联动机制。社会保险待遇发放应根据社会保险精算原理和制度发展需要，在精准识别参保群体保障需求的基础上，分层分类地提高参保群体的社会保险待遇水平，确保社保待遇按时足额发放。

### （二）缩小基本保障待遇的群体差异

社会保险是缩小社会贫富差距、实现共同富裕的重要政策手段。依托社会保险基金账户的社会统筹机制实行统一待遇，实现高收入向低收入的再分配，不仅有利于积累养老资产，还能不断优化资源配置来达到社会总福利效用的平滑，实现收入再分配的功能。

在实现社会保险制度全覆盖的基础上，未来制度改革应进一步利用基金调剂、待遇补偿和增加社会保险中非缴费因素设计等综合性手段，充分发挥社会保险基金正向再分配作用，缩小城乡之间、居民与职工之间、区域之间的社会保险待遇水平差距，尤其是提升低收入群体的社会保险待遇水平，适当增加对老年人、低收入群体等弱势群体的补贴水平和服务保障方面的倾斜力度。

### （三）信息技术赋能社会保险待遇调整

利用互联网、大数据、区块链等数字技术，赋能社会保险经办管理服务体系建设，有助于优化社会保险待遇调整机制，加大社会保险基金风险防控能力和水平，最终促进社会保险待遇调整工作顺利推进。

利用数字技术，建立人力资源社会保障、税务、财政等部门大数据共享平台，打通数据壁垒，实时动态地监管我国不同地区、不同参保群体的社会保险待遇现状，也有助于从整体上调整和优化社会保险待遇制度参数，进而让人民群众更好地享受社会保险制度带来的收益。

## 四、社会保险统筹层次不断提升

### （一）持续推进城乡统筹工作

社会保险城乡一体化改革是当前我国社会保险体系整体推进和优化发展的主要目标和任务，在我国社会保险制度发展过程中，不同身份的群体对应不同的社会保险制度体系，随着城镇化的快速推进和农民工市民化的趋势，逐步实现社会保险城乡统筹和制度并轨。

在遵循政府主导、统筹兼顾、公平可持续发展等原则的基础上，我国将进一步推动社会保险制度“并轨”和“整合”，不断实现城乡制度一体化和经办服务一体化，促进城乡统筹工作的全面发展①。

### （二）不断推进基金统筹层次工作

党的十九大报告指出要尽快实现养老保险全国统筹。推动基本医疗保险、失业保险、工伤保险省级统筹。社会保险制度统筹的提高可以一定程度上降低不同群体因社会养老保险制度在设计和制度运行差异所造成的待遇差距和不平等问题。不断推进社会保险基金统筹层次工作，减少不同省份之间社会保险制度在项目设置、筹资政策、待遇政策和成本负担等方面的差异，将会成为进一步发挥社会保险制度保障功效的重要方式。

在养老保险方面，为化解部分地区基本养老保险基金的给付压力，协调全国层面基本养老保险制度运行的稳定程度，基本养老保险基金全国统筹工作正有序展开。在医疗保险和生育保险方面，生育保险与职工基本医疗保险已经正式合并。在失业保险方面，为加大基金调剂力度，着力解决失业保险基金结余较少的统筹地区实施援企稳岗政策资金不足问题，使更多的企业享受到政策的扶持，我国正在完善失业保险省级调剂金制度。在工伤保险方面，为提高工伤保险基金抵御风险能力，实现基金的统收统支管理，我国在不断提高工伤保险基金统筹层次。

### （三）合理优化制度和项目之间转移接续

随着城乡异地保险和衔接的需要，在国家层面建立社会保险的接续和跨区域转移机制，有效整合制度内部的险种、项目，强化不同制度之间的转移接续效果，进而最大程度上满足参保群体的社会保险需求。

在养老保险层面，未来将会进一步促进城镇职工养老保险、城乡居民养老保险以及个人养老金制度之间的高效转换，降低制度选择多元化造成的不合理成本。在医疗保险领域，未来将会深入实施医疗保险费用的跨省结算工作。在工伤保险和失业保险方面，未来将会开发符合灵活就业人员的商业保险，并出台相应的转移接续政策。

## 五、社会保险制度规范性程度不断提升

党的二十大报告对社会保障体系建设提出“安全规范”这一新要求。社会保险作为我国现代社会保障体系的核心政策之一，在社会保险政策改革和发展中应当突出安全规范的原则，不断提升社会保险体系的统一性和规范性。

---

① 林闽钢．社会保障理论与政策：“中国经验”视角［M］．北京：中国社会科学出版社，2012：76－77.

### （一）不断提升规范化程度

第一，优化政府管理体制，根据项目的实际需要优化条块责任、统筹层次和部门分工[①]，通过职能整合，不断提升保险经办工作的专业化和规范化程度，社会保险管理体制逐步合理化、科学化。2018 年国家医疗保障局成立后，基本医疗保险、生育保险、医疗救助等职能统一纳入国家医疗保障局职能范畴内进行规范化管理。

第二，加强社会保险基金精细化管理，提高社会保险基金保值增值和安全监管的能力。2022 年，财政部印发《社会保险基金预算绩效管理办法》，从社会保险基金预算绩效管理的目标、绩效运行的过程和结果应用等方面，对社保基金绩效评价提出要求，促进了社会保障基金管理的规范化。

### （二）不断提升社会保险的法制化水平

2011 年，我国正式实施《社会保险法》，标志着社会保险领域具备了强效力、高位阶的法律规范，补齐了之前缺乏法律依托的制度短板。2018 年，第十三届全国人民代表大会常务委员会第七次会议通过《全国人民代表大会常务委员会关于修改〈中华人民共和国社会保险法〉的决定》。为推进社会保险各项政策的有力实施，我国将会进一步完善社会保险政策法规体系，切实提高社会保险政策的法制化水平。

## 思考题

1. 我国社会保险政策的主要内容包括哪些？
2. 我国养老保险的主要内容是什么？
3. 如何理解我国社会保险政策的发展趋势？

---

① 《社会政策概论》编写组．社会政策概论［M］．北京：高等教育出版社，2021：381.

# 第九章 反贫困与社会救助政策

## 本章提要

贫困作为一种复杂的经济和社会现象，是当今社会发展中突出的社会问题之一，也是世界性难题。因此，反贫困与社会救助是现代国家最重要的社会政策之一。本章主要探讨贫困内涵的演变、反贫困与社会救助政策的标准和主要项目，阐述反贫困与社会救助政策的特点。在回顾我国城乡反贫困与社会救助发展历程基础上，分析现行政策体系的主要内容及未来发展趋势。

## 引导案例

### 五年让121万人脱贫，喀什是怎样啃“硬骨头”的?

新疆喀什地区所辖12个县市全部为扶贫开发重点县，其中10个县为深度贫困重点县，是全国14个集中连片特殊困难地区和深度贫困地区。2014年有建档立卡重点村1 222个，占全地区行政村总数的52.9%，占全疆重点村的40.3%；贫困人口28.56万户、105.6万人，占全疆贫困人口总数的40.5%，贫困发生率30.3%。贫困人口分布在生存环境恶劣、基础设施落后、居住分散、发展水平低下的深山区、边境线，是扶贫开发最难啃的“硬骨头”。

喀什地区把扶贫对象精准识别作为打赢脱贫攻坚战的基础，以建档立卡数据信息再次复核为契机，对全区建档立卡贫困人口进行了贫困户家庭实情、扶贫系统数据、公安户籍信息“三比对、三见面”，全面精准识别、核查，对复核出的问题进行纠错、补项和完善。针对建档立卡贫困户不同贫困类型和致贫原因，喀什地区实施了“五个一批”脱贫攻坚行动计划：一是通过发展产业、提质增效解决52.9万人脱贫；二是通过教育培训、转移就业解决21.7万人脱贫；三是通过易地搬迁解决5.49万人脱贫；四是通过生态保护解决3.74万人脱贫；五是通过社会保障政策兜底解决37.16万人脱贫。

此外，资金整合和基础设施建设成为完成脱贫攻坚目标的重要保障。喀什地区实施资金整合攻坚行动，提出用好中央、自治区专项资金和援疆资金，用好社会资金，发挥政补杠杆作用，撬动社会资金投入脱贫攻坚，用活用好扶贫再贷款、“两免”扶贫小额信贷、创业担保贷款、易地扶贫搬迁贷款等金融政策。实施基础设施提升行动，按照“三通六有”标准，确保全力补齐农村水、电、路、气、讯等基础设施短板，这也是实现贫困村摘帽的关键。

资料来源：王志恒，刘凯峰.5年让121万人脱贫　喀什是怎样啃“硬骨头”的? [N]. 喀什日报(汉)，2017-10-17 (8).

**案例思考：**

（1）新疆喀什地区制定了怎样的反贫困目标？旨在实现什么功能？

（2）针对严重的贫困问题，新疆喀什地区采取了哪些具体措施？社会保障中的社会救助起到了什么作用？

# 第一节　反贫困与社会救助政策概述

## 一、反贫困与社会救助的概念和内容

### （一）贫困的概念及其演变

1. 绝对贫困

绝对贫困是指一个家庭所拥有的收入不足以维持其生理功能的最低需要，这种最低需要包括食品、住房、衣着和其他必需品。

绝对贫困概念源于19世纪末20世纪初英国布斯（C. J. Booth）和朗特里（B. S. Rowntree）在伦敦开展的居民调查。绝对贫困强调贫困具有客观性，是生存资源的绝对匮乏。

在我国，绝对贫困是指在一定的社会生产方式和生活方式下，个人和家庭依靠其劳动所得和其他合法收入不能维持基本的生存需要，这样的个人或家庭被称为贫困人口或贫困户。在城市，绝对贫困家庭一般指家庭人均收入低于当地最低生活保障标准的家庭。在农村，曾使用农村贫困线来作为划分标准，2011年农村贫困线标准为家庭年人均纯收入2 300元。2020年11月，宣布现行标准下的农村绝对贫困人口全部消除。

2. 相对贫困

相对贫困指的是一个家庭的收入虽然能够满足其基本的生存需要，但是不足以达到社会的平均生活水准，仅能维持低于平均生活水平的状况。

英国学者汤森（P. Townsend）最早提出相对贫困概念，相对贫困是基于特定参照群体而提出的。在我国，相对贫困是指个人或家庭平均收入水平虽然可以满足基本生存需要，但由于在医疗、教育、就业等方面还面临特殊困难，难以共享经济社会发展成果，主要包括低保边缘家庭和支出型困难家庭等在内的低收入群体。

3. 多维贫困

多维贫困认为贫困是一种复杂而综合的社会现象，除了收入以外，贫困还涉及教育、健康、住房以及公共物品等多个维度的缺失。如果仅从收入维度测量贫困，会导致在教育、健康或其他相关维度处于贫困状态的对象被忽视。

多维贫困的理论基础是经济学家阿马蒂亚·森（Amartya Sen）的可行能力理论，该理论认为贫困的实质是人们创造收入和机会的贫困，是人们缺乏维持正常生活和参与社会活动的可行能力，即贫困应该被认为是对人们可行能力的剥夺而不仅仅是收入低下。①

① 阿马蒂亚·森．以自由看待发展［M］．任赜，于真，译．北京：中国人民大学出版社，2002：9-23.

### （二）反贫困路径和政策

从世界反贫困历史来看，反贫困有两条路径：一是通过经济发展不断增大社会财富的总量，以创造缓解贫困的物质条件，通过“涓滴效应”实现减贫效果；二是通过更加公平的分配而使社会弱势群体能够保障基本生活。前者是经济政策议题，后者是社会政策议题。在当今各国，政府缓解或消除贫困问题的社会政策是整个反贫困行动体系中的主要组成部分。

狭义上的反贫困社会政策是指根据政府设定的贫困线，给生活在贫困线下的家庭提供社会救助，即由政府承担责任，为贫困家庭提供物质帮助，使这些家庭能够抵御生存危机，从而维持他们基本生活的一种社会保障制度。从广义上看，反贫困社会政策包括促进区域经济发展、积极促进就业的政策，这些政策能够降低贫困发生率，通过社会保险等措施预防贫困，提供教育培训和医疗卫生服务提升贫困者能力等。

### （三）反贫困与社会救助的标准

贫困标准，又称贫困线，目前主要有五种贫困标准测算方法：

1. 市场菜篮法

市场菜篮法又称生活需要法、基本生活费用支出法，是最古老、最传统的确定贫困线的办法。根据当地维持最低生活所需的物品和服务列出清单，再根据市场价计算所需金额，确定的金额就是贫困标准（线）。

2. 恩格尔系数法

恩格尔系数法是根据恩格尔定律得出的方法，德国统计学家恩格尔在统计大量数据的基础上得出结论：家庭收入越高，食品支出占家庭总支出的比例越小。国际社会一般把食品支出占家庭支出的60%作为贫困线。

3. 生活形态法

以人们的生活方式和消费行为等生活形态为基础，提出一系列有关贫困家庭生活形态的问题，选出若干剥夺指标，即被舍弃的行为方式，再根据这些剥夺指标和被调查者的实际情况确定贫困者，进而分析他们被剥夺的需要和消费收入，得出最低生活保障标准。

4. 收入比例法

以一个国家或地区的社会中位收入或平均收入的50%～60%来确定这个国家或地区的贫困标准。

5. 贫困指数法

经济学家阿马蒂亚·森提出了一个能反映参数变动情况的贫困指数，将贫困人口的数量、收入和收入分布结合在一起，全面反映一国贫困人口的贫困程度，用公式表示为：

$$P = H \times [I + (1-I) \times G]$$

其中，$P$ 是贫困指数，$H$ 表示贫困人口的百分比，$G$ 是贫困人口的基尼系数，$I$ 是贫困人口收入差距的总和（即贫困人口的收入距贫困线的差距的总和）。

在这五种方法中，市场菜篮法和恩格尔系数法主要适用于绝对贫困的地区，生活形态法和收入比例法适用于相对贫困的地区，贫困指数法则具有一定的通用性，更多用于对一个地区贫困状况的评价。

### （四）反贫困与社会救助的项目类型

从目标和层次来看，反贫困政策的项目类型可以分为：生存保障项目、能力提升项目和急难救助项目。

1. 生存保障项目

生存保障项目一般是指狭义上的社会救助，即政府为低于贫困线的家庭及个人提供现金或实物救助以满足其基本生存，并辅之以必要的医疗、住房等救助，使他们的基本生活有保障。生存保障项目是整个反贫困政策体系中的最基础部分。

2. 能力提升项目

能力提升项目主要是指就业援助、教育培训、技能提升和心理辅导等，这些项目不直接给予贫困家庭现金或实物，而是通过救助服务提升贫困者的发展能力，使其实现增收和社会融入。

3. 急难救助项目

现代社会充满风险和不确定性，即使是非贫困家庭也可能因为一次突发事件，如疾病、失业等陷入贫困境地，此外，突发公共卫生事件、经济危机等的发生也会使一部分脆弱性群体暂时落入贫困。这些由于外部冲击陷入贫困的家庭并非传统意义的反贫困与社会救助对象，但由于在短时间内遭遇生存危机，需要政府和社会提供急难救助。

## 二、反贫困与社会救助的特点

### （一）目标定位的兜底性

绝大多数国家反贫困与社会救助的目标定位都是维持国民的基本生活，对保障贫困人口和遭遇意外事件者的生活发挥着至关重要的兜底作用。当然，基本生活的标准和内涵是与社会经济发展水平相适应的，不同国家和地区、不同的时期，其社会认定的标准和范围也明显不同。

### （二）反贫困手段的复合性

根据反贫困对象的需求差异，反贫困手段包括现金救助、实物救助和服务救助等，大多数国家通常以现金救助为主，并辅之以实物和服务救助。在贫困对象中，一些老年人、残疾人等贫困人口和弱势群体，不仅需要资金支持和物质帮助，也有着多样性的服务需求。部分有劳动能力的失业贫困者，有针对性的就业培训和能力提升服务可以帮助他们自力更生，为此，服务救助有利于提升整体反贫困政策体系的效果。

### （三）参与主体的多元性

反贫困手段的复合性要求参与主体的多元性，需要充分发挥政府在反贫困与社会救助中的主导作用，主要体现在统筹规划、制度建设、财政投入、人才培养和组织协调等方面。此外，还需要充分利用市场机制和社会力量参与，其中，企业、社会组织、家庭、个人都扮演重要角色，参与主体的多元化有利于满足反贫困对象的多层次需求。

## 三、反贫困与社会救助政策的演变

### （一）农村大规模反贫困

从 1986 年起，国家组织大规模农村反贫困行动，可以分为以下四个阶段：

1. 1986—1993 年有计划、有组织的大规模开发式扶贫阶段

1986 年，国务院专门成立了“贫困地区经济开发领导小组”作为国家专门的反贫困机构，统一规划和指挥全国的农村反贫困工作。提出以县为单位确定国家的扶贫重点，划定贫困县，由国家投入资金，实行“开发式扶贫”。

在扶贫重点农村贫困地区发展的过程中还提出了“对口帮扶”的措施，重点解决绝对贫困人口的温饱问题，提高农村贫困地区的“造血功能”。从 1986 年到 1993 年，全国农村没有解决温饱的贫困人口每年减少 640 万人，贫困发生率由 14.8%下降到 8.7%。

2. 1994—2000 年以中央政府国家“八七扶贫攻坚计划”为标志所开展的扶贫攻坚阶段

该计划明确要求集中人力、物力、财力，用七年左右的时间，基本解决 8 000 万农村贫困人口的温饱问题，由此，农村扶贫开发进入了攻坚阶段。1995 年，国家把扶贫开发作为一项主要内容列入了“八五”国民经济和社会发展计划。1996 年 9 月，中共中央、国务院联合召开了扶贫开发工作会议，做出了关于尽快解决农村贫困人口温饱问题的决定。1999 年 6 月，中共中央、国务院再次召开会议，做出关于进一步加强扶贫开发工作的决定。

这七年成为中国自改革开放以来贫困人口减少速度最快的时期。2000 年底，我国已基本解决了农村贫困人口的温饱问题，特别是一些集中连片的重点贫困地区从整体上解决了温饱。

3. 2001—2013 年综合扶贫阶段

随着农村贫困人口的减少，贫困人口的分布向中西部集中，呈现出大集中、小分散的特点，反贫困实践进入解决温饱和巩固温饱并举的新阶段，此阶段反贫困的新探索主要有：

第一，完善了贫困瞄准的方式和贫困标准。针对农村贫困人口分布的新特征，政府重新调整了国家扶贫开发工作重点县；同时为了更好地瞄准贫困人口，在全国范围确定了 15 万个重点村，作为扶贫工作的重点对象。2000 年，制定了低收入贫困标准，将初步解决温饱问题的低收入群体纳入扶贫对象。2008 年，国家将贫困标准提高到人均年纯收入 1 196元。

第二，坚持综合开发，全面发展。在关注贫困人口收入增长的同时，更加注重贫困人口的发展问题。在贫困村实施整村推进项目，改善农户生产生活各方面的条件；开展劳动力技能培训，增强农民掌握实用技术的能力；实施产业化扶贫措施，扶持和培育龙头企业，提高农业生产附加值等，强调提升人力资本水平，达到“授人以渔”的目的。

第三，建立最低生活保障制度。2007 年，农村最低生活保障制度全面实施，进入了扶贫开发政策与最低生活保障制度衔接的“两轮驱动”阶段。农村因各种原因丧失劳动能

力难以维持基本生活需要的农民得以获得生活补贴，避免陷入极端贫困。

4. 2013—2020 年精准扶贫阶段

2013 年，习近平总书记在湘西考察时首次提出“精准扶贫”，之后不断丰富和深化并提升为精准扶贫、精准脱贫基本方略，即强调健全工作机制，将精准识别、精准扶持、动态管理、精准考核等作为精准扶贫的主要内容；强调因户施策，提出按照贫困地区和贫困人口的具体情况，实施“五个一批”工程，即发展生产脱贫一批、易地搬迁脱贫一批、生态补偿脱贫一批、发展教育脱贫一批、社会保障兜底一批。

相较于传统的区域扶贫开发，精准扶贫有以下三个特点：目标更加明确，措施更具针对性，管理更加精细。2020 年，所有贫困人口均实现家庭人均收入稳定超过贫困线和“不愁吃、不愁穿，义务教育、基本医疗和住房安全有保障”。

2020 年农村绝对贫困消除后，进入通过乡村振兴巩固脱贫攻坚成果和建立治理相对贫困长效机制阶段。

### （二）城市社会救助

新中国成立初期的城市社会救助主要通过紧急救济的形式，为大量贫民提供临时性救济，帮助他们渡过难关。进入全面建设社会主义时期后，计划经济体制的确立让单位体制成为城市地区最主要、最基本的社会组织方式，社会救助的主体转变为孤老病残、无单位人员以及一些具有特殊社会身份的困难人员，拾遗补阙的作用明显。从 1992 年起，城市社会救助制度的发展大体分为三个阶段：

1. 1992—2007 年城市社会救助体系的基础开始形成

20 世纪 80 年代初，我国经济体制改革进入攻坚阶段，出现了企业破产和停产、半停产，工人失业和下岗，物价上涨过快等问题，企业职工已成为城镇贫困群体的主体，其数量逐年增加。为了配合国有企业改革，1993 年上海市民政局、财政局等部门联合下发《关于本市城镇居民最低生活保障线的通知》，并于当年 6 月开始在上海市范围内实行。

1997 年 9 月，国务院下发了《关于在全国建立城市居民最低生活保障制度的通知》，第一次明确提出了制度推进的时间要求。1999 年 9 月，国务院正式颁布《城市居民最低生活保障条例》。这个条例的颁布和实施，标志着我国城市居民最低生活保障制度正式走上法制化轨道，社会救助体系建设获得了重大突破。与此同时，为解决贫困群体所面临的住房、教育和其他临时性、突发性困难，民政部门配合相关部门逐步建立实施了医疗救助、住房救助、教育救助等专项救助制度。

2. 2007—2014 年社会救助体系的临时救助制度得以完善

从 2007 年开始，民政部在全国范围内探索建立临时生活救助制度，解决因突发性事件、意外伤害或因家庭刚性支出较大导致的临时性基本生活困难问题。2014 年 10 月，国务院印发《关于全面建立临时救助制度的通知》，临时救助制度在全国得到全面推进。临时救助是国家对遭遇突发事件、意外伤害、重大疾病或其他特殊原因导致基本生活陷入困境，其他社会救助制度暂时无法覆盖或救助之后基本生活暂时仍有严重困难的家庭或个人给予的应急性、过渡性的救助。

3. 2014 年至今社会救助体系进入整合和优化发展阶段

2014 年 2 月，国务院颁布了《社会救助暂行办法》。这是第一次以行政法规形式来规定最低生活保障、特困人员供养、受灾人员救助、医疗救助、教育救助、住房救助、就业救助、临时救助等八项社会救助制度，构建了一个民政统筹、分工负责、相互衔接，政府救助和社会力量参与相结合，具有中国特色的社会救助体系。它标志着我国社会救助体系化已经完成，并进入定型发展的新阶段。

2020 年，中共中央办公厅、国务院办公厅印发《关于改革完善社会救助制度的意见》，围绕守住基本民生底线，实现社会救助高质量发展，对改革完善社会救助制度进行了顶层设计，对于推动我国社会救助制度更加成熟、更加定型具有重大意义。

## 第二节　反贫困与社会救助政策的主要内容

我国城乡社会救助政策体系由基本生活救助、专项救助、急难救助和服务类救助四个部分构成。

### 一、基本生活救助

#### （一）最低生活保障制度

最低生活保障制度（简称“低保”）是国家为家庭人均收入低于当地低保标准，并符合财产条件的家庭提供现金救助，以保证其基本生活的一项社会救助制度，是我国基本生活救助体系的最核心组成部分。

最低生活保障标准由省、自治区、直辖市或者设区的市级人民政府按照当地居民生活必需的费用确定、公布，并根据当地经济社会发展水平和物价变动情况适时调整，地方可综合运用基本生活费用支出法、恩格尔系数法、消费支出比例法等测算方法，动态、适时调整最低生活保障标准，低保标准应低于最低工资标准。

#### （二）特困人员供养制度

特困人员供养制度是国家对无劳动能力、无生活来源且无法定赡养、抚养、扶养义务人，或者其法定赡养、抚养、扶养义务人无赡养、抚养、扶养能力的老年人、残疾人以及未满 18 周岁的未成年人提供基本生活保障的社会救助制度。

特困人员供养制度的前身是城市“三无人员”救助和农村五保供养制度。城市“三无人员”主要是“无依无靠、无生活来源的孤老残幼和无固定职业、无固定收入、生活有困难的居民”，改革开放前是城市救济的主要对象，一直延续到城市低保制度的实施。五保供养是在农村为无劳动能力、无生活来源且无法定赡养、抚养、扶养义务人，或者其法定赡养、抚养、扶养义务人无赡养、抚养、扶养能力的老年人、残疾人以及未满 18 周岁的未成年人，在吃、穿、住、医、葬方面给予生活照顾和物质帮助。2014 年，国务院公布施行了《社会救助暂行办法》，将城市“三无人员”救助和农村五保供养制度统一为特困人员供养制度，我国城乡特困人员保障工作进入新的发展阶段。特困人员供养的内容包括提供基本生活条件、对生活不能自理的给予照顾、提供疾病治疗和办理丧葬事宜四部分，特困供养人员可以在当地的供养服务机构集中供养，也可以在家分散供养，特困供养人员可以自行选择供养形式。

## 二、专项救助

专项救助制度是社会救助制度的重要组成部分，它是为了解决困难群体在医疗、教育、住房等方面的特殊困难，满足其专门需要的制度安排。专项救助是对基本生活救助制度的补充和延伸，我国政府不断出台新的专项救助政策，通过提供专项救助，不但使贫困者能够在面对特殊困难时获得帮助，不至于再度陷入极贫的境地，还有利于针对不同的致贫原因提供针对性救助，提高救助的效率和效果。

### （一）医疗救助

医疗救助是对因疾病陷入生活困境的人在无力支付医疗需求时提供的一种医疗保障措施，是社会救助制度和医疗保障体系的共同组成部分。

医疗救助是为贫困人口在医疗领域提供的专项救助，保障贫困人口的最低医疗需求；是在医疗保障中针对贫困人口的底线保障，降低贫困人口的医疗经济负担。医疗救助的主要形式有资助参保和直接救助两种。资助参保主要是对救助对象参加基本医疗保险的个人缴费部分给予补贴；直接救助是对救助对象经基本医疗保险、大病保险和其他补充医疗保险支付后，个人及其家庭难以承担的符合规定的基本医疗自负费用给予补助。

### （二）住房救助

住房救助是指政府向低收入家庭和其他需要保障的特殊家庭提供现金补贴或直接提供住房的一种社会救助项目。住房救助的对象主要是住房困难群体，各地根据国家的政策制定出符合各地实际的住房救助政策。我国住房救助主要通过以下方式实施：

1. 向居民提供福利保障性的公共租赁住房

公共租赁住房是指限定建设标准和租金水平，面向符合规定条件的城镇低收入住房困难家庭、城镇中等偏下收入住房困难家庭等出租的保障性住房。公共租赁住房通过新建、改建、收购、长期租赁等多种方式筹集，可以由政府投资，也可以由政府提供政策支持、社会力量投资。

2. 发放住房现金补贴

住房现金补贴是指向低收入家庭直接发放现金，帮助其购买或租住房屋。发放住房补贴的基本形式有一次性住房补贴、基本补贴加一次性补贴和按月补贴三种形式。

3. 农村危房改造

农村危房改造是住房救助的方式之一，也是国家保障性安居工程的组成部分。危房改造实行“三最两就”的原则，“三最”指优先帮助住房最危险、经济最贫困的农户，解决最基本的住房安全问题，“两就”指采取就地、就近重建翻建的改造方式。在确定危房改造补助对象过程中，应优先将自筹资金能力特别弱的贫困农户确定为危房改造补助对象，并在政府帮助下改造建成最基本的安全住房。

### （三）教育救助

教育救助是指国家、社会团体和个人为保障适龄人口获得接受教育的机会，从物质和资金上对贫困地区和贫困学生在不同阶段提供援助的制度。目前，我国教育救助制度主要包括三部分内容：

1. “两免一补”政策

“两免一补”政策，是指2001年以来我国政府对农村义务教育阶段贫困家庭学生就学实施的一项资助政策。主要内容是对农村义务教育阶段贫困家庭学生“免杂费、免书本费、逐步补助寄宿生生活费”。

2. 经常性助学政策

政府动员全社会开展多种形式的经常性助学活动，充分发挥各类基金会以及“希望工程”“春蕾计划”“安康计划”“山区女童助学计划”“西部开发助学工程”等社会公益项目在经常性助学活动中的作用。经常性助学活动主要资助农村义务教育阶段家庭经济困难的学生，优先资助农村家庭经济困难学生和残疾学生，适当兼顾其他困难学生。

3. 高等学校在校困难学生资助政策

我国现阶段的高等学校困难学生资助政策主要有奖学金、助学贷款、勤工俭学、特殊困难补助、学费减免和毕业生救助。每年中央和地方政府都拨出一定的专款，各高校每年从所收取的学费中提取10%左右，用于对困难学生的补助。

### （四）就业救助

就业救助是指政府采取税费减免、贷款贴息、社会保险补贴、岗位补贴等办法，通过公益性岗位安置等途径，对就业困难人员实行优先扶持和重点帮助。就业救助政策主要包括以下五方面内容：

1. 鼓励企业吸纳

对招用就业困难人员的企业，按照实际招用人数，在相应期限内给予税收优惠和社会保险补贴。

2. 鼓励灵活就业

对通过灵活就业等方式实现再就业的就业困难人员，给予一定比例的社会保险补贴，增强其就业的稳定性。

3. 公益性岗位安置

政府投资开发的公益性岗位，应当优先安排符合岗位要求的就业困难人员，在公益性岗位安排就业困难人员就业，在相应期限内给予岗位补贴和社会保险补贴。

4. 创业扶持

对城镇登记失业人员、就业困难人员（含残疾人）、化解过剩产能企业职工和失业人员、建档立卡贫困人口等创业人员，给予一定期限的创业担保贷款。对就业困难人员首次创办小微企业或从事个体经营，给予一次性创业补贴和税收减免。

5. 职业培训补贴

贫困家庭子女、毕业年度高校毕业生、农村转移就业劳动者等可享受职业培训补贴。农村学员和城市低保家庭学员参加劳动预备制培训的，同时给予一定标准的生活费补贴。

### （五）其他救助帮扶

其他专项救助项目主要根据居民遇到的困难类型，给予相应救助帮扶。其中包括法律援助，即为了保障经济困难公民获得必要的法律服务，政府提供给他们的法律咨询、代理、刑事辩护等无偿法律服务的政策；做好身故困难群众基本殡葬服务；推进残疾儿童康复救助、困难残疾人生活补贴、重度残疾人护理补贴、孤儿基本生活保障等工作；加强困境儿童、计生特殊家庭保障，开展生活困难农户帮扶，做好与其他社会救助政策的衔接工作。

## 三、急难救助

### （一）灾害救助

灾害救助是指国家和社会依法向因遭受自然灾害袭击而造成生活贫困的社会成员提供一定的物质帮助和精神帮助，以保证其维持最低生活水平，帮助其确立自行生存能力。根据救灾活动的对象，灾害救助内容可以分为两大部分：

1. 对灾区灾民的救助

一是救助灾民生命，这是灾害救助的基本内容；二是为灾民提供基本生活保障，包括发放救灾物品，帮助灾民恢复生产，搭建灾民临时住所等内容；三是安抚灾民情绪，实施精神救灾；四是帮助灾民确立自行生存的能力，灾民自行生存指灾民在大规模救灾活动停止后，依靠自己的力量，进行正常的物质和精神生活的能力，从“脱灾”到“脱贫”是实现这一目的的根本途径。

2. 对灾区社会的救助

对灾区社会的救助是对灾民救助顺利进行的保障和前提。对灾区社会的救助就是借助一切手段，整合社会组织、恢复社会功能、实现社会生活的全面正常化。包括：社会功能的恢复、社会组织的重构、社会机制的整合、公共设施的恢复、社会控制力量的加强、社会生活的有序化等。

### （二）临时救助

临时救助是国家对遭遇突发事件、意外伤害、重大疾病或其他特殊原因导致基本生活陷入困境，其他社会救助制度暂时无法覆盖或救助之后基本生活暂时仍有严重困难的家庭或个人给予的应急性、过渡性的救助。因此，临时救助以“救急”为主，主要针对两类特殊情况：一是针对来自各个方面的不确定性风险，即各种难以事先预测到的突发性、偶发性、灾难性的事件；二是针对其他救助项目的不足而加以弥补，包括对其他项目救助不了或救助不充分的弥补，起到“补短板”的作用。

临时救助的对象既可以是家庭也可以是个人，救助方式多样化，归纳起来可以分为三类。

1. 发放临时救助金

采取临时救助金社会化发放，按照财政国库管理制度将临时救助金直接支付到救助对象个人账户，确保救助金足额、临时发放到位；必要时可直接发放现金。

2. 发放实物

根据临时救助标准和救助对象基本生活需要，可采取发放衣物、食品、饮用水，提供临时住所等方式予以救助。

3. 提供转介服务

对给予临时救助金、实物救助后，仍不能解决临时救助对象困难的，可分情况提供转介服务。对符合最低生活保障或医疗、教育、住房、就业等专项救助条件的，要协助其申请。

### （三）生活无着流浪乞讨人员救助

生活无着流浪乞讨人员救助指县级以上城市人民政府设立救助站，对生活无着的流浪乞讨人员提供临时性的救助，属于一种临时性社会救助。上述的临时救助主要针对户籍人口和持有居住证的非户籍人口，对于不持有当地居住证的非本地户籍人员，则通常按照生活无着流浪乞讨人员救助管理。

对于救助站收容的流浪乞讨人员，由当地政府实施临时食宿、急病救治、协助返回等救助，以帮助他们克服眼前的困难。对其中的残疾人、未成年人、老年人和行动不便的其他人员，引导、护送到生活无着的流浪乞讨人员救助管理机构；对突发疾病人员，立即通知急救机构进行救治。

## 四、服务类救助

服务类救助是向贫困家庭提供专业化劳务服务的一种社会救助方式，是在政府主导下，结合社会力量面向贫困家庭，尤其是有老年人、残疾人、儿童、失业者等特殊情况的贫困家庭，根据其成员的差异化需求与问题，为其提供生活帮扶、心理疏导、精神慰藉、资源链接、能力提升、社会融入等多样化、个性化服务。

### （一）服务类救助的内容

从服务类型和层次来看，服务类救助可以分为生活照料型、能力发展型和支持融合型三类。

1. 生活照料型

获得基本的生活照料服务是社会成员维持正常生活的基本条件。生活照料型服务从具体项目来看，包括助餐、保洁等家政服务，针对儿童的照料服务、托管服务，针对失能老人、残疾人的护理服务等。

2. 能力发展型

能力发展型服务强调社会救助和就业促进的联动，帮助贫困家庭脱离救助制度并最终实现自立。主要内容包括：针对有部分劳动能力者匹配适宜劳动岗位，设置公益性岗位，为残疾人提供康复服务，为劳动年龄人口提供就业咨询与技能提升服务等，此外，为未成年子女提供关爱服务，配合课程辅导、技能培训、学习陪伴、资产建设等服务，在高等教育阶段结束后与就业救助服务联合辅助贫困家庭子女实现从就学到顺利就业的转变，优先为接受救助者提供实习机会等。

3. 支持融合型

提供支持融合型服务，有利于促进贫困群体的社会参与能力，形成必要的社会支持网络。主要内容包括：针对贫困家庭中的老人、残疾人、未成年人以及单亲家庭等建立支持小组，其目的是在同质性较强的人群间开展小组工作，促进分享经验和交流互动，形成必要的社会支持网络；链接企业、志愿者等社会资源实施社会帮扶；营造关爱困境儿童、残疾人的良好社区氛围，实施“儿童友好社区营造计划”等，为困难家庭提供情感支持和经验分享，促进社会互动和融合；为贫困家庭提供包括心理咨询和精神慰藉等服务项目。

### （二）服务类救助的供给模式及主体

政府主导服务供给模式是政府出资，并通过相关部门直接向有需要的贫困群体提供相应服务。

社会化救助服务供给模式一般由政府承担出资、制定政策、标准和实施监管等方面的职责，而将服务提供责任通过合同方式交由社会组织承担，或者通过政府向各类社会组织购买服务方式实现供给。目前是主要的服务供给模式。

政府购买服务的合同形式主要有三种：第一，为特殊群体购买服务，即政府制定受助者的资格和标准，相关社会组织据此对服务对象进行筛选并提供针对性服务；第二，任务性合同，即政府根据对象的特定需求和特定服务与社会组织签订服务生产合同；第三，服务券，即由政府向有需要的救助对象发放服务券，由需求者选择符合自己需求的服务。

此外，由于服务类救助对象的特殊性及需要较高的专业化程度，需要引导专业社会工作服务机构和社会工作者参与社会救助服务提供。政府可以通过购买服务、开发岗位、政策引导、提供工作场所、设立基层社工站等方式，鼓励社会工作服务机构和社会工作者协助社会救助部门开展家庭经济状况调查评估、建档访视、需求分析等事务，并为救助对象提供心理疏导、资源链接、能力提升、社会融入等服务。鼓励引导以社会救助为主的服务机构按一定比例设置社会工作专业岗位。①

# 第三节　反贫困与社会救助政策的发展

在全面建成小康社会之后，我国贫困治理目标也发生转换，相对贫困治理成为反贫困与社会救助政策的重点。

## 一、建立解决相对贫困治理的长效机制

### （一）完善基本公共服务制度

基本公共服务是保障全体人民生存和发展基本需要、与经济社会发展水平相适应的公共服务，由政府承担保障供给数量和质量的主要责任，引导市场主体和公益性社会机构补充供给。基本公共服务的有效供给和均等化是治理相对贫困的基础。

1. 提高基本公共服务供给水平和质量

（1）补齐基本公共服务短板。基本医疗、基本教育和就业服务是预防返贫陷贫、提高发展能力的重中之重。对相对贫困群体更加注重在基本公共教育、基本医疗卫生、就业和

---

① 江治强．我国社会救助服务发展的框架性探讨［J］．社会建设，2016（6）．

社会保障方面的服务，创造摆脱贫困状况、实现向上发展的基础条件。

（2）完善基本公共服务清单与标准化建设。建立健全基本公共服务清单制度，在此基础上，确定基本公共服务项目的服务对象、服务内容、服务标准、牵头负责单位及支出责任，作为各地区提供基本公共服务的基准和人民群众享有相应权利的重要依据。这是实现基本公共服务有效供给的重要保障和配套措施。

2. 提升基本公共服务均等化程度

基本公共服务资源持续向基层、农村、边远地区和困难群众倾斜，城乡区域人群间基本公共服务差距不断缩小，持续改善中西部地区公共服务设施条件，减少地区之间公共服务的差异。

### （二）形成多主体参与的贫困治理整体性机制

相对贫困是一个长期存在的问题，其表现更加多维、成因更复杂、治理起来更困难，涉及的帮扶内容具有多样性和层次性，要形成“政府主导、社会参与、市场促进”的整体合力。

政府承担主导责任，通过制定相对贫困治理规划，完善相对贫困治理财政投入机制，建立相对贫困多元治理新体系，有步骤、有计划地逐渐化解相对贫困问题。推进企业、社会组织和志愿服务力量参与相对贫困治理，倡导建立反贫困服务联合体。鼓励专业社会工作者和志愿者广泛参与贫困治理，通过建立城乡贫困家庭社会服务体系，形成政府力量和社会力量的有机结合。①

### （三）建立反贫困与乡村振兴的衔接机制

乡村振兴战略旨在发挥乡村地区的资源和潜力，提升乡村经济、社会和文化发展水平，实现城乡发展协调和可持续发展。基于此背景，应建立健全长短结合、标本兼治的解决相对贫困与乡村振兴统筹衔接机制。

1. 支持乡村特色产业发展壮大

注重脱贫地区产业后续长期培育，尊重市场规律和产业发展规律，提高产业市场竞争力和抗风险能力。以县为单位规划发展乡村特色产业，实施特色种养业提升行动，完善全产业链支持措施。

2. 促进农村低收入群体稳定就业

搭建用工信息平台，培育区域劳务品牌，加大农村低收入群体有组织劳务输出力度。支持在农村人居环境、小型水利、乡村道路、农田整治、水土保持、产业园区、林业草原基础设施等涉农项目建设和管护时广泛采取以工代赈方式。统筹用好乡村公益岗位，健全按需设岗、以岗聘任、在岗领补、有序退岗的管理机制。

3. 持续改善乡村基础设施条件

继续加大对乡村特别是脱贫地区基础设施建设的支持力度，重点谋划建设一批高速公路、客货共线铁路、水利、电力、机场、通信网络等区域性和跨区域重大基础设施建设工程，支持因地制宜推进农村厕所革命、生活垃圾和污水治理、村容村貌提升。

---

① 林闽钢. 相对贫困的理论与政策聚焦：兼论建立我国相对贫困的治理体系［J］. 社会保障评论，2020（1）.

## 二、建立健全分层分类社会救助体系

### （一）分层分类社会救助体系的提出

2020年8月，在中共中央办公厅、国务院办公厅颁布的《关于改革完善社会救助制度的意见》中，提出要用2年左右时间，健全分层分类、城乡统筹的中国特色社会救助体系，在制度更加成熟更加定型上取得明显成效。社会救助法制健全完备，体制机制高效顺畅，服务管理便民惠民，兜底保障功能有效发挥，城乡困难群众都能得到及时救助。到2035年，实现社会救助事业高质量发展，改革发展成果更多更公平惠及困难群众，民生兜底保障安全网密实牢靠，总体适应基本实现社会主义现代化的宏伟目标。

### （二）分层分类社会救助体系的内涵

1. 社会救助体系的项目具有层次结构

社会救助体系的项目层次为：第一，最低生活保障、特困人员供养的基本生活救助主要解决基本生活问题；第二，医疗救助、住房救助、教育救助、就业救助等专项社会救助主要解决相关专门问题；第三，受灾人员救助、临时救助的急难社会救助主要解决突发问题；第四，以社会力量参与为补充，主要解决个性化突出问题。

2. 社会救助体系的对象帮扶引入分类管理

针对不同类型的困难家庭和人员提供有针对性的、差异化的救助帮扶。围绕绝对贫困、相对贫困、急难情形建立分类的三圈层。第一个圈层是低保对象、特困人员，给予基本生活救助，同时根据实际需要给予相应的医疗、教育、住房、就业等专项社会救助。第二个圈层是低保边缘家庭和支出型困难家庭，根据实际需要给予相应的医疗、教育、住房、就业等专项社会救助或实施其他必要救助措施。第三个圈层是其他临时遇困家庭或人员，给予急难社会救助。对于政府救助后仍无法满足需求的，动员慈善力量给予帮扶。同时让医疗、住房、教育、就业等专项社会救助延伸到低保边缘家庭和支出型贫困家庭，实现社会救助重点从低保群体向低收入群体的扩展。

### （三）分层分类社会救助体系的实现路径

1. 构建综合救助格局

以增强社会救助及时性、有效性为目标，加快构建政府主导、社会参与、制度健全、政策衔接、兜底有力的综合救助格局。以基本生活救助、专项社会救助、急难社会救助为主体，社会力量参与为补充，建立健全分层分类的救助制度体系。完善体制机制，运用现代信息技术推进救助信息聚合、救助资源统筹、救助效率提升，实现精准救助、高效救助、温暖救助、智慧救助。

2. 打造多层次救助体系

完善低保、特困和低收入家庭认定办法。对共同生活的家庭成员人均收入低于当地最低生活保障标准且符合财产状况规定的家庭，给予最低生活保障。对无劳动能力、无生活来源、无法定赡养抚养扶养义务人或者其法定义务人无履行义务能力的城乡老年人、残疾人、未成年人，给予特困人员救助供养。同时，根据实际需要给予相应的医疗、住房、教育、就业等专项社会救助。对不符合低保或特困供养条件的低收入家庭和刚性支出较大导致基本生活出现严重困难的家庭，根据实际需要给予相应的医疗、住房、教育、就业等专项社会救助或实施其他必要救助措施。对遭遇突发事件、意外伤害、重大疾病，受传染病疫情等突发公共卫生事件影响或由于其他特殊原因导致基本生活暂时陷入困境的家庭或个人以及临时遇困、生活无着人员，给予急难社会救助。对遭遇自然灾害的，给予受灾人员救助。

3. 创新社会救助方式

积极发展服务类社会救助，形成"物质+服务"的救助方式。探索通过政府购买服务对社会救助家庭中生活不能自理的老年人、未成年人、残疾人等提供必要的访视、照料服务。加强专业社会工作服务，帮助救助对象构建家庭和社会支持网络。完善对重度残疾人、重病患者以及老年人、未成年人等特殊困难群体的救助政策，依据困难类型、困难程度实施类别化、差异化救助。

4. 促进城乡统筹发展

推进社会救助制度城乡统筹，加快实现城乡救助服务均等化。顺应农业转移人口市民化进程，及时对符合条件的农业转移人口提供相应救助帮扶。有条件的地区有序推进持有居住证人员在居住地申办社会救助。加大农村社会救助投入，逐步缩小城乡差距。加强与乡村振兴战略衔接。推进城镇困难群众解困脱困。

## 思考题

1. 我国贫困与社会救助政策的主要特点是什么？
2. 我国社会救助体系的主要内容包括哪些方面？
3. 什么是分层分类社会救助体系？

# 第十章　国民健康政策

## 本章提要

人民健康是民族昌盛和国家强盛的重要标志。随着生活水平的提高和健康观念的改变，人们对健康的重视程度越来越高，对健康服务的需求也越来越高，对一国国民健康政策的发展也提出了新的要求。实施健康中国战略，完善国民健康政策是我国社会政策的重点。国民健康政策的概念、特点、作用及内容等正是本章学习的重点，认识和理解主要国民健康政策的演变历程对进一步实施健康中国战略及完善健康促进政策体系具有重要意义和价值，因此也是本章学习的主要内容之一。

## 引导案例

### 陕西疾病预防控制“八大行动”

预防是最经济有效的健康策略。为提高贫困人口健康素养，陕西省面对健康扶贫的新形势新任务，探索实施了疾病预防控制“八大行动”，有效控制因病致贫的增量，堵住因病致贫的“入口”，省脱贫攻坚领导小组下发了《关于加强贫困地区疾病预防控制推进健康扶贫工作的意见》，召开全省工作会，举行启动仪式，开展了“实施疾病预防控制八大行动服务百姓健康”系列活动，明确工作职责，层层分解落实任务，在全省掀起了实施“八大行动”的高潮。

所谓“八大行动”，即：（1）实施健康知识普及行动，着力增强贫困地区群众健康素养；（2）实施健康促进行动，着力引导贫困地区群众养成健康生活方式；（3）实施基本公共卫生服务补短板行动，着力提升贫困地区群众受益水平；（4）实施重点传染病专病专防行动，着力提升精准防治水平；（5）实施慢病地方病综合防治行动，着力提升防治有效性；（6）实施妇幼保健行动，着力提升贫困地区农村妇女儿童健康水平；（7）实施农村环境整洁行动，着力改善贫困地区群众健康生活条件；（8）实施全民健身普及行动，着力提高贫困地区群众身体素质。

实施疾病预防控制“八大行动”、建设医疗卫生帮扶体系是贯彻落实卫生与健康工作新方针的必然要求，是打赢脱贫攻坚战的重要举措，是增强群众获得感的重要抓手。健康扶贫工作要一手抓精准施治斩病根，通过实施疾病预防控制“八大行动”，减少因病致贫的存量；一手抓疾病预防控制断病源，通过建设医疗卫生帮扶体系，控制因病致贫的增量。会议强调，实施疾病预防控制“八大行动”，要突出普及性，提升群众健康素养；突出精准性，落实公共卫生和妇幼保健项目；突出针对性，强化慢性病、传染病和地方病综合防控；突出全民性，深化爱国卫生运动和全民健身行动。要大力推进医院对口、大病救治、服务保障、精准结对“四大帮扶体系”建设，整合资源，凝聚力量，切实解决“强基层、看病难、补短板、不掉队”等问题，让贫困人口在家门口看好病。

资料来源：车喜韵．陕西疾病预防控制“八大行动”[N]．陕西日报，2017－09－30（6）.

**案例思考：**

（1）疾病预防控制“八大行动”属于什么类型的健康政策？为什么？

（2）疾病预防控制“八大行动”的定位和作用是什么？

## 第一节　国民健康政策概述

### 一、国民健康政策的概念和内容

#### （一）健康政策的概念

国民健康政策也可简称为“健康政策”。健康政策是通过建立以人民为中心的健康服务体系，为国民提供全方位全周期健康服务，不断满足国民健康发展需要的一种社会政策。

#### （二）健康政策的内容

1．公共卫生政策

从广义来讲，公共卫生政策不仅包括职业病、传染病等疾病的防治，还包括鼓励健康行为、改善饮食习惯、保证食物在不同人群中的均衡分配、提供健康生活环境等，是关系到一个地区、一个国家国民健康的综合性政策。狭义上的公共卫生政策仅包括慢性病综合防控政策、重大传染病防治政策、职业病防治政策和食品卫生政策等内容。

2．医疗服务政策

按人们对医疗卫生服务需求的不同情况，可分为门诊、住院、急救、保健（康复）医疗服务。其中以医院医疗服务体系和急救医疗服务体系为主线，形成一个完整的医疗服务体系。医疗服务政策是为满足国民对医疗卫生服务的多层次需求，在一定区域内设置各种医疗服务机构并提供各项医疗服务的相关政策。

3．健康扶贫政策

健康扶贫政策是指政府及其相关部门实施的提升贫困人群或贫困地区人群健康水平，保障贫困人口享有基本医疗卫生服务，从而解决因病致贫、因病返贫问题的一系列政策措施。主要包括一般医疗救助和重大疾病救治。

4．其他健康政策

其他健康政策包括医疗保障政策（即医疗保险和医疗救助政策）、药品供应保障政策、食品药品监督政策、促进全民健身运动政策、健康生育政策以及针对妇女、儿童、老年人、残疾人等特殊群体的健康服务政策等。

## 二、国民健康政策的特点和作用

### （一）健康政策的特点

1. 政府是健康政策的决策和执行的主体

第一，基本健康服务具有明显的公共产品属性，这一特征导致的外部效应不可能完全通过市场机制解决，必然会导致“市场失灵”。因此，政府在市场机制配置资源的同时，还承担着维持秩序、对社会成员间的经济资源占有状况进行再分配和对经济运行过程进行干预的责任。第二，由于医患双方信息不对称和医疗市场不完全竞争，医疗服务消费者有时不得不以高价接受不必要或劣质的医疗服务，而政府干预可降低医疗价格，规范医疗服务市场秩序，保证医疗服务质量，提高民众福利水平。

2. 健康政策的目的是确保健康服务的可及性和公平性

健康政策是政府在健康服务领域发挥作用的主要手段。商业化的医疗服务解决的是医疗资源配置的效率问题，可以提高卫生水平和医疗服务质量，但资源配置公平性较差。而健康政策的目标是防止和降低各种疾病的发生和危害，减轻疾病负担，提高全社会的健康水平，减少健康不公平性，促进经济发展与社会进步。因此，健康政策不仅要提高医疗技术水平和医疗服务质量，更要提高健康服务的可及性和公平性。

### （二）健康政策的作用

1. 健康政策在国家公共服务政策中发挥基础性作用

1990 年，美国颁布《美国国民健康目标 2000 年》，愿景是“健康社区、健康公民”，旨在提高个人、社区和整个国家的健康水平。日本政府于 2000 年由厚生省提出了“21 世纪日本国民健康促进运动”，简称“健康日本 21”，这是一项从预防保健入手的促进全面健康的公共卫生政策。我国在 2008 年正式提出实施“健康中国 2020”战略，提出到 2020 年建立起比较完善、覆盖城乡居民的基本医疗卫生制度，全民健康水平接近中等发达国家。可见，国民健康政策是主要国家改善国民健康的重要战略举措。

2. 健康政策力求保证医疗卫生资源配置公平和效率的统一

健康政策的公平性就是要努力降低各类人群在健康和医疗卫生服务利用上的不公正和减少不应有的差距，力求使每个社会成员均能达到基本生存标准。同时，健康政策还要注重提高医疗卫生服务的利用效率，防止医疗资源浪费，使有限的资源发挥更大的作用。近年来，我国政府将实现医疗卫生资源配置公平和效率的统一确立为健康政策的重要目标，通过实施健康政策确保医疗卫生资源配置的公平性，特别是保证低收入人群的医疗卫生服务可及性。

## 三、国民健康政策的演变

### （一）公共卫生政策的演变

1. 新中国成立到 20 世纪 80 年代，公共卫生政策以预防为主

1950 年第一届全国卫生会议确定了预防为主的工作方针。1952 年底，我国正式提出在全国广泛开展爱国卫生运动，形成覆盖城乡的公共卫生体系。

城市建立了较为完备的、以三级卫生防疫网为主的公共卫生防疫体系。全国省、地、

县三级都建立了卫生防疫站，形成三级卫生防疫网，负责疾病监测、控制、卫生监督和卫生宣传。其他各产业如铁路、交通和工矿企业根据实际需要建立卫生防疫站，工厂、机关和学校普遍设有医院、医务室或医疗保健站，居民委员会也设立了卫生防疫组等。农村公共卫生体系则以三级医疗卫生网为主，即以县级医疗卫生机构为中心，由县级卫生机构（县医院、卫生防疫站和妇幼保健站）、公社卫生院和村卫生所组成了一个较完整的医疗预防网络。其特点主要在于县、公社、村三级卫生组织有不同的医疗、预防、保健功能定位，三级组织之间的医、防、保功能互补，相互协调配合。

2. 20世纪80年代到20世纪末，公共卫生政策以市场为导向

20世纪80年代，随着经济体制的改革，城乡公共卫生服务体系也进行了以市场为导向的改革，公共卫生资源配置出现了“重城市、轻农村”“重医疗、轻预防”的倾向，影响了公共卫生政策的公益性和公平性。

在城市，由于政府财政投入严重不足，公共卫生机构面临经费短缺困境。为缓解公共卫生机构的经济困难，国家放宽政策，允许卫生防疫等医疗卫生机构开办其他产业和开展有偿服务。许多卫生防疫机构为维持生存，出现了重有偿服务、轻无偿服务的倾向，不再从事疾病预防和公共卫生工作，致使基本卫生服务功能严重弱化。在农村，同样由于国家对卫生事业的投入严重不足，农村公共卫生领域的政府作用也逐渐减弱，逐步走向市场化。农村三级医疗预防保健网受到了极大削弱，基本处于瘫痪状态，疾病监测、地方病预防、妇幼保健等公共卫生服务受到了严重的影响。

3. 21世纪初至今，已基本建立现代的公共卫生政策框架和完整的公共卫生服务体系

现阶段公共卫生政策的主要框架为：第一，慢性病综合防控政策；第二，重大传染病防治政策；第三，职业病防治政策；第四，食品卫生政策。

我国公共卫生领域取得的显著成就表现在：第一，普遍建立比较完善的公共卫生服务体系；第二，实施了国家基本公共卫生服务项目和重大公共卫生服务专项；第三，显著改善了农村卫生状况。

### （二）医疗服务政策的演变

1. 中华人民共和国成立到20世纪70年代末，医疗服务政策经历“三级网络”建设与破裂

1950年，第一届全国卫生会议召开，形成了由国家和集体独办的、按行政辖区以块为主的、由上到下进行业务指导的城、乡两个三级医疗服务网。

城市三级医疗服务网的构成为：第一，由街道医院、诊所、门诊部、企业医疗机构组成的一级医疗机构；第二，由区级医院和相同规模的企业医疗机构组成的二级医疗机构；第三，由所在市的省（自治区、直辖市）、市综合医院、教学医院、专科医院组成的三级医疗机构。

农村三级医疗服务网的构成为：第一，由村（生产队）卫生所及相近的企业医疗机构组成的一级医疗机构；第二，由公社（区、乡）卫生院组成的二级医疗机构；第三，由县级医院、防治中心组成的三级医疗机构。同时，农村依靠集体经济建立起了合作医疗制度和“赤脚医生”制度，60年代在政府的推动下在全国农村普及。受“文化大革命”的影

响，到1979年，已建立起的城、乡两个三级医疗服务网全部断裂，出现看病难、住院难等诸多问题。

2. 20世纪80年代到20世纪末，医疗服务政策进入“市场化取向”阶段

20世纪80年代初，原来与计划经济相适应的医疗服务体系不再适应市场经济模式的需要，我国开始实施经济导向型卫生政策。在城市，采取“以药养医”“承包制”和对除基本医疗服务外的医疗采用高于成本收费方式来增加医院收入，扩大医疗服务供给。

1984年卫生部起草《关于卫生工作改革若干政策问题的报告》，提出“必须进行改革，放宽政策，简政放权，多方集资，开阔发展卫生事业的路子，把卫生工作搞活”。1985年国务院批转这一报告，开始正式启动医疗卫生体制改革。在农村，随着经济社会转型，合作医疗制度受到前所未有的冲击，并迅速衰落，农村医疗保障形势严峻。1993年，中共中央在《关于建立社会主义市场经济体制若干问题的决定》中要求“发展和完善农村合作医疗制度”。1997年，国务院在《关于卫生改革与发展的决定》中提出“到2000年在农村多数地区建立起各种形式的合作医疗制度”。

3. 21世纪初至今，医疗服务政策基本框架形成

我国医疗服务政策的基本目标主要有：第一，通过政府干预，提高全社会医疗技术水平和医疗服务质量；第二，提高医疗服务的可及性，以尽可能公平的方式使尽可能多的人享有基本的医疗服务；第三，不断降低医疗服务价格，满足国民不断提高的健康需求等。

目前，我国医疗服务政策主要包括医疗机构管理体制改革政策、医疗机构服务能力建设政策、医疗服务体系建设政策、医疗费用控制政策等。

## 第二节 国民健康政策的主要内容

依据政策的具体目标和内容进行划分，健康政策主要有预防性的公共卫生政策、治疗性的医疗服务政策。

### 一、公共卫生政策

#### （一）慢性病综合防控政策

1. 慢性病的定义与特点

慢性病是指对一组起病时间长、缺乏明确病因证据、一旦发病即病情迁延不愈的非传染性疾病的概括性总称[①]，具有病程长、病因复杂、健康损害和社会危害严重等特点。

2. 《中国防治慢性病中长期规划（2017—2025年）》

慢性病影响因素的综合性、复杂性决定了其防治任务的长期性和艰巨性。2009年以来，我国先后颁布多项慢性病综合防控政策，初步形成了慢性病综合防治工作机制和防治服务网络。2017年，国务院办公厅印发《中国防治慢性病中长期规划（2017—2025年）》（以下简称《规划》），健全了疾病预防控制机构、基层医疗卫生机构和医院分工合作的慢

---

① 郭媛媛，齐旭．常见老年慢性病健康管理手册［M］．北京：人民卫生出版社，2020：1.

性病综合防治工作体系。根据《规划》，慢性病防治策略主要包括：

（1）加强健康教育，提升全民健康素质。开展慢性病防治全民教育、倡导健康文明的生活方式等。

（2）实施早诊早治，降低高危人群发病风险。促进慢性病早期发现、开展个性化健康干预。

（3）促进医防协同，实现全流程健康管理。加强慢性病防治机构和队伍能力建设，构建慢性病防治结合、健康管理长效工作机制。

3. 慢性病综合防控政策发展

随着慢性病发病、患病和死亡人数的增多，慢性病疾病负担日益沉重。为此，慢性病防治需要：

（1）完善覆盖全国的慢性病防治服务网络和综合防治工作机制，建立慢性病监测与信息管理制度，提高慢性病防治能力。

（2）营造社会支持环境，落实部门职责，降低人群慢性病危险因素水平，减轻由慢性病造成的社会经济负担。

（3）扩大基本公共卫生服务项目内容和覆盖人群，加强慢性病高风险人群检出和管理。

### （二）重大传染病防治政策

1. 传染病的定义与特点

传染病是指由各种病原体引起的能在人与人、人与动物或动物与动物之间相互传播且严重威胁人民群众生命安全的一类疾病，能够在一定时期和一定地区集中爆发。传染病具有传染性、流行性、地方性、季节性等特点。

2.《中华人民共和国传染病防治法》

我国于1989年正式实行的《中华人民共和国传染病防治法》（以下简称《传染病防治法》），先后经历过2004年、2013年修正，对传染病实行预防为主的方针，坚持防治结合、分类管理、依靠科学、依靠群众。相较于之前，2020年修订的《传染病防治法》在疫情控制方面新增了三种措施：

（1）在一定范围内实施交通管制。

（2）在一定范围内实施人员排查、疫情监测等社区防控措施。

（3）运用大数据、云计算等数字技术，按照必要且最小化原则开展信息采集、病例识别、传染源追踪等工作。

3. 传染病防治政策发展

我国重大突发传染病防治工作仍面临着严峻挑战，为提升应对重大突发传染病的防控能力，需要进一步：

（1）构建系统科学的传染病防治法律体系，加大执法监督，并健全部门间的联防联控机制。

（2）完善突发公共卫生事件与传染病疫情监测预警机制，提高传染病的识别与诊治能力。

(3) 促进传染病防治体系建设，加强基层传染病防控机构基础设施建设与专业能力培训，提升其疫情监测预警与防治能力。

## （三）职业病防治政策

1. 职业病的定义与特点

职业病是指企业、事业单位和个体经济组织等用人单位的劳动者在职业活动中，因接触粉尘、放射性物质和其他有毒、有害因素而引起的疾病。职业病具有不可逆性和可预防性，这两个特性决定其防治工作必须坚持预防为主的方针。

2.《中华人民共和国职业病防治法》

2001年，国家审议通过《中华人民共和国职业病防治法》（以下简称《职业病防治法》），标志着我国职业病防治工作步入法制化管理轨道。随后，《职业病防治法》经过2011年、2016年、2017年和2018年四次修正。根据《职业病防治法》规定，从源头上控制职业病危害的措施主要有：

(1) 建立职业病危害项目申报制度，即用人单位应及时、如实申报其存在职业病危害因素的工作场所，并接受监督。

(2) 实施职业病危害预评价制度，即建设单位在可行性论证阶段，评价建设项目可能产生的职业病危害因素从而确定危害类别和相应的防护措施。

(3) 落实建设项目中职业病防护的“三同时”制度，即建设项目的职业病防护设施与主体工程同时设计、同时施工、同时投入生产和使用。

3. 职业病防治政策发展

《“健康中国2030”规划纲要》明确要求推进职业病危害源头治理。为更好地防治职业病，需要进一步：

(1) 完善职业病防治法律法规，健全高危粉尘、高毒等特殊工作的职业病危害评价、职业健康检查、职业病鉴定与诊断等法律制度。

(2) 加强基层职业卫生执法监管部门基础设施建设与人才培养，提升其监管执法能力与防治服务水平。

(3) 实施职业病防治全流程管理，明确各部门职责分工，加强部门间在职业病防、治、保等关键环节的协调配合。

## （四）食品卫生政策

1. 食品卫生的定义

食品卫生是指控制食品生产和经营过程中可能存在的包括物理、化学、微生物等方面的有害因素，采取对食用者安全无害的标准和措施，使食品有益于人体健康。

2.《中华人民共和国食品安全法》

我国于1995年审议通过《中华人民共和国食品卫生法》，标志着食品卫生管理工作正式进入法制化轨道。2009年《中华人民共和国食品安全法》（以下简称《食品安全法》）审议通过，明确了“分工负责、统一协调”的分阶段监管体制，《食品卫生法》同时废止。2021年我国修订的《食品安全法》规定：

(1) 食品生产经营者应建立食品安全追溯体系，保证食品安全可全程追溯。

（2）网络食品交易第三方平台提供者应实名登记入网食品经营者。

（3）食品生产者发现生产的食品不符合安全标准或有证据证明可能危害人体健康，应立即停止生产，召回已上市销售的食品。

3. 食品卫生政策发展

我国食品卫生法律法规日益完善，为完善我国食品安全监管体系，需要进一步：

（1）建立权责明确的食品安全监管体系，加强监管部门间的信息交流，完善食品安全信息披露机制，实现从被动监管向主动预防与干预的转变。

（2）创新“互联网＋食品”监管模式，如建立食品安全网络谣言治理机制、健全食品安全消费者维权网络渠道等。

（3）构建多元化的食品安全监管体系，发挥企业、媒体、第三方机构和公众参与的食品安全监管共治作用。

## 二、医疗服务政策

### （一）医疗机构管理体制改革政策

1. 目标定位

医疗机构管理体制是一个国家或地区为了高效、协调和规范管理好本区域的医疗事业而设立的组织体系构架和管理方式、手段、程序、规则的统一体[①]。医疗机构管理体制改革政策旨在推进医院管理体制机制创新，调动医务人员积极性，提高公立医院运行效率。

2. 主要内容

（1）实施医疗机构分类管理。2000 年卫生部等四部门联合制定了《关于城镇医疗机构分类管理的实施意见》，要求依据医疗机构的经营目的、服务任务，以及执行不同的财政、税收、价格政策和财务会计制度，将医疗机构划分为非营利性和营利性两类，实施分类管理。

（2）维护公立医院公益性。2009 年国务院在《关于深化医药卫生体制改革的意见》中要求坚持公立医院的公益性质，按照适度规模、优化结构、合理布局、提高质量、持续发展的要求，统筹配置城乡之间和区域之间医疗资源，促进公立医院健康发展。

（3）建立现代医院管理制度。2018 年国家卫生计生委等六部门联合发布《关于巩固破除以药补医成果 持续深化公立医院综合改革的通知》，要求逐步建立维护公益性、调动积极性、保障可持续的运行新机制，全面取消以药补医，健全现代医院管理制度。

### （二）医疗机构服务能力建设政策

1. 目标定位

医疗机构服务能力是指以病人和一定社会人群为主要服务对象，以医学技术、设备、诊疗环境为基础服务手段，能够提供实际医疗产出的、非物质形态的服务的最大程度。医疗机构服务能力建设政策的重点是提高基层医疗机构的服务能力，努力全方位、全周期保障人民健康，主要包括人才队伍的培养、适宜技术的投入引进和信息系统的建设等。

---

① 张亮，胡志．卫生事业管理学［M］．北京：人民卫生出版社，2013：55.

2. 主要内容

（1）以全科医生为重点的基层医疗卫生人才队伍建设。

（2）基层医疗卫生机构服务模式从坐堂行医逐渐转变为上门服务、签约服务和家庭医生式服务。

（3）中医药服务能力逐步提升，大部分基层医疗卫生机构积极推广中医药适宜技术。

（4）大力推进基层医疗卫生信息系统建设，有效提高信息化管理水平。

### （三）医疗服务体系建设政策

1. 目标定位

医疗服务体系是以医疗、预防、保健和康复等为其主要功能，由各级各类医疗机构所组成的有机整体①。医疗服务体系建设政策旨在提高资源配置和服务均衡性，增强重大疾病防控、救急和应急处置能力，建设有序就医和诊疗体系，重点包括三级医疗服务体系建设、双向转诊和医院集团化管理。

2. 主要内容

（1）我国医疗服务体系分为城市医疗服务体系和农村医疗服务体系。城市医疗服务体系包括综合和专科医院及社区医疗服务机构；农村医疗服务体系，即县、乡、村三级医疗卫生服务网络，以县级医疗卫生机构为龙头，乡镇卫生院为主体，村卫生室为基础的卫生服务体系。

（2）双向转诊指不同医疗机构之间根据患者病情需要而进行转院诊治的过程，包括纵向转诊和横向转诊②。纵向转诊即下级医疗机构将诊断、治疗有困难的患者转向上级医疗机构治疗，上级医疗机构将病情相对稳定和进行康复治疗的患者转至下级医疗机构。横向转诊即根据患者疾病及病情发展，综合类医疗机构与同级专科类医疗机构间互转患者，给予患者合适治疗。

（3）医院集团化管理是指整合多家医院的资源，形成一个完整的地域医疗体系，从医院的资本、技术和管理方面进行综合性建设，实现医院医疗服务一体化，可分为纵向联合和横向联合两种形式。横向联合适合集团化初期的医院，当集团走向成熟会转变为纵向联合。

### （四）医疗费用控制政策

1. 目标定位

医疗费用是指参保人员患病后发生的有关医疗的总费用，其中，医疗保险补偿费用是其主要部分，还包括个人自付费用和部分用人单位补偿的费用③。医疗费用控制政策旨在规范医疗服务提供机构行为，控制医疗费用不合理增长，减轻群众医疗费用负担，主要包括医疗服务价格控制和药品费用控制等内容。

---

① 梁万年．卫生事业管理学［M］．北京：人民卫生出版社，2017：159-160.

② 国家卫生健康委南京人口国际培训中心．家庭医生签约服务工作指导手册［M］．北京：人民卫生出版社，2019：420.

③ 陈滔，叶小兰，方辉军．社会医疗保险［M］．成都：西南财经大学出版社，2019：91.

2. 主要内容

(1) 医疗服务价格控制旨在通过改革医疗服务价格体系，确保医疗机构良性运行、医保基金可承受、群众负担总体不增加。采取的主要措施有：第一，调整医疗服务价格，对非营利性机构的收入实行总量控制；第二，分类管理公立医疗机构医疗服务项目价格，基本医疗服务实行政府指导价，特需医疗服务及其他市场竞争较充分、个性化需求较强的医疗服务实行市场调节价；第三，非公立医疗机构提供的医疗服务，采用市场调节价。

(2) 药品费用控制旨在破除“以药补医”机制，降低医疗费用中药品费用占比。采取的措施主要有：第一，基本药物政策。基本药物是适应我国基本医疗卫生需求、剂型适宜、价格合理、能够保障供应、公众可公平获得的药品。2009 年我国发布《关于建立国家基本药物制度的实施意见》，标志着正式实施国家基本药物制度工作。第二，药品集中带量采购。2018 年，经国家医保局同意，《4+7 城市药品集中采购文件》正式明确对 31 个药品进行带量采购。2021 年国务院办公厅印发《关于推动药品集中带量采购工作常态化制度化开展的意见》，进一步要求药品集中带量采购坚持招采合一、量价挂钩，有效治理药品回扣，引导药品价格回归合理水平，减轻群众用药负担。

## 第三节 国民健康政策的发展

随着社会经济的发展，我国逐渐实现了从过去较为单一的医疗卫生政策向全面的国民健康政策的提升。在实施健康中国战略中，进一步促进了国民健康政策的发展完善，不断满足国民日益增长的健康需求。

### 一、实施健康中国战略

#### (一)“健康中国”提出的背景

健康是社会文明进步的基础，是国家富强民族昌盛的重要标志，政府要承担起促进国民健康的主要责任。随着社会经济的持续发展，慢性病带来的负担成为最主要的疾病负担，人的行为方式和环境因素对健康的影响也越来越明显，之前“以疾病治疗为中心”的医疗模式难以解决人的健康问题。因此，亟待走出传统医疗模式，重塑“以健康为中心”的新理念。

从世界主要国家的经历看，健康国家建设是为解决当前和长远健康问题而形成的一种整体性思维方式，旨在解决各国健康存在的突出矛盾和问题，实质是要求政府、社会和个人都树立起健康优先的发展理念。“健康中国”即是顺应全球社会政策发展潮流制定的国家战略。

1. 健康中国建设彰显了我国战略发展的新理念

健康中国建设是转变发展观和政绩观的体现，摒弃了过去片面追求 GDP 增长、将健康单纯作为消耗性行业的发展观，将以人民为中心的发展思想落到实处，把增进人民健康福祉、促进人的全面发展作为经济社会发展的出发点和落脚点，把健康作为重要的战略性投资，引导和推动全社会采取和形成有利于健康的生产方式、生活方式和消费方式。

2. 健康中国建设是我国现阶段发展的必然要求

目前，我国的人口健康水平已达到中高收入国家平均水平，但人口老龄化、慢性病高发、人群健康素养偏低、食品药品安全事故频发、环境恶化等问题带来了极大的健康挑战。如果这些问题不能得到有效解决，必然会严重影响人民健康，制约经济发展，影响社会和谐稳定。因此，推动健康中国建设是我国现阶段发展的必然要求。

3. 健康中国建设是我国进一步深化医药卫生体制改革的必然选择

健康中国是一个问题导向型和需求牵引型的战略。一方面，健康中国的实施将有利于提升全民健康素养，推动全民健身和全民健康深度融合，为进一步深化医药卫生体制改革打下坚实的基础；另一方面，通过大健康理念，推动跨部门协作，在医疗卫生领域形成多元化共建共治新格局，从而有利于在根本上推进医药卫生体制改革，从源头上解决群众看病就医问题。

### （二）《“健康中国2030”规划纲要》要点

2016 年中共中央、国务院印发《“健康中国 2030”规划纲要》，提出了健康中国建设的目标和任务。到 2030 年，促进全民健康的制度体系更加完善，健康领域发展更加协调，健康生活方式得到普及，健康服务质量和健康保障水平不断提高，健康产业繁荣发展，基本实现健康公平，主要健康指标进入高收入国家行列。到 2050 年，建成与社会主义现代化国家相适应的健康国家。

《“健康中国 2030”规划纲要》提出普及健康生活、优化健康服务、完善健康保障、建设健康环境、发展健康产业等五个方面的战略任务。

（1）普及健康生活。从健康促进的源头入手，强调个人健康责任，通过加强健康教育，提高全民健康素养，塑造自主自律的健康行为，形成健康生活方式。

（2）优化健康服务。以疾病的预防和治疗为重点，强化覆盖全民的公共卫生服务，加大慢性病和重大传染病防控力度，创新医疗卫生服务供给模式，提供更优质的健康服务。

（3）完善健康保障。通过健全全民医疗保障体系，深化公立医院体制改革，加强医保制度整合衔接，改进医保管理服务体系，实现保障能力长期可持续发展。

（4）建设健康环境。针对影响健康的环境问题，强化污染防治、食品安全监管、职业病防护等，建设健康城市和健康村镇，提高突发事件应急能力，最大程度减少外界因素对健康的影响。

（5）发展健康产业。优化多元办医格局，加强供给侧结构性改革，支持发展健康医疗旅游等健康服务新业态，不断满足群众日益增长的多层次多样化健康需求。

### （三）健康中国战略的提出和推进

1. 健康中国战略的提出

2017 年，党的十九大报告将健康中国建设提升为健康中国战略，并对我国实施健康中国战略提出了更高要求。

健康中国战略的主要内容：要完善国民健康政策，为人民群众提供全方位全周期健康服务；深化医药卫生体制改革，全面建立中国特色基本医疗卫生制度、医疗保障制度和优质高效的医疗卫生服务体系，健全现代医院管理制度；加强基层医疗卫生服务体系和全科医生队伍建设；全面取消以药养医，健全药品供应保障制度；坚持预防为主，深入开展爱国卫生运动，倡导健康文明生活方式，预防控制重大疾病；支持社会办医，发展健康产业；促进生育政策和相关经济社会政策配套衔接，加强人口发展战略研究；积极应对人口老龄化，构建养老、孝老、敬老政策体系和社会环境，推进医养结合，加快老龄事业和产业发展。

健康中国战略的实施，有利于树立大卫生、大健康理念，实现从"以治病为中心"到"以人民健康为中心"的转变，预防控制重大疾病，积极应对人口老龄化，加快老龄事业和产业发展，为人民群众提供全方位全周期健康服务。

2. 健康中国战略相关政策方案

（1）2018年3月，党中央印发《深化党和国家机构改革方案》，推动实施"健康中国"战略，提出树立大卫生、大健康理念，推动从"以治病为中心"向"以人民健康为中心"转变，预防控制重大疾病，积极应对人口老龄化，加快老龄事业和产业发展，为人民群众提供全方位全周期健康服务。提出组建国家卫生健康委员会，负责拟定国民健康政策，协调推进深化医药卫生体制改革等事项。

（2）2019年6月，国务院印发《关于实施健康中国行动的意见》，进一步推进健康中国战略的实施。加快推动从"以治病为中心"转变为"以人民健康为中心"，动员全社会落实预防为主方针，提高全民健康水平，并成立国家层面健康中国行动推进委员会，统筹推进《健康中国行动（2019—2030年）》的组织实施、监测、考核。

（3）2019年12月，我国发布《中华人民共和国基本医疗卫生与健康促进法》（以下简称《基本医疗卫生与健康促进法》），提出要着眼于全方位干预健康影响因素，维护全生命周期，防控重大疾病等，提高国民健康素养水平，促进健康中国战略的落实。

（4）2020年10月，中共十九届五中全会审议通过《中共中央关于制定国民经济和社会发展第十四个五年规划和二〇三五年远景目标的建议》，提出继续把保障人民健康放在优先发展的战略位置，全面推进健康中国建设，深入实施健康中国行动。

（5）2022年10月26日，党的二十大报告指出要推进健康中国建设，把保障人民健康放在优先发展的战略位置，建立生育支持政策体系，实施积极应对人口老龄化国家战略，促进中医药传承创新发展，健全公共卫生体系，加强重大疫情防控救治体系和应急能力建设，有效遏制重大传染性疾病传播。

## 二、完善国民健康促进政策体系

### （一）健康促进政策体系的提出

1986年，世界卫生组织召开第一届全球健康促进大会，发布了《渥太华宪章》，首次提出了健康促进的概念，并指出健康促进是促使人们维护和改善自身健康的过程，是协调人类与环境的战略，并规定个人与社会对健康各自所负的责任，明确了健康促进的五大策略。目前已作为各国应对复杂健康危险因素和多重疾病负担挑战的重要策略。

2005年，卫生部印发《全国健康教育与健康促进工作规划纲要（2005—2010年）》，正式提出健康教育与健康促进的概念，用以规范和指导健康促进工作的开展。为了更好地推进健康促进理念的实施，2019 年国家颁布《基本医疗卫生与健康促进法》，提出完善健康促进工作体系。同年，国务院还印发了《关于实施健康中国行动的意见》，首次提出健康促进政策体系概念，并指出到 2022 年实现健康促进政策体系基本建立。

### （二）健康促进政策体系的主要内容

我国在推动健康促进政策体系建设过程中发布了多项相关政策，这些政策为其发展完善提供了法律基础和引导。2019 年，国务院在《健康中国行动（2019—2030 年）》中提出：把提升健康素养作为增进全民健康的前提，根据不同人群特点有针对性地加强健康教育与促进；参与健康行动，养成符合自身和家庭特点的健康生活方式。基于此，健康促进政策体系的主要内容包括：

（1）健康素养。健康素养是指个人获取和理解基本健康信息和服务，并运用这些信息和服务做出正确决策，以维护和促进自身健康的能力①。健康素养内容丰富，包括基本健康知识和理念素养、健康生活方式与行为素养、基本技能素养等。《“健康中国 2030”规划纲要》将居民健康素养水平列为健康中国建设的 13 项主要指标之一，并明确了提升健康素养的重要意义。

（2）健康教育。健康教育是通过有计划、有组织、有系统的社会教育活动，使人们自觉地采纳有益于健康的行为和生活方式。《基本医疗卫生与健康促进法》第四条明确“国家建立健康教育制度，保障公民获得健康教育的权利，提高公民的健康素养”，把健康教育作为公民法定权利，确立了健康教育的法律地位。

（3）健康行为。健康行为是指人们所采取的以改善和保持健康状态，或预防疾病和伤害为目的的行为。《健康中国行动（2019—2030 年）》和《基本医疗卫生与健康促进法》均倡导每个人是自己健康第一责任人的理念，树立和践行健康管理理念，主动学习健康知识，提高健康素养，培养健康行为。

（4）健康文化。健康文化是文化的子系统，是文化的重要组成部分，指的是人们对健康的认知、观念、知识、制度等意识形态，以及与之相适应的行为方式。《“健康中国 2030”规划纲要》提出加强精神文明建设，发展健康文化，移风易俗，培育良好的生活习惯。

### （三）完善健康促进政策体系

随着经济和社会的发展，国民对健康生活的需求愈来愈大，对健康促进政策体系完善提出了更高的要求，完善健康促进政策体系的主要措施有：

（1）加大筹资力度。推动政府将必要的健康促进经费纳入财政预算，按规定保障健康促进政策体系发展经费。确保中央补助地方的健康促进经费落实到位，提高资金使用效益。加强与地方、机构、个人等各方合作，鼓励群体参与医疗卫生与健康事业，满足国民差异化的健康需求。

---

① 国家卫生健康委法规司．中华人民共和国基本医疗卫生与健康促进法：专家解读［M］．北京：中国人口出版社，2021：105.

（2）大力发展健康产业。健康产业是健康促进政策体系完善的物质依托和发展动力。充分发挥市场机制作用，调动社会力量增加健康产品和服务供给的积极性，促进健康与养老、旅游、互联网、健身休闲、食品等产业融合发展，推动健康领域的大众创业、万众创新。

（3）推进健康促进场所建设。通过环境、组织和个体因素的交互作用，推进能够促进人们健康和幸福的日常地点或社会环境的建设，完善健康主题公园、广场、步道、健康教育示范基地等场所，鼓励开展各类文体活动，提高国民健康素养。推动健康促进医院、社区、企业和家庭等健康促进工程建设，提供全方面健康促进服务。

（4）加强健康影响评价评估制度建设。加强健康危险因素监测与评价，围绕社会环境、心理健康、生活方式、公共卫生等主要因素，做好对健康促进政策、健康产业结构调整、健康促进场所建设等与国民切身利益密切相关的公共政策和建设工程项目的评价评估，改进可能存在的健康风险因素，维护民众健康权益。

（5）完善考核机制和问责制度。将健康促进工作纳入各级各类医疗机构绩效考核，纳入医务人员职称评定和绩效考核，调动医务人员参与健康促进工作的积极性。鼓励和引导个人践行健康生活方式，加强个人健康管理，全面提升国民在科学健康观、传染病防治、慢性病防治、健康信息获取等方面的素养。

## 思考题

1. 我国健康政策的主要作用是什么？
2. 我国医疗服务政策的主要内容是什么？
3. 简述健康中国战略的主要内容。

# 第十一章　人口与家庭政策

## 本章提要

我国是世界上人口最多的国家之一，人口和家庭问题始终是关系我国全面协调可持续发展的重大问题。我国政府制定了一系列人口与家庭政策，旨在优化人口结构，增强家庭功能，推动社会和谐与可持续发展。中国的人口与家庭政策在不同发展阶段呈现出不同的特点，发挥着不同的作用，未来的发展趋势也不同。

## 引导案例

### 全国多地推出育儿补贴新政策

在全国两会上，完善三孩生育政策配套措施的话题备受关注。政府工作报告明确提出，完善三孩生育政策配套措施，将3岁以下婴幼儿照护费用纳入个人所得税专项附加扣除，多渠道发展普惠托育服务，减轻家庭生育、养育、教育负担。目前，北京、广东、浙江、湖南、吉林、黑龙江等多地出台文件，提出建立育儿补贴制度，一些地方还有针对性地提出了住房等方面的倾斜政策。

自2021年以来，多地明确提出建立育儿补贴制度。2021年11月，广东省发布的《广东省公共服务“十四五”规划》提出，积极吸纳国际社会有益经验，探索对生养子女给予普惠性经济补助。2022年1月，北京市印发的《关于优化生育政策促进人口长期均衡发展的实施方案》提出，逐步建立完善家庭养育补贴制度。浙江、湖南、吉林、黑龙江等地在新修订的人口与计划生育条例中提出建立育儿补贴制度。比如，浙江省规定，县（市、区）人民政府可以根据当地实际，对3周岁以下的婴幼儿家庭给予育儿津贴、托育费用补助。一些地级市及区县的措施更加细化具体：四川省攀枝花市公布《关于促进人力资源聚集的十六条政策措施》，对按政策生育二孩、三孩的攀枝花户籍家庭，每月每孩发放500元育儿补贴金，直至孩子3岁。甘肃省张掖市临泽县发文规定，对在该县公立医疗机构生育二孩、三孩的临泽户籍常住家庭，二孩每年发放5 000元育儿补贴，三孩每年发放10 000元育儿补贴，直至孩子3岁。市场监测和数据分析公司尼尔森IQ发布的《2021母婴行业洞察报告》显示：超过六成生育适龄人群表示生育奖励金及补贴、夫妻共同产假等配套福利能够提升其生育意愿，其中超过半数希望获得更多生育奖励金、抚育及生育医疗补贴。

除了部分育儿补贴政策已落地，更多激励“大招”也在陆续释放。新修订的《安徽省人口与计划生育条例》规定，公民接受绝育手术后要求再生育的，其恢复生育手术的费用由受术者所在单位或者乡（镇）人民政府、街道办事处给予补助。2022年2月，北京市出台《关于规范调整部分医疗服务价格项目的通知》，将16项涉及人群广、诊疗必需、技术成熟、安全可靠的辅助生殖技术项目纳入医保甲类报销范围等。

一些地方还有针对性地规定了住房方面的倾斜政策。例如，北京市提出，未成年子女数量较多的家庭申请公共租赁住房的，可以纳入优先配租范围，并在户型选择等方面予以适当照顾。江苏省、安徽省提出，在配租公租房时，对符合当地住房保障条件且有未成年子女的家庭，可根据未成年子女数量在户型选择等方面给予适当照顾。

资料来源：黄筱．多地出台育儿补贴政策，鼓励生娃多措并举［EB/OL］．（2022-03-22）［2023-12-05］．http：//www.news.cn/politics/2022-03/22/c_1128493938.htm.

**案例思考：**

（1）“生娃发钱”政策为什么屡见不鲜？育儿补贴政策发挥了什么作用？

（2）在当前人口生育率偏低的严峻形势下，你认为应当如何打好生育支持政策的组合拳？

## 第一节　人口与家庭政策概述

### 一、人口与家庭政策的内涵和特征

#### （一）人口与家庭政策的内涵

人口政策是一个国家经济社会政策体系中的重要组成部分，在人口再生产、经济发展、社会进步、资源合理利用、生态环境良性循环中起着重要作用。广义的人口政策既有直接影响人口过程的直接人口政策，也包含间接影响婚育率的婚姻政策等。狭义的人口政策主要是指人口生育政策①。

家庭政策是指政府用于稳定家庭和承担家庭功能而针对家庭所推行的社会政策②。广义的家庭政策是指涵盖国家及地方政府出台的各种对家庭制度起到规范作用的法律，以及可能影响家庭生活的各项政策，这些政策或项目直接或间接对家庭产生影响。狭义的家庭政策是指具有直接而明确的家庭目标并以家庭或家庭成员为对象的政策，如儿童津贴、税收优惠、生育补贴、亲职假期等政策③。

#### （二）人口与家庭政策的特征

1．综合性和系统性

人口与家庭政策通常是综合性和系统性的政策框架，涉及人口、婚姻、生育、老龄化、家庭关系、教育、就业等多个领域。这些政策相互关联、相互支持，旨在维护人口和家庭的权益，促进社会的平衡发展。

---

① 张越，陈丹．新中国70年的人口政策变迁与当代人口发展［J］．宏观经济管理，2020（5）．

② 胡湛，彭希哲．家庭变迁背景下的中国家庭政策［J］．人口研究，2012（2）．

③ 彭希哲，胡湛．当代中国家庭变迁与家庭政策重构［J］．中国社会科学，2015（12）．

2. 长期性和持续性

随着经济社会的发展，特别是科技的进步，家庭结构和人口动态会持续演化，这不仅影响着个体的家庭生活选择，也重塑着整个社会的人口趋势。在这样的背景下，国家的人口与家庭政策要有前瞻性，制定能够适应未来变化的长期规划，以应对人口老龄化、生育率下降、家庭小型化等的挑战，同时政策的持续性实施则能够确保这些对策随着时间的推移不断调整和优化，以适应新的人口条件和家庭需求。

3. 针对性和差异化

人口与家庭政策通常具有针对性和差异化的特点，以满足不同人群和家庭的需求。根据不同地区、不同群体的特点和需求来制定相应的政策和措施，有利于回应差异化的政策诉求并提供针对性的支持和服务。

4. 广泛的社会参与和合作

人口与家庭政策通常需要广泛的社会参与和合作，即政府需要与社会组织、社区、企业等建立合作关系，共同制定和实施政策，以确保政策的有效性和可持续性。

5. 科学性和适应性

人口与家庭政策通常基于科学研究和数据分析，以全面展示人口与家庭变动趋势以及政策需求的变化。因此，无论是人口政策还是家庭政策，都需要基于科学依据来制定，并及时调整和优化来应对社会变化和新挑战。

## 二、人口与家庭政策的类型和作用

### （一）人口政策的类型

（1）根据政策的目的与内容，可以将人口政策划分为出生率调控政策、移民与人口流动政策、老龄化与养老政策、教育与人口发展政策、健康与人口发展政策等。

（2）根据政策积极或消极属性，可以将人口政策划分为控制型政策、鼓励型政策、平衡型政策。其中，控制型政策旨在控制人口数量和增长速度。鼓励型政策常常通过激励措施鼓励生育以应对人口减少或劳动力短缺的问题，或通过提供就业机会、教育资源、移民福利等吸引优秀人才和移民来到特定地区或国家。平衡型政策致力于实现人口结构的平衡，包括性别平衡和年龄结构平衡。

（3）根据政策制定与实施主体，可以将人口政策划分为地区层面、国家层面、国际层面等政策。地区层面政策由地方政府或特定地区政府根据该地区的人口情况和需求制定并实施。国家层面政策由中央政府制定和实施，旨在管理和调控全国范围内的人口问题。国际层面政策涉及国际合作，主要由国际组织、政府间组织或国际合作组织制定和推动，旨在解决全球范围的人口问题，如移民政策协调、人口流动和难民问题等。

### （二）人口政策的作用

1. 人口增长和控制

人口增长速度对社会经济和资源环境产生影响。在人口增长过快的情况下，可能导致资源短缺、环境恶化和社会压力增加。相反，人口增长过慢或人口减少可能导致劳动力短缺、经济活力下降和老龄化压力增加。通过制定人口政策，可以控制人口数量和增长速度，使其与经济发展和资源环境相适应。

2. 人口结构调控

人口结构包括性别、年龄和教育水平等方面的分布。不同的人口结构对经济、社会和政治发展产生不同的影响。通过制定人口政策，可以调控人口结构，以满足劳动力需求、促进经济转型、应对老龄化和提高人力资本质量。

3. 实现劳动力供求平衡

劳动力是经济发展的关键要素，劳动力供求的平衡对经济增长和竞争力提升至关重要。通过制定人口政策，可以调控劳动力的供求关系，确保劳动力市场的稳定和人力资源的合理配置。

4. 城乡人口平衡和区域协调发展

人口政策可以促进城乡人口的平衡发展和区域协调发展。政府可以通过引导人口流动、优化城市规划和发展农村经济，实现城乡人口的均衡发展，推动区域经济的协调增长。①

### （三）家庭政策的类型

（1）根据政策目的，可以将家庭政策划分为促进家庭稳定和发展的政策、保障妇女和儿童权益的政策、促进家庭教育的政策、提供社会救助的政策等。

（2）根据政策内容，可以将家庭政策划分为婚姻政策、生育养育支持政策、工作-生活平衡政策、家庭照料政策、妇女和儿童保护政策、社会救助政策等。

（3）根据政策实施主体，可以将家庭政策划分为国家家庭政策、地方家庭政策、企业家庭政策、社会团体家庭政策等。

（4）根据政策干预属性，可以将家庭政策划分为直接家庭政策和间接家庭政策等。直接家庭政策包括成员照料、儿童教养、家庭现金支持等直接介入和干预家庭事务与决策的政策，间接家庭政策包括救助政策、税收优惠政策等并非明确针对家庭，但又对家庭稳定性与家庭关系产生影响的政策。

### （四）家庭政策的作用

1. 保护和促进家庭稳定

家庭政策的首要功能是保护和促进家庭的稳定。政策措施鼓励夫妻之间的互相支持和沟通，强调家庭成员之间的和睦关系，为家庭提供良好的发展环境，以保障家庭的稳定。

2. 促进家庭成员的全面发展

家庭政策致力于促进家庭成员的全面发展。政府通过提供教育、培训、健康、文化等资源和支持，帮助家庭成员实现自我发展和潜力的释放，提高生活质量。

3. 保障儿童权益

借助相关政策和措施，家庭政策能够保护儿童免受虐待和剥削，并提供教育、健康、医疗、住房等方面的支持，确保儿童的健康成长和全面发展。

---

① 蔡昉．人口迁移和流动的成因、趋势与政策［J］．中国人口科学，1995（6）．

4. 改善家庭经济状况

通过扶贫与救助等政策，家庭政策能够为贫困家庭提供经济支持和援助，帮助其改善经济状况，甚至提高家庭的经济能力，进而促进家庭经济的稳定和发展。

5. 强化家庭教育和关爱

家庭政策往往鼓励家长参与子女教育，并为其提供家庭教育指导和培训。通过强调家庭教育的重要性，家庭政策能够促进家庭成员之间的情感交流和关爱，培养健康、和谐的家庭关系。

6. 维护婚姻家庭权益

家庭政策通过法律法规保护婚姻家庭的权益。相关政策包括婚姻登记制度、离婚保护、财产继承等，旨在维护婚姻家庭的稳定和幸福，保障夫妻双方的合法权益。

7. 促进社会和谐和社会发展

家庭是社会的基本单位，家庭政策的功能也包括促进社会和谐和社会发展。通过支持家庭稳定和发展，能够创造和谐的社会环境，进而增强社会凝聚力和社会和谐度。

## 三、人口与家庭政策的演变

### （一）人口政策的演变

随着中国人口数量、结构与分布的变迁，中国的人口政策在不同的历史时期经历了多个发展阶段。

1. 1950—1979 年：控制人口规模与流动阶段

新中国成立后，社会安定，经济发展，医疗改善，为人口的高速增长提供了基本保障。从 1949 年到 1970 年，二十年左右我国人口净增 2.9 亿人。这一阶段我国逐步出台了对人口数量控制的相关政策。1953 年，《农业发展纲要》首次写入了计划生育内容，计划生育开始在一些地区进行试点。1962 年，中共中央、国务院发出了《关于认真提倡计划生育的指示》。1971 年，国务院批转了《关于做好计划生育工作的报告》，把控制人口增长的指标首次纳入国民经济发展计划。

此外，为了对人口进行管理并重新建立社会秩序，国家出台了一系列人口迁移政策来控制人口的自由流动。从 1958 年的《中华人民共和国户口登记条例》到 1964 年的《公安部关于处理户口迁移的规定（草案）》，我国不断对户籍制度进行强化，严格限制了人口迁移。因此，这一阶段人口政策总体而言是收紧的。

2. 1980—1999 年：人口规模严格控制但流动放松阶段

党的十一届三中全会以来，我国将人口发展纳入现代化建设总体战略。1980 年党中央发表《关于控制我国人口增长问题致全体共产党员共青团员的公开信》，提倡一对夫妇生育一个孩子。1981 年设立国家计划生育委员会并提出了“限制人口的数量，提高人口的素质”的人口政策。1982 年，党的十二大把实行计划生育确定为基本国策，同年 11 月写入新修改的《中华人民共和国宪法》。

相比之下，改革开放后，政府逐渐放宽了人口迁移的限制，人们开始自由选择工作地点和生活地点。1977 年，《公安部关于处理户口迁移的规定》开始鼓励人口从大城市向中小城市、乡镇、农村的由高到低的垂直流动和水平流动，而控制与之相反的由低到高的人口流动方向。1984年，我国规定在集镇务工、经商、办服务业的农民和家属可以办理常住户口并发给《自理口粮户口簿》，这表明我国对农村人口向城市迁移的严格限制开始松动。此后农村人口开始大量流入中小城镇以及沿海地区打工。自1992年的“南方谈话”后，人口流动不断加强，政府对人口自由流动的认识也逐渐由管制转变为鼓励和引导，同时开始实施流动人口就业证和暂住证制度。

3. 2000—2015年：人口规模放松控制且流动加速阶段

由于育龄妇女人数的减少，以及人们婚育观念的转变，我国人口增长率稳步下降。2000年的第5次人口普查结果表明我国的低生育水平已成为现实。随着我国人口结构的转变以及少子老龄化问题日益凸显，我国开始改革计划生育政策并出台一系列政策以提振生育率。2011年，政府发布的《国家人口发展“十二五”规划》标志着中国生育政策的调整方向开始转变，即从控制人口数量转向优化人口结构、提高人口素质。

在人口迁移方面，2000年《关于促进小城镇健康发展的若干意见》发布，标志着我国开始保障流动人口的合法权益。2007年，《关于进一步加强流动人口服务和管理工作的意见》提出实施居住证制度。2014年，国务院印发了《关于进一步推进户籍制度改革的意见》，表明我国对人口迁移的控制不断弱化，此后人口迁移政策不断转向促进城乡融合发展。①

4. 2016年至今：鼓励人口规模增长且适应流动阶段

2016年，我国决定全面实施两孩政策，即允许符合条件的夫妻生育两个子女。这一政策的实施标志着中国人口政策出现了重要转折点，有助于缓解人口老龄化问题，促进家庭结构多元化，增加消费和劳动力供给。② 2021年，《关于优化生育政策促进人口长期均衡发展的决定》发布，我国开始实施全面三孩政策，即允许符合条件的夫妻生育三个子女，标志着中国人口政策的进一步调整和完善。在人口流动政策方面，我国不断深化户籍制度改革，逐步探索基本公共服务向常住人口全覆盖。

根据《国家人口发展规划（2016—2030年）》，我国的人口政策将以促进人口均衡发展为主线，创造有利于发展的人口总量势能、结构红利和素质资本叠加优势，以促进人口与经济社会、资源环境协调可持续发展。

### （二）家庭政策的演变

随着家庭结构和功能不断变化，当代中国的家庭生活与家庭关系也发生了历史性的变迁，因而家庭政策也随之变化。目前我国家庭政策经历了三个发展阶段。③

1. 1949—1978年计划经济时期的家庭政策

新中国成立初期，家庭政策的重点是建立婚姻家庭保障制度。通过颁布《中华人民共和国婚姻法》，我国开始明确保护婚姻家庭的合法权益和妇女儿童的权益，并依法禁止包办婚姻和封建婚姻习俗。此后到计划经济体制末期，我国的家庭政策主要强调了家庭的生育和生产功能，并提供公共福利服务以保障家庭的基本生活需求。例如在20世纪50年代

① 关信平．中国流动人口问题的实质及相关政策分析［J］．国家行政学院学报，2014（5）．
② 陈友华．全面二孩政策与中国人口趋势［J］．学海，2016（1）．
③ 于凌云，魏秋芳．我国家庭政策的变迁、缘由及展望（1949—2021）［J］．江汉学术，2022（3）．

至60年代初实行了一系列的鼓励生育政策，如发放生育津贴、提供免费医疗和住房等，以鼓励家庭生育，增加人口数量，进而支持国家的工业化和农业现代化进程。

2. 1979—2000年转型时期的家庭政策

改革开放以来，我国的家庭政策除了在强调家庭生育和生产功能的同时，也开始关注家庭的发展和保障功能。在20世纪80年代初开始推广“优生优育”的生育观念，鼓励家庭控制生育数量，提高生育质量，同时实施计划生育政策，如实行计划生育奖励、提供生殖健康服务等，鼓励家庭落实计划生育政策。

伴随城乡经济体制改革的不断深化，企业劳动、工资、社会保险三项制度改革，城乡家庭贫困现象日益突出，深刻地影响了婚姻家庭关系、婚姻家庭结构、婚姻家庭功能与婚姻家庭生活状况，家庭生活问题大量涌现。在这样的时代背景下，政府开始加大对社会保障体系的建设和投入，并加强了教育、医疗、文化、体育等公共服务的供给和管理，以提高家庭的生活质量和幸福感。

3. 2001年以来的家庭政策

进入21世纪以来，我国家庭政策更加注重家庭的实际情况和需求，开始将家庭政策与发展战略相结合，提出了“以家庭为中心”的发展理念，并制定了家庭医疗保健、家庭教育补贴等政策，以帮助家庭解决实际问题。我国更加重视婚姻家庭法律制度的完善，通过出台《中华人民共和国反家庭暴力法》、修订《中华人民共和国婚姻法》等法律法规来保护婚姻家庭的合法权益，维护家庭成员的平等和尊严。

为解决城乡家庭贫困问题，我国通过提供资金、物资、技术等方面的支持帮助贫困家庭脱贫致富，还通过诸如最低生活保障等制度为贫困家庭的成员提供基本生活保障。我国还加强了对家庭中“一老一小”的政策支持，通过社会照料、长期照护、儿童津贴等政策来提高家庭的整体生活质量。此外，随着中国人口结构的“少子化”趋势愈加明显，我国的家庭政策中关于生育支持的内容也不断增加。

## 第二节 人口与家庭政策的主要内容

### 一、人口政策的主要内容

#### （一）生育与生育支持政策

计划生育政策是我国人口政策的核心内容之一，该政策通过控制人口的生育行为和生育率，以达到人口数量和结构的调控目标，最终致力于促进人口的高质量发展。我国计划生育政策可以包括限制生育次数、推广避孕措施、提供生育健康服务等，通过制定计划生育政策调控人口数量和结构，以控制人口增长速度。

此外，为了提高生育率并促进人口增长，我国还实施了生育支持政策，包括提供生育津贴、教育优惠、育儿假期和福利支持等，以激励家庭生育更多的子女。[①]

---

① 原新．我国生育政策演进与人口均衡发展：从独生子女政策到全面二孩政策的思考［J］．人口学刊，2016（5）．

1. 生育假和产前产后保护

我国《劳动法》规定女职工享有产假和生育保护。女职工在生育期间可以获得一定的产假，包括产前假和产后假，以确保她们的身体健康和恢复，以及为新生儿提供照料和护理。

2. 生育津贴和奖励

即为符合条件的夫妇提供生育津贴和奖励，以减轻生育家庭的经济压力。具体津贴和奖励的金额和条件因地区和政策而异，但通常会包括生育补助金、医疗费用补贴、教育费用减免等。

3. 子女教育支持

即通过各种教育政策和措施，提供子女教育支持，包括优质教育资源的分配、教育补贴、减免学费、教育贷款和奖学金等，以帮助家庭降低子女教育的经济负担。

4. 孕产妇和新生儿医疗保健服务

即为孕产妇和新生儿提供包括免费或补贴的婴幼儿医疗服务、产前和产后保健、儿童免疫接种等在内的医疗保健服务，以确保孕产妇和儿童的健康和福祉。

### （二）人口迁移流动政策

人口迁移流动政策旨在引导和控制人口的流动和迁移，平衡城乡发展和资源分配，同时控制城市人口规模，推动农村人口转移和城市化进程，促进人口合理流动和社会稳定，以不断促进人口流动与经济发展的良性互动，推动人口红利的释放，实现人口与经济社会的协调可持续发展。主要政策包括城市化政策、户籍制度改革、人口定居政策、劳动力流动管理等。

1. 城市化政策

即通过建设基础设施、改善城市环境、提供就业机会等措施，吸引农民工和其他农村居民进入城镇。这一政策旨在促进农村地区的经济发展、提高农民收入水平，并推动农村和城市之间的资源流动和转移。

2. 户籍制度改革

为了消除城乡居民的户籍差别，促进城乡人口的平等流动和公平发展，我国不断进行户籍制度改革、放宽城市落户条件，并允许外来人口公平享有常住地的基本公共服务。

3. 人口定居政策

通过提供住房补贴和优惠、促进教育和医疗资源的公平分配、提供均等化的社会保障和福利服务，鼓励人口在合适的地区定居。

4. 劳动力流动管理

通过建立劳动力市场信息系统、提供劳动力培训和技能提升、保障劳动权益等，加强对劳动力流动的管理，包括加强对农民工和跨省流动人口的管理和服务，最终促进劳动力的有序流动和合理配置。

### （三）老龄化与老年服务政策

随着人口老龄化问题的日益突出，我国开始实施一系列政策来应对老龄化挑战。这些政策包括养老保险政策、老年人福利和服务、老年人就业和培训等，以满足老年人的需求和提高其生活质量。

我国老龄政策已经逐步形成了以国家战略为引领，以《国家积极应对人口老龄化中长期规划》和《中共中央国务院关于加强新时代老龄工作的意见》为指导，以《中华人民共和国老年人权益保障法》为准绳，以收入保障、养老服务、健康服务三大制度安排为基础，以社会参与、宜居环境和科技助老三大领域为创新驱动的老龄政策体系。

在政策对象上，覆盖范围兼顾全面化和精准化；在政策主体上，多元主体责任划分更加明确；在政策目标上，更加注重老年人追求高质量生活的需求；在政策制定上，老龄政策更加注重体系化建设等特征。

1. 养老保障

我国致力于建立完善的养老保障体系，包括社会养老保险制度、企业职工基本养老保险、城乡居民养老保险和企业补充养老保险等。通过社会保险和社会救助相结合的方式，为老年人提供基本的养老金和福利待遇。

2. 延迟退休政策

为了应对人口老龄化的压力，我国开始逐步提高退休年龄，旨在延长劳动力的工作年限，保持劳动力供应稳定，同时减轻养老金支付压力，促进养老保险的可持续发展。

3. 社区养老和居家养老服务

通过鼓励发展社区养老和居家养老服务，提供老年人居家养老、社区照料和社会支持等服务。政府支持建设养老院和社区养老设施，推动养老护理服务的提供，并提供相关的补贴和补助。

4. 医疗保健服务

即提供老年人医疗保险覆盖、老年疾病防治、老年人健康体检、药品价格优惠等，此外部分地区还鼓励开展老年疾病的预防和治疗研究，提高老年人的健康水平。

5. 社会参与和精神文化建设

即通过建设老年人活动中心、老年大学和老年文化活动场所，提供丰富多样的活动和社交机会，来提供适应老年人需求的教育、文化、体育和娱乐等服务，鼓励老年人积极参与社会和文化活动。

6. 老年人力资源开发政策

通过提供老年人就业支持、针对老年群体提供技能培训和再教育、完善制度保障和福利待遇、鼓励社会参与和志愿服务等服务，旨在充分发挥老年人的潜力和价值，促进他们在社会经济中的参与和贡献。

## 二、家庭政策的主要内容

### （一）家庭照料政策

1. 婴幼儿照料支持政策

婴幼儿照料支持政策是指由政府或相关机构制定和实施的一系列措施和政策，旨在为婴幼儿提供照料和支持，并帮助家长平衡工作和家庭责任。这些政策通常旨在改善婴幼儿的照料质量、提供安全的照料环境，并减轻家庭的经济负担。

主要形式是经济支持、服务支持与制度支持：（1）经济支持包括家庭或机构照料补贴，以帮助家庭支付托儿所或幼儿园的费用，或为父母在休假期间给予一定的收入支持。（2）服务支持包括推行婴儿健康和发展筛查计划，确保婴幼儿的身体健康和发展得到及时关注和干预，同时提供育儿教育和培训机会，帮助家长获取育儿知识和技能，提高照顾婴幼儿的能力。（3）制度支持包括鼓励托幼从业人员接受专业培训，提高其托育能力和服务质量，同时制定托儿所的监管标准，并对托儿所进行监督和审查，以确保照料服务的质量。

此外，婴幼儿照料支持政策还包括职工育儿假，即员工在有孩子出生的情况下可以获得一段时间的休假，以便能够照顾和陪伴新生儿。这种假期通常是为了支持员工平衡工作和家庭责任，同时提供婴幼儿得到关爱和陪伴的机会，属于为育龄家庭提供的时间支持。育儿假包括产假、哺乳假和陪产假，育儿假通常是有薪的，并且会持续一段时间。

2. 儿童托育支持政策

儿童托育支持政策是指为了缓解育龄家庭在儿童照料上的时间与经济负担所采取的相关措施和政策[①]。

目前我国的儿童托育政策包括以下内容：（1）学龄儿童假期托管服务，即学校和社区为学生提供假期托管服务，确保他们在放假期间得到照顾和教育，同时减轻家长的看护压力。（2）课后延时服务，即为学龄儿童在放学后提供照顾和监管的服务。这种服务通常在学校放学后的时间提供，以满足工作或其他活动导致家长无法立即接送孩子的需求。

3. 老年人家庭照料支持政策

老年人家庭照料支持政策是指为了满足老年人日益增长的照料需求所提供的照料支持政策。

目前老年人家庭照料支持政策主要包括：社区养老服务、亲情照料假、老年人护理补贴等。当前我国政府致力于建设全面、多层次、多样化的养老服务体系，并鼓励社区建设养老服务设施，提供居家养老、社区照料和康复护理等服务。社区养老服务中心可以为老年人提供日间照料、健康咨询、文体活动等，以满足老年人在日常生活中的需求。同时，政府还通过发放老年人护理补贴来帮助有经济困难的老年人支付照料费用。

### （二）工作-家庭平衡政策

工作-家庭平衡政策旨在促进员工的工作和家庭生活之间的平衡，通过为员工提供支持和便利来帮助其平衡家庭责任与工作责任，最终提高员工的满意度、工作效率和员工保留率。主要政策包括：

1. 弹性工作时间

即允许员工在一定范围内自主选择工作时间，以适应个人的生活需求。包括弹性上班时间、弹性下班时间、弹性安排加班等。

2. 远程工作政策

企业为员工提供在家中、出差外派途中或其他地点远程工作的机会，方便员工自选工

① 岳经纶，范昕．中国儿童照顾政策体系：回顾、反思与重构［J］．中国社会科学，2018（9）．

作地点，以减少通勤时间。

3. 休假政策

企业为员工提供有薪休假、病假、个人假等福利，使员工能够在需要时获得适当的休息和休闲时间。此外，为满足员工照顾家庭成员的需求，还可以提供家庭照顾假、长期护理假等。

4. 健康促进措施

企业为员工提供健康和福利计划，如健身俱乐部会员资格、健康咨询和体检，以帮助员工保持身心健康。

5. 职业发展支持

培养和提倡管理层对员工工作生活平衡的支持和关注，通过提供培训、学习和发展机会，以帮助员工平衡工作和个人成长，同时提升职业技能。

### （三）家庭收入支持政策

家庭收入支持政策是指由政府或相关机构制定和实施的一系列措施和政策，旨在提供经济支持和援助，帮助低收入或有特殊需要的家庭满足基本生活需求，并改善其经济状况。目前我国的家庭收入支持主要政策包括：

1. 儿童现金转移支付政策

儿童现金转移支付政策指面向有孩子家庭的，对儿童生活照料、养育与教育、住房等方面的开支进行补贴的政策。包括儿童津贴、父母在育儿假期间的收入补贴、婴幼儿机构照护补贴、儿童早期教育补贴、因抚养未成年子女而减免个税等政策。

2. 贫困家庭最低生活保障政策

贫困家庭最低生活保障政策指面向家庭人均收入低于当地最低生活标准且家庭资产状况符合要求的城乡贫困家庭实施的基本生活救助。该政策为贫困家庭提供了基本的、长期的收入支持，有助于贫困家庭满足基本的生活需求，扎实推进共同富裕①。

3. 住房补贴政策

住房补贴政策是由政府或相关机构制定和实施的一种措施，旨在为低收入家庭提供经济援助，以支付房租或降低住房负担。这种政策旨在确保低收入家庭有适当的住房条件，改善他们的居住状况，减轻经济压力。政策内容包括提供房租补贴、公共住房、房屋改造和维修补贴、住房援助咨询服务等。

4. 税收减免和抵免政策

指政府提供税收减免和抵免措施，目的是减轻低收入家庭的税收负担。主要做法包括：允许纳税人根据家中未成年子女或老年人的人数和年龄，在计算应纳税额时享受抵免；缴纳个税时扣除与子女相关的特定费用，例如教育支出、医疗费用、托儿费用等；为家庭经营的小微企业提供税收优惠，以鼓励家庭企业的发展和创业等。通过税收减免和抵免，可以减轻家庭经济压力，帮助家庭实现经济稳定和自给自足。

### （四）妇女和儿童保护政策

我国的妇女保护政策旨在促进妇女的权益保护、平等参与社会和经济发展，并提供相

① 林闽钢．促进低收入群体迈向共同富裕论纲［J］．治理研究，2022（5）．

关的支持和保障。妇女主要保护政策包括妇女健康保护、妇女权益维护、婚姻家庭保护和反性别歧视。

妇女健康保护指提供妇幼保健服务，例如推动乳腺癌和妇科疾病的筛查和治疗，并提供相关的健康宣传和教育；妇女权益维护指通过妇女权益维护机构，如妇联组织，为妇女提供咨询、法律援助和支持服务，推动和保护妇女的权益；婚姻家庭保护指保护妇女在婚姻和家庭中的权益，相关政策包括打击家庭暴力、婚姻登记制度、离婚保护等；反性别歧视指禁止雇佣性别歧视、提供平等就业机会、推动女性参与决策等措施，以禁止对妇女歧视和提供不平等待遇，促进妇女在社会、经济和政治领域的平等地位。

我国的儿童保护政策旨在通过一系列政策来保障儿童的权益和健康成长，主要政策包括儿童权益保护、预防和打击儿童虐待、儿童福利和援助、儿童健康保护等。

儿童权益保护指通过立法和政策来保护儿童的基本权益，包括生存权、发展权、受教育权、健康权等，以禁止虐待、剥削、弃养和歧视儿童，保障他们的人身安全和合法权益；预防和打击儿童虐待包括建立儿童保护机构、提供儿童援助热线、开展儿童安全教育等，以保护儿童免受身体、心理和性虐待的伤害；儿童福利和援助主要面向有需要的儿童和家庭，为其提供扶贫救助、孤儿救助、残疾儿童救助等福利和援助项目，以改善儿童的生活状况和福利待遇；儿童健康保护指提供儿童免疫接种计划、儿童医疗救助、儿童营养计划等。

#### （五）婚姻政策

婚姻政策是指婚姻领域中的相关法律法规和政策，包括婚姻登记制度、婚姻年龄限制、婚姻自由与平等、婚姻家庭保护、婚姻咨询和教育等，旨在支持和保护婚姻制度以及家庭的稳定和发展。

## 第三节　人口与家庭政策的发展

### 一、人口政策的发展

#### （一）实施优化人口发展战略

为实施优化人口发展战略，需要合理控制人口数量、结构和布局，进一步调整人口出生率和死亡率，控制人口增减速度，以实现人口数量的合理控制和人口结构的调整。同时通过相关优生优育等支持措施实现人力资源的培养和开发，最终提高人口素质和劳动力质量。此外，还可以通过政策移民等方式引导人口迁移流动来实现人口布局的优化，最终促进人口高质量发展。

#### （二）持续完善生育支持政策

随着人口老龄化问题的加剧和人口结构的变化，需进一步强调人口质量和结构的优化，育龄家庭提高生育健康水平、优化人口结构，同时关注儿童教育、健康和发展。

此外，生育支持政策还需要以促进全面发展和家庭福祉为导向，提供更全面的社会支持和公共服务，不断加强对婚姻、家庭和儿童的保护和支持，提供相关的福利和服务，包括婚姻登记、婚姻家庭咨询、儿童教育、医疗保健等方面的支持。[①]

### （三）加快推进人口迁移流动政策体系建设

在促进城乡一体化、引导人口集聚和经济发展、完善人口流动管理和服务保障、推动国际人口迁移合作与管理的战略背景下，需要加快推进人口迁移流动政策体系建设。

第一，通过改革户籍制度、提供基础设施、改善农村生活条件等措施，进一步促进城乡一体化发展，以促进人口资源的合理流动和配置，最终缩小城乡发展差距。第二，通过优化资源配置、推动产业升级、提供就业机会等措施，吸引人口向发展潜力和需求较高的地区迁移，以推动区域经济发展和提高人口流动的效益。第三，加强对人口流动的管理和服务保障，包括加强人口流动的信息管理、提供流动人口基本公共服务、维护流动人口合法权益等，提供更加便利和安全的人口流动环境。[②] 第四，随着全球化的深入发展，需完善边境管理、移民政策的制定和执行，积极参与国际移民事务和合作，进一步加强国际人口迁移合作与管理。

## 二、家庭政策的发展

### （一）完善覆盖家庭生命周期的家庭政策体系

从促进家庭发展角度而言，家庭政策应覆盖家庭生活所有领域和贯穿家庭生命全周期，这要求家庭政策以家庭及家庭成员的发展为本，不断完善贯穿家庭生命全程的政策内容，尤其是要依托预防性和发展性的政策设计理念，增强个体与家庭应对社会变化带来的家庭问题的能力，支持和满足家庭成员发展需要，提升家庭生活品质与促进社会文明进步。

### （二）确立个体关怀与家庭发展并重的政策目标

在当前家庭类型多元化发展的新形势下，城乡家庭、双薪家庭、单亲家庭、隔代教养家庭、身心障碍家庭等各有不同需求，这要求家庭政策设计具有较大的弹性和包容性，以灵活应对不同个体的需求。同时，未来我国家庭政策应逐渐从以家庭中某类家庭成员为服务对象向个体与家庭并重过渡。家庭政策体系的建构不能窄化为儿童政策体系、养老政策体系、生育政策体系等的简单相加，而要以整个家庭为基本单元，提升家庭的综合发展能力。

### （三）构建面向“一老一小”的家庭照料政策体系

第一，不断扩大家庭照料政策的覆盖范围，让更多家庭获得享受家庭照料服务和支持的机会，确保更多的家庭能够受益。第二，持续增加家庭照料服务的供给，包括托儿机构、家庭托管服务和家庭护理服务等，以适应少子老龄化社会日益增长的照料服务需求。第三，加快建设家庭照料服务质量标准体系，不断提高服务水平。同时建立“一老一小”家庭照料服务清单制度，完善照料服务设施建设。

---

① 杨菊华．生育支持与生育支持政策：基本意涵与未来取向［J］．山东社会科学，2019（10）．

② 徐晓新，张秀兰．将家庭视角纳入公共政策：基于流动儿童义务教育政策演进的分析［J］．中国社会科学，2016（6）．

### （四）完善工作-家庭平衡政策

第一，加大法律与制度支持，进一步完善相关法律法规，明确工作-家庭平衡政策的目标和原则，并为其提供法律保障。此外，不断出台相关财政和税收政策，鼓励企业提供工作-家庭平衡措施，并对实施这些政策的企业给予奖励和激励。第二，培养工作-家庭平衡文化，推动家庭友好型工作环境的建设，鼓励企业与员工间的互相支持和合作，同时通过媒体、社交平台、公众活动等渠道加强对工作-家庭平衡的宣传和教育，最终将工作-家庭平衡纳入企业文化和价值观中。第三，加大政府投资以建设更多的公共托儿设施、幼儿园和养老院等基础设施，为员工提供便利的家庭支持服务，同时鼓励和支持私营及非营利机构投资兴办此类设施，逐步改善中国的工作-家庭平衡状况。

### （五）强化家庭收入支持力度

第一，建立健全收入保障制度，制定合理的最低工资标准，保障家庭在遭遇收入减少或风险时能够满足基本生活需求。第二，完善面向低收入家庭和特殊困难家庭的家庭补贴和津贴制度，如低保金、特困人员供养补助等，同时完善面向低收入家庭实施税收优惠政策。第三，通过产业政策、创业扶持、技能培训等措施，提高劳动者的就业能力和竞争力，同时创造更多的就业机会，以提高家庭的收入水平。第四，强化第三部门的支持，鼓励社会扶贫和慈善机构通过提供捐款、物资、技能培训等方式，帮助贫困家庭提高收入水平和自我发展能力。

## 思考题

1. 我国生育政策是如何演变的？
2. 我国老龄政策的主要内容包括哪些？
3. 如何构建面向“一老一小”的家庭照料政策体系？

# 第十二章　教育社会政策

## 本章提要

教育权是个体的一项基本权利，而教育社会政策旨在保障个人的受教育权，促进和维护整个社会的教育公平，增进全体人民尤其是弱势群体的教育福祉。教育社会政策的实施对于提高国民教育水平、促进社会公平、推动经济发展、增强国家竞争力、推动社会进步具有重要意义。

## 引导案例

### 从“小而弱”到“小而美”
### ——湖南省新田县探索乡村小规模学校优化提质

新田县，湖南最后一批脱贫摘帽的贫困县之一。像许多地区一样，新田县教学点众多，乡村教育“大而不强”，教学点“多而不优”，“撒胡椒面式”的投入，不仅难以见到明显的产出效益，还造成了显而易见的资源浪费。2020 年春，该县率先在湖南省探索乡村小规模学校优化提质改革，农村教学点由 104 个优化整合为 24 个，推动乡村小规模学校从“小而弱”“小而差”向“小而美”“小而优”转变。

到 2019 年，还有 104 个教学点散布在全县各个角落。这 104 个教学点成了全县教育明显的短板，部分教学点办学条件较差，办学质量较低，与城区、乡镇学校差距较大。因此，农村教学点就读的学生人数急剧减少，教学点大多成了“麻雀小学”和“空心校”。2020 年 3 月，新田县启动改革，确立全县中小学校“布局更合理、资源更优化、师生更安全、质量更优良、家长更满意”的目标。

主要采取三大措施：一是解决学生上学路程变远不方便之忧。在全县所有行政村开通校车，对原来在教学点就读的学生，小学四年级前予以帮扶。二是解决学生生活照顾之忧。加大乡镇寄宿制学校建设力度，所有乡镇中小学校均建起了学生宿舍、食堂、澡堂等生活设施，并采取政府购买服务的方式，为低年级住宿学生配备保育员。三是解决学生环境适应之忧。对每名分流到中心小学或完全小学的学生结对辅导，安排“一名校级领导、一名教师、一名学生”结对辅导，帮助解决心理和学习问题，使其尽快适应新环境。

改革后，新田县继续办学的 24 个教学点，资源和师资适度集中，教育效益得到释放，教学点的现代化程度大大提升。首先，新田县将“省”下来的经费，整合到中央和省里下拨的“两类学校”（乡村小规模学校、乡镇寄宿制学校）建设专项资金中，按照“缺什么补什么”的思路，完善相关基础设施，保证学生有足够的“学位”“餐位”“床位”“蹲位”，力求办学条件不亚于甚至超过乡镇中心小学。其次，明确了教学点建设的基本配置标准，并实现乡镇中心校与所辖教学点的协同管理、一体推进。积极推进教育联盟发展，建立“强校牵手弱校”定点帮扶制度。再次，将教学点教师纳入全县师资配置的大盘子里，把公办教师优先派到教学点。同时，从2017年开始，为农村教学点储备教师。优化提质改革，最终有力促进了新田县教学点的质量提升。

资料来源：阳锡叶．从“小而弱”到“小而美”：湖南省新田县探索乡村小规模学校优化提质［N］．中国教育报，2021-04-19（1）．

**案例思考：**

（1）湖南省新田县的乡村教育存在什么短板？它如何探索优化整合乡村教学点？

（2）结合案例，谈谈乡村小学应当如何优化提质，实现向“小而美”“小而优”的转变。

# 第一节　教育社会政策概述

## 一、教育社会政策的概念和内容

### （一）教育社会政策的概念

教育社会政策是指国家或社会以公平、福利和人权等理念为基础，以保障和推动人与社会的全面发展为目标，针对教育领域所制定和实施的一系列政策、法规和措施的总和。

教育社会政策是教育政策的重要组成部分。教育社会政策是从社会福利、社会政策的视角出发来看待和回应教育问题的，它关注的重点不是教育活动与教育内容本身，而是教育的社会职能和社会效应。它将受教育视为人的一项基本权利，旨在促进和维护整个社会的教育公平，保障和增进全体人民，特别是弱势群体的教育福祉。

### （二）教育政策与教育社会政策的关系

1．总体与具体的关系

教育社会政策是教育政策的子部分。教育政策包含两种类型：一是涵盖教育学制、教师管理、教学目标、课程设置、绩效考评、教育经费和教育行政等方面的政策、规章、制度；二是对教育发展路线、教育资源分配、教育权利保障、教育社会福利等方面的规定。教育社会政策属于第二种类型，一般涉及教育发展的方向、原则、路径、理念等问题，也就是规定了国家和社会应当以什么样的理念来安排和开展教育活动。

2．整体与局部的关系

教育政策是从全局性角度，关注一个国家教育发展的整体质量和整体水平，并进行整体性的安排。教育社会政策更为关注局部群体的利益，以促进教育公平、保障教育权利、增进教育福祉为基本导向，是从社会福利、社会政策的视角来回应和看待教育问题，是国家或社会在教育领域的社会政策安排。

### （三）教育社会政策的内容

教育社会政策作为教育政策中的一部分，其内涵也十分丰富。随着经济的发展、社会的进步、旧问题的解决和新问题的出现，教育社会政策也处在不断发展之中。从不同的标准出发，可以将教育社会政策划分为不同的类型。

1. 以教育的层级和类别作为分类标准

教育社会政策可以分为：学前教育政策、义务教育政策、高中教育政策、职业教育政策、高等教育政策、民办教育政策和特殊教育政策。其中，学前教育政策、义务教育政策和高中教育政策属于基础教育政策。

2. 以政策的调节手段或作用途径作为分类标准

教育社会政策大致可以分为：

（1）权利保障型教育社会政策，即对基本受教育权利受损的主体提供政策帮助。如农民工子女随迁入学政策等。

（2）资源调节型教育社会政策，即对地区间教育发展不均衡进行资源调节与分配。如针对西部地区开展的“两基”攻坚计划等。

（3）经济资助型教育社会政策，即对家庭经济困难学生给予经济支持。如针对家庭经济困难学生的助学贷款政策、困难补助政策等。

（4）特殊扶助型教育社会政策，即对特殊群体的政策扶持和倾斜。如专门针对某些残障人士采取的照顾性政策等。

此外，还有其他的分类标准，如依据政策制定主体可以划分为中央的教育社会政策、地方的教育社会政策和部门的教育社会政策；依据政策实施的范围可以划分为全国性、地方性和学区性的教育社会政策；依据政策层次可以划分为教育的总社会政策、基本社会政策和具体社会政策。

## 二、教育社会政策的特征与功能

### （一）教育社会政策的特征

1. 公平的价值导向

教育社会政策是有着明确价值导向的制度实践与学科领域。教育社会政策实践的核心价值就是实现教育公平。教育公平的主要内涵是：在法律层面，人人享有平等的受教育权利；在教育政策领域，人人平等地享有公共教育资源；在教育活动中，人人受到平等的教育对待，人人具有同等取得学业成就和就业前景的机会。但是，关于教育公平主要内涵的实现受到多方面、多种条件的限制，教育公平自身也受到复杂社会因素的影响和制约。例如，城乡教育、区域教育发展不均衡导致的受教育机会不均等。

教育社会政策以公平作为价值指引，确保人人享有平等的教育权利，反对各种教育排斥和教育歧视；保障人人平等地享有公共教育资源、不同类型或阶段的教育机会在不同社会人群之间平等分配、缩小已存在的教育机会差距；维护社会弱势群体的利益，政策向社会中处境不利的弱势群体倾斜。关注弱势群体、促进教育公平、推动社会发展是当前中国教育社会政策的重要使命。

2. 显著的福利特性

教育社会政策的福利特性是指将基础教育视为政府必须予以保障的社会福利的重要组

成部分，须为所有适龄儿童与青少年平等地享有，政府在确保所有儿童与青少年，特别是弱势群体的平等受教育权方面具有不可推卸的法定责任。

政府承担起公共教育的供给责任并通过法律法规使之制度化，是将教育作为社会福利事业推进的前提，是确保教育福利普惠性的基础。它是政府的法定义务，同时也是公民的基本权利。

我国教育福利制度安排一个重要的里程碑是1986年《中华人民共和国义务教育法》的颁布，规定对接受义务教育的学生免收学费，国家设立助学金，帮助贫困学生就学。2006年，出台《中华人民共和国义务教育法（修订草案）》，新《义务教育法》强化了义务教育免费的本质。此外，还逐步对农村地区和家庭困难学生实行高中阶段免费教育。

### （二）教育社会政策的功能

1. 保障教育权利，促进社会公平

当今世界中，受教育权已经被视为公民的一项基本人权。教育社会政策即以维护公民的基本人权为宗旨，通过保障公民的教育权利，促进整个社会的公平公正。

保障每位公民教育权利意味着要实现教育公平。教育公平是社会公平的基础，是社会公平的重要方面，是促进社会公平的重要力量。教育公平的缺失或受到损害，将极大地影响到其他领域的社会不公平，使其他领域的社会不公平得以延续并进一步放大。保障教育权利、实现教育公平对促进社会整体公平具有举足轻重的作用，而教育社会政策则是保障教育权利、促进社会公平的重要手段。

2. 协调各项资源，确保分配合理

教育社会政策的协调功能是指教育社会政策在社会发展过程中能起到协调和平衡各种教育关系的作用，即对教育发展过程中的各种失衡状态进行调节。

教育事业是一个庞大的系统工程，组成这个系统的各个要素之间，如基础教育与中等教育之间、中等教育与高等教育之间存在着各种各样的关系和结构，需要对其进行合理分配，使之能相互衔接。此外，不同地区之间、不同区域之间，由于经济因素、地理位置等所造成的教育资源、教育质量发展差距也需要教育社会政策对其进行调节。

## 三、教育社会政策的演变

### （一）国际教育社会政策的演变

1948年联合国《世界人权宣言》提出，人人都有接受教育的权利。1990年，联合国教科文组织、联合国儿童基金、联合国开发计划署和世界银行在泰国联合主办了首次世界全民教育大会，大会通过了《世界全民教育宣言》和《满足基本学习需求的行动框架》。两份文件强调了基础教育的重要性，《世界全民教育宣言》从社会发展角度提出了全民教育理念，《满足基本学习需求的行动框架》鼓励各国政府围绕六个领域制定本国应于2000年达到的全民教育的目标。此次会议是世界教育史上的一个里程碑，大会之后，全民教育理念为越来越多的国家所接受，许多国家制定了全民教育战略和目标。

2000年，“世界教育论坛”在塞内加尔首都达喀尔召开，会议通过《达喀尔行动纲领——全民教育：实现我们的集体承诺》，该纲领确立了六个新的全民教育目标，并给国际社会 15 年时间，即争取到 2015 年实现这些目标。

2015 年，联合国教科文组织在巴黎中部通过并发布了“教育 2030 行动框架”，动员所有国家和合作伙伴响应教育的可持续发展目标，提出了实施协调、筹措资金及监测教育 2030 的方法，以确保全纳、公平的优质教育，使人人可以获得终身学习的机会。该行动框架还提出了指示性策略，指导各国根据不同的实际、能力、发展水平、政策及优先发展的考虑，制定符合本土情况的计划和战略。

### （二）我国教育社会政策的演变

1986 年，六届全国人大四次会议审议通过了《中华人民共和国义务教育法》，以国家立法的形式正式确立我国实施九年义务教育。20 世纪 90 年代，农村教育、职业教育、残疾人教育等改革先后推进。1993 年国家发布《中国教育改革和发展纲要》，制定了我国教育 90 年代发展的目标、战略和指导方针。1995 年《中华人民共和国教育法》正式颁布实施，规定了我国教育的基本性质、地位、任务、基本法律原则和基本教育制度等，成为我国教育事业发展史上新的里程碑。

进入 21 世纪以来，我国更加强调教育的公平性，2005 年教育部颁布《关于进一步推进义务教育均衡发展的若干意见》，对农村义务教育的财政转移力度明显加大。2007 年，国务院审议通过《国务院关于建立健全普通本科高校、高等职业学校和中等职业学校家庭经济困难学生资助政策体系的意见》，基本形成贷、奖、助、勤、补、减（免）等多种形式混合资助体系；另外，中等职业学校和民办学校也纳入国家教育资助体系当中。至此，我国逐步构建起具有普惠性质的教育福利体系。

2019 年初，中共中央、国务院印发《中国教育现代化 2035》，提出到 2035 年教育现代化的主要发展目标是：建成服务全民终身学习的现代化教育体系，普及有质量的学前教育，实现优质均衡的义务教育，全面普及高中阶段教育，职业教育服务能力显著提升，高等教育竞争力明显提升，残疾儿童少年享有合适的教育，形成全社会共同参与的教育治理新格局。中国教育公平事业从此步入现代化发展阶段。

2021 年，党的十九届五中全会通过《中华人民共和国国民经济和社会发展第十四个五年规划和 2035 年远景目标纲要》，以“建设高质量教育体系”作为专章，清晰地指出了未来我国教育发展进入高质量发展的新阶段。2021 年，国家发改委、教育部、人力资源社会保障部印发《“十四五”时期教育强国推进工程实施方案》，宣布实施教育强国推进工程，促进各级各类教育协调发展。教育强国推进工程主要包括巩固基础教育脱贫成果、职业教育产教融合、高等教育内涵式发展等三部分建设内容，主要目标是提升基本公共教育服务均等化水平，建设高质量教育体系，加快建设教育强国，办好人民满意的教育。

2023 年中共中央办公厅、国务院办公厅印发《关于构建优质均衡的基本公共教育服务体系的意见》，明确指出到 2027 年，优质均衡的基本公共教育服务体系初步建立，供给总量进一步扩大，供给结构进一步优化，均等化水平明显提高。到 2035 年，义务教育学校办学条件、师资队伍、经费投入、治理体系适应教育强国需要，市（地、州、盟）域义务教育均衡发展水平显著提升，绝大多数县（市、区、旗）域义务教育实现优质均衡，适龄学生享有公平优质的基本公共教育服务，总体水平步入世界前列。

## 第二节　教育社会政策的主要内容

教育社会政策的主要内容为：学前教育政策、义务教育政策、高中教育政策、职业教育政策、高等教育政策和民办教育政策。

### 一、学前教育政策

进入21世纪后，我国学前教育呈现出快速发展的趋势。2003年，教育部等十部门联合颁布的《关于幼儿教育改革与发展的指导意见》明确了今后5年（2003—2007年）幼儿教育改革的总目标，即“形成以公办幼儿园为骨干和示范，以社会力量兴办幼儿园为主体，公办与民办、正规与非正规教育相结合的发展格局”。这一时期，公办幼儿园作为主力军稳步发展，社会力量举办的民办幼儿园也开始得到迅速发展，使学前教育呈现稳步发展态势。

2010年，国务院提出坚持教育的普惠性，普惠性学前教育亦成为我国学前教育政策的发展方向。普惠性学前教育是指政府为实现公益、普惠、安全、优质的目标，肩负起主导责任保障所有适龄儿童享受的学前教育，不受身份地位、阶层背景、经济基础等条件的约束和限制。因此，普惠性学前教育具有政府主导、面向所有适龄儿童、价格实惠、质量有保障四个特征。

为推进普惠性学前教育，2018年，中共中央、国务院印发《关于学前教育深化改革规范发展的若干意见》，明确到2020年，广覆盖、保基本、有质量的学前教育公共服务体系基本建成；到2035年，全面普及学前三年教育，建成覆盖城乡、布局合理的学前教育公共服务体系。2021年底，教育部等部门进一步印发《“十四五”学前教育发展提升行动计划》，主要目标是进一步提高学前教育普及普惠水平，让覆盖城乡、布局合理、公益普惠的学前教育公共服务体系进一步健全。

### 二、义务教育政策

1986年第六届全国人民代表大会第四次会议通过的《中华人民共和国义务教育法》规定，国家实行九年制义务教育，要求省、自治区、直辖市根据本地区经济、文化发展状况，确定推行义务教育的步骤。这标志着中国已确立了义务教育制度。1998年国务院批转教育部的《面向21世纪教育振兴行动计划》中提出到2000年全国基本普及九年义务教育。

#### （一）“两免一补”资助政策

为了不让农村学生因家庭经济困难而失学，从2001年起，国家开始对农村义务教育阶段家庭学生就学实施“两免一补”资助政策。它指的是对农村义务教育阶段贫困家庭学生“免杂费、免书本费、逐步补助寄宿生生活费”，其中中央财政负责提供免费教科书，地方财政负责免杂费和补助寄宿生生活费。之后，“两免一补”政策的资助范围逐渐扩大，由农村扩展到城市，从2008年秋季起在城市实行全面免除义务教育阶段学杂费，对家庭经济困难学生提供免费教科书，同时对家庭经济困难的寄宿生补助生活费。从此，全国城乡普遍实行免费义务教育，真正赋予了我国每个家庭的子女都能平等享有基础教育的权利。

### （二）“撤点并校”政策

“撤点并校”是对农村义务教育学校布局的调整措施，指的是撤销教学点，将几个学校合并为一个中心校的措施。由于计划生育政策导致农村义务教育适龄人口减少，同时存在大量规模小、生源少、条件差、质量低的基础教育学校，为此，2001年《国务院关于基础教育改革与发展的决定》提出因地制宜调整农村义务教育学校布局，按照小学就近入学、初中相对集中、优化教育资源配置的原则，合理规划和调整学校布局。农村小学和教学点要在方便学生就近入学的前提下适当合并，在交通不便的地区仍需保留必要的教学点，防止因布局调整造成学生辍学。同时，学校布局调整要与危房改造、规范学制、城镇化发展、移民搬迁等统筹规划。调整后的校舍等资产要保证用于发展教育事业。在有需要又有条件的地方，可举办寄宿制学校。

但是，随着“撤点并校”工作的推进，一些问题也出现了，例如偏远学生上学难、过早的寄宿生活影响孩子心理健康、家庭经济负担加重等。当意识到“撤点并校”可能带来的问题后，从2012年开始，国家明确提出“坚决制止盲目撤并农村义务教育学校，暂停农村义务教育学校撤并”，对“撤点并校”采取谨慎的态度。

## 三、高中教育政策

高中教育是在九年义务教育基础上进一步提高国民素质、面向大众的基础教育。它在整个教育阶段中属于连接义务教育与高等教育的“桥梁”，承担着选拔的功能。

随着义务教育办学条件的日益改善，普通高中作为义务教育的延伸愈加受到国家重视。2010年《国家中长期教育改革和发展规划纲要（2010—2020年）》颁布，标志着我国普通高中教育改革进入关键期。它提出未来10年普通高中教育改革和发展的任务：加快普及高中阶段教育，全面提高高中学生综合素质，推动高中多样化发展。

### （一）高中教育资助政策

为切实解决普通高中家庭经济困难学生的就学问题，2010年财政部、教育部发布《关于建立普通高中家庭经济困难学生国家资助制度的意见》，提出建立以政府为主导，国家助学金为主体，学校减免学费等为补充，社会力量积极参与的普通高中家庭经济困难学生资助政策体系。

### （二）高中教育普及政策

普及高中阶段教育是我国继普及九年义务教育之后进一步提升国民整体素质、劳动力竞争能力、建设人力资源强国的重大举措。2017年，教育部等四部门印发《高中阶段教育普及攻坚计划（2017—2020年）》，提出到2020年，全国普及高中阶段教育，满足初中毕业生接受良好高中阶段教育的需求。攻坚的关键是保基本、补短板、促公平，重点倾斜中西部贫困地区、民族地区、边远地区和革命老区等教育基础薄弱、普及程度较低的地区；重点关注家庭经济困难学生、残疾学生和进城务工人员随迁子女等特殊群体；重点解决普通高中大班额比例高、职业教育招生比例持续下降和学校运转困难等突出问题。

### （三）县域高中发展政策

2021年，教育部等九部门印发《“十四五”县域普通高中发展提升行动计划》，主要解决一些地方县中发展存在生源和教师流失比较严重、基础条件相对薄弱、教育质量有待提高等突出问题。主要目标是到2025年，县中整体办学水平显著提升，公民办普通高中招生全面规范，教师补充激励机制、教育经费投入机制基本健全，县中教育质量显著提高。

## 四、职业教育政策

职业教育以培养能够适应社会需要的、服务于生产一线的、具有操作性专门技能的人才为目标，是现代教育的有机组成部分。我国职业教育体系按照教育层次可分为三级，即初等职业教育、中等职业教育和高等职业教育。其中，中等职业教育是目前我国职业教育的主体，主要由中等职业学校实施，招生对象主要是初中毕业和具有初中同等学力的人员，学制以三年制为主。高等职业学校主要招收普通高中和中等职业学校毕业生，学制二年或三年，特别强调应用型、工艺型高技能人才的培养。

1985年，中共中央颁布的《关于教育体制改革的决定》提出“大力发展职业技术教育”，因为社会主义现代化建设不但需要高级科学技术专家，而且迫切需要一支“受过良好职业技术教育”的“劳动技术大军”。1996年颁布的《中华人民共和国职业教育法》确定了职业教育的法律地位，规定了政府、社会、企业、学校以及个人在职业教育中的权利和义务，明确了职业教育的根本任务、办学体制和管理体制等，标志着职业教育开始走上依法建设和发展的轨道。这一时期，职业教育得到国家大力支持和重视，职业教育类型和层次不断丰富。

2010年《国家中长期教育改革和发展规划纲要（2010—2020年）》提出，到2020年，形成适应经济发展方式转变和产业结构调整要求、体现终身教育理念、中等和高等职业教育协调发展的现代职业教育体系，并进一步强调政府在发展职业教育中的职责，将提高质量和促进公平作为未来职业教育发展的核心和重点。但是，我国职业教育“上热下冷”，政府部门重视，但社会认可度不足。为此，2019年国务院印发《国家职业教育改革实施方案》（“职教20条”），开宗明义指出职业教育与普通教育是两种不同的教育类型，但具有同等重要地位，并提出从当年开始，在职业院校、应用型本科高校启动“学历证书＋若干职业技能等级证书”制度试点工作。这一时期，职业教育改革不断深入，推进产教融合、新型学徒制等创新模式，加强了职业教育与高等教育的衔接，大幅提升了我国新时代职业教育现代化水平。

2021年，中共中央办公厅、国务院办公厅印发《关于推动现代职业教育高质量发展的意见》，为职业教育类型定位提供了重要支撑。它提出到2025年，我国职业教育类型特色更加鲜明，现代职业教育体系基本建成，技能型社会建设全面推进。到2035年，职业教育整体水平进入世界前列，技能型社会基本建成。

2022年，中共中央办公厅、国务院办公厅印发《关于深化现代职业教育体系建设改革的意见》，改革方向是深化职业教育供给侧结构性改革，建立健全多形式衔接、多通道成长、可持续发展的梯度职业教育和培训体系；推动职普协调发展、相互融通；推动形成同市场需求相适应、同产业结构相匹配的现代职业教育结构和区域布局。

## 五、高等教育政策

自新中国成立初期到20世纪80年代初，我国高等教育实施的是“免费上大学”政策，即学费由国家提供，学校以奖学金、助学金的形式补贴高校学生的生活开支。从80年代后期开始，我国高校开始探索收费制度。1993年，《中国教育改革和发展纲要》中提出：“改革学生上大学由国家包下来的做法，逐步实行收费制度。”1994年起高校开始试行计划内和计划外的“并轨”招生，实行统一收费制度。但随着市场化程度不断加深，高等教育费用快速攀升，越来越多的经济困难家庭子女因为难以承担高额费用而被阻隔在高等教育之外，制约了我国高等教育的公平发展。

为了解决这一问题，1999年教育部发布我国政府在控制学费上涨幅度的同时，开始拨出专款加强和完善助学制度，对高校贫困生实施“奖、贷、助、减、补”的助学政策。1999年，中国人民银行、教育部、财政部联合发布《关于国家助学贷款的管理规定》（试行），助学贷款制度开始实施。2002年，教育部和财政部决定正式设立国家奖学金，以资助家庭经济困难的普通高等学校学生完成学业。2007年，国务院公布了《关于建立健全普通本科高校、高等职业学校和中等职业学校家庭经济困难学生资助政策体系的意见》，进一步建立健全我国家庭经济困难学生资助政策体系。

2017年，财政部、教育部等四部门发布《关于进一步落实高等教育学生资助政策的通知》，要求进一步加强和规范高等教育学生资助工作，确保学生资助政策落实到位。进一步提高资助精准度，包括家庭经济困难学生认定工作，加大对建档立卡等家庭经济困难学生的资助力度，优化国家奖助学金等名额和资金分配机制，完善校内配套政策措施，等等。

## 六、民办教育政策

民办教育是企业、事业组织、社会团体及其他社会组织和公民利用非国家财政性经费，面向社会举办的学校及其他教育机构。它与公办教育的区别主要表现在以下两个方面：一是办学主体不同，公办教育的办学主体是国家及地方政府，而民办教育的办学主体是社会团体及公民个人；二是经费来源不同，公办教育主要来自教育财政性拨款，而民办教育经费主要来自学生学费、个人财产投入和社会捐资等。

从20世纪80年代初开始，我国政府开始鼓励工商企业、私人机构、个人甚至外资机构资助现有教育机构办学。1997年，《社会力量办学条例》颁布，肯定了“社会力量办学事业是社会主义教育事业的组成部分”。这是国家第一次以行政法规的形式系统、全面地把多年来党和国家关于民办教育的政策、方针做了较为明确的阐释和规定，涉及民办教育的性质、设立标准、教学管理、行政管理、财务管理、扶持政策等诸多方面的内容。该条例实施后，民办教育不断得到规范。

1999年《中共中央国务院关于深化教育改革全面推进素质教育的决定》颁布，政府对民办教育的定位第一次从“公办教育的补充”发展为“与公办教育并重”，民办教育的地位进一步得到了提升。为了解决民办教育发展中出现的混乱现象和严重问题，2006 年到 2008 年，国务院办公厅、教育部相继颁布了《关于加强民办高校规范管理引导民办高等教育健康发展的通知》《民办高等学校办学管理若干规定》《独立学院设置与管理办法》，规范民办教育的健康发展。

2010 年，《国家中长期教育改革和发展规划纲要（2010—2020 年）》中指出，大力支持民办教育，依法落实民办学校、学生、教师与公办学校、学生、教师平等的法律地位，健全公共财政对民办教育的扶持政策。经过这些年的发展，民办教育从鼓励走向规范，形成了多样性的办学体制，壮大了教育资本的总量，增加了公众的受教育机会。2017 年，国务院印发《关于鼓励社会力量兴办教育促进民办教育健康发展的若干意见》，指出对民办教育实行分类管理，加强规范管理，提高办学质量，促进民办教育持续健康发展。

随着我国教育进入高质量发展阶段，需要发展更加优质、更有特色、更为包容的民办教育。为此，2021 年，国务院颁布修订后的《中华人民共和国民办教育促进法实施条例》，一是在办学方向上，坚持和加强党对民办教育的全面领导，坚持教育公益属性；二是在发展目标上，引导民办学校提供差异化、多元化和特色化的教育供给；三是在法律地位上，充分保障民办学校师生的同等权利，依法维护民办学校的同等地位；四是在政策要求上，更加强调支持规范并重，双轮驱动民办教育高质量发展。

## 第三节　教育社会政策的发展

### 一、加快义务教育优质均衡发展和城乡一体化

义务教育优质均衡发展和城乡一体化主要考虑人的全面发展和区域的均衡发展。“优质”首先体现在人的全面发展上，义务教育质量要超越简单以成绩作为质量评价指标，充分考虑学生的全面发展；“均衡”发展从理论上针对地区、城乡和校际，但义务教育均衡更多指向县域义务教育的城乡一体化。2023 年，中共中央、国务院印发《关于构建优质均衡的基本公共教育服务体系的意见》，加快推进国家基本公共服务均等化，构建优质均衡的基本公共教育服务体系，为着力解决优质教育资源供给不充分，缩小区域、城乡、校级、群体之间的教育差距提供基本遵循。主要包括以下实施路径和策略。

#### （一）创新优质均衡发展的管理机制

在全国范围内实现义务教育的基本均衡后，我国沿海一些教育发达地区开始积极探索推进优质教育均衡发展的模式。目前各地实践中主要有三种典型模式。一是上海浦东的“委托管理”模式，破解了现行体制下学校人、财、物等资源跨区域流动的难题，实现了优质资源由先进地区辐射到薄弱学校，促进农村学校更新办学理念，提升教育质量与效益，从而有效推进义务教育优质均衡发展。二是江苏省提出的义务教育优质均衡改革发展示范区，通过“名校＋弱校”“名校＋民校”“名校＋新校”“教育联盟”“教育集团”等模式形成区域内优质学校和薄弱学校资源共享和共同发展。三是以杭州市为代表的“名校集团化”办学模式，促进优质资源的共享。还有在我国一些地区试行学区制改革，通过硬件

资源、人力资源和课程资源共享、以强带弱等范式促进区域义务教育优质均衡发展，探索出捆绑、托管、拓展和网络等改革模式。

### （二）全面保障义务教育优质均衡发展

第一，义务教育办学条件均等化。实施义务教育学校标准化建设工程，完善义务教育学校办学具体标准，建立学校标准化建设台账，推动义务教育学校办学条件达到规定标准，切实改善学校教学生活和安全保障条件。第二，义务教育学校师资队伍均等化。落实中央关于中小学教职工编制标准和统筹管理相关规定，依据国家课程方案配齐配足教师，特别是加强思政课、体育、美育、劳动教育和心理健康教育、特殊教育教师配备。第三，义务教育学校经费投入均等化。始终坚持把义务教育作为教育投入的重中之重，切实落实政府责任，逐步提高经费保障水平；要求优化教育经费使用结构，加大对教育教学和教师队伍建设投入力度，依法保障教师工资待遇，促进义务教育优质均衡发展。第四，义务教育学校治理水平均等化。实施校长教师有序交流轮岗行动计划，科学推进教师“县管校聘”管理改革，从城市、农村等不同地区的实际出发，完善交流轮岗保障与激励机制，将到乡村学校或办学条件薄弱学校任教 1 年以上作为申报高级职称的必要条件，3 年以上作为选任中小学校长的优先条件，推动优秀校长和骨干教师向乡村学校、办学条件薄弱学校流动。

### （三）大力提高家庭经济困难家庭应助尽助水平

第一，确保家庭经济困难学生资助全覆盖。完善覆盖全学段学生资助体系。建立健全幼儿资助制度，通过减免保教费等方式，切实保障家庭经济困难幼儿接受普惠性学前教育。坚持和完善义务教育“两免一补”政策，为学生免除学杂费、提供免费教科书，为家庭经济困难学生提供生活补助；深入实施农村义务教育学生营养改善计划，为实施地区学生提供营养膳食补助。对符合条件的普通高中家庭经济困难学生提供国家助学金、免除学杂费。对符合条件的中等职业教育在校生提供国家助学金、免除学费。优先将家庭经济困难的残疾儿童纳入资助范围，对残疾学生特殊学习用品、教育训练、交通费等予以补助。第二，提升学生资助精准化水平。依托政务数据共享交换平台，加强教育与民政、农业农村、残联等部门间数据共享交换，完善家庭经济困难学生认定依据和工作程序，提高家庭经济困难学生认定精准度和异地申请的便利性，完善资金发放机制，切实做到应助尽助。

## 二、优化区域教育资源配置

目前我国城乡与地区间的教育发展差异主要体现在地区间教育经费与基础建设投资差距显著，学校数量分配不均、欠发达地区入学率偏低，地区间师资数量与质量均有较大差异，以及地区间办学条件存在较大差异等方面。我国区域教育资源的优化配置包括以下几条实施路径：

### （一）推进义务教育学校标准化建设

要加快缩小区域教育差距，继续加大对中西部困难地区支持力度，实施义务教育学校标准化建设工程，完善义务教育学校办学具体标准。其中，省级政府要聚焦促进省域内不同地区市、县区之间缩小办学条件和水平差距；市级政府要充分发挥区域经济中心作用，资源配置重点向经济欠发达县区倾斜；国家和省级层面要做好督促工作，切实兜住办学条件底线。

### （二）加大对贫困地区的经费倾斜和保障力度

2019年，国务院办公厅印发《教育领域中央与地方财政事权和支出责任划分改革方案》，提出充分调动地方因地制宜发展区域内教育事业的积极性和主动性，适度加强中央财政事权和支出责任。在义务教育阶段，公用经费保障划分为三档，第一档中央财政分担80%，包括内蒙古、广西、重庆、四川、贵州等12个省（自治区、直辖市），经济越发达地区分担比例越少，第五档中央财政分担50%，包括北京、上海2个直辖市，进一步明确教育领域中央与地方的财政事权和支出责任。

### （三）缩小地域间师资数量与质量的差距

解决区域教育发展师资数量和质量问题，一是强化教育的财政保障，提高该地区教师的待遇，给予充足的保障和福利，并对偏远地区教师队伍进行定向、定期培训；二是完善教师补充机制，适当增大教师编制与岗位的弹性；三是鼓励和支持大学生西部志愿服务计划和高校银龄教师支援西部计划的项目，推动发达地区高校对口支援西部教育等；四是发展信息化教学，利用信息化手段扩大优质教育资源的覆盖面，但也要预防区域间数字鸿沟所带来的新的教育不公。

### （四）采用多种手段应对高等教育资源过度集中于东部发达地区的问题

政府应继续通过转移支付、专项经费、特殊项目等方式，加大对不发达地区高等教育的支持力度。应继续搭建高等教育东西部结对帮扶、对口支援的机制，发挥东部地区高等教育资源的辐射带动作用，推动高等教育向中西部流动。

## 三、强化学前教育普惠发展

### （一）精准布局普惠性幼儿园的资源，改善“入园难”问题

当前我国普惠性幼儿园的资源布局仍为低水平均衡，部分大城市、都市圈的辐射力持续较强，在快速发展过程中吸引大量教育人口流入，导致普惠性幼儿园资源紧张。与此同时，乡村地区普惠性幼儿园资源缺失。发力解决资源不均衡是普惠性幼儿园发展的关键问题。一方面，需要超前谋划，建立学位供需预警长效机制。各地要定期开展动态监测学位供给，在此基础上优化区域普惠性幼儿园资源配置水平。在脱贫地区，按照“分散设点、就近入园”的原则将普惠性幼儿园资源供给与全面推进乡村振兴战略结合好。另一方面，也要依据人口变化落实学位“增量”，盘活学位“存量”，积极回应人民群众托育需求。利用资源需求的错峰增长，统筹安排托班和幼儿园学位，鼓励有学位余量的幼儿园向下延伸发展托班，盘活普惠性幼儿园内部各种资源，建立托幼学位一体化调配机制和置换机制。

### （二）完善公平合理的财政投入，改善“入园贵”问题

尽快制定落实全国统一的普惠性幼儿园生均财政拨款或生均公用经费基准定额标准，各地按照财力状况分省确定市县责任。同时要统筹考虑经济发展水平和群众承受能力，合理确定普惠性幼儿园成本分担机制。按照质价结合、优质优价的原则，合理调整普惠性保

教费标准，并建立健全动态调整机制。

### （三）大力发展普惠性公办园，同时扶持普惠性民办园

公办园应当发挥保基本和平抑收费的主渠道作用，因此要压实各级政府对于公办幼儿园财政投入的主体责任，提高公办幼儿园财政性经费在总经费中的占比，保障公办园的长效发展。同时，也要积极开展普惠性民办园扶持计划，制定相关的认定和管理办法，制定出台普惠性民办园的生均补助标准，对办学质量高、社会效益好的普惠性民办园提高补助标准，并通过购买服务、综合奖补、减免租金等方式，激励普惠性民办园的发展。

## 四、强化特殊教育普惠发展

特殊教育针对的是因先天或后天原因而造成的残障类群体的教育问题，保障其拥有平等的受教育权利。目前我国残疾儿童、少年的义务教育入学率与普通儿童相比仍有一定距离，而非义务教育阶段的差距则更大，残疾人接受学前教育及高中以上阶段教育的机会明显不足。因此，在未来很长一段时期内，普及仍然是我国特殊教育发展的主要任务。

### （一）增加残疾儿童义务教育入学机会

重点保障中重度残疾儿童、偏远农村地区残疾儿童等特殊困难群体接受义务教育的权利。继续巩固过去十年义务教育阶段特殊教育的发展成果，通过强化“随班就读”的主体地位、加强特殊教育学校建设、探索设立“特教班”、健全“送教上门”制度等途径，增加残疾儿童入学机会。

### （二）拓展学段服务

加快以义务教育为重心的特殊教育体系向两端的延伸，形成全学段衔接、学位充足、安置方式多元、服务残疾人终身学习的现代化特殊教育体系，实现“特殊教育普惠发展”中“普及”这一基础性目标。这需要积极协调各层次教育的关系，通过各种途径扩充学前教育阶段特殊教育学位，按照新修订的《残疾人中等职业学校设置标准》加强残疾人中等职业学校建设，探索建立从幼儿园到高中的十五年一贯制特殊教育学校，稳步发展高等特殊教育。

### （三）增加特殊教育经费投入

2022 年，《“十四五”特殊教育发展提升行动计划》提出到 2025 年将义务教育阶段特殊教育生均公用经费标准提高至每生每年 7 000 元以上。严格落实这一标准，义务教育阶段生均拨款政策向特殊教育倾斜，提高地方特殊教育专项经费额度，形成生均经费与专项经费相结合的特殊教育经费保障机制。此外，应重点加大学前阶段残疾学生资助力度，进一步降低残疾幼儿高昂的康复及干预成本，改善偏远落后地区薄弱校办学条件，真正将“普惠”落到实处。

### （四）全面推进融合教育

融合教育指的是不要把障碍儿童孤立于隔离的封闭的教室、学校、交通设施和居住环境之内，主张将特殊儿童和普通儿童同伴一起参与各个阶段的教育，最大限度发挥有特殊需要儿童的潜能。目前在我国主要的融合教育实践是义务教育阶段的“随班就读”，但这

只是融合教育的初级阶段，发展真正的融合教育，还需要一个全面的有力的支持系统。第一，提供必要的物质支持，建立无障碍设施，建立资源教室，改善在融合环境中接受教育的学生的教学和生活条件。第二，要充分发挥专业人员在融合教育中的作用，在融合教育中，有障碍的儿童和少年也是普通教育班级中的主人，也同样能积极参与班级活动，这就必须有专业教师和教辅人员、言语治疗和物理治疗这类的支持性服务、教学和活动设施，但是目前专业人员数量的匮乏和专业水平不高是制约我国融合教育发展的主要原因之一。第三，需要家长和全社会形成对于融合教育的正确认识和理解，接纳并鼓励残疾儿童参与融合教育。

## 思考题

1. 我国教育社会政策的主要内容是什么?
2. 我国义务教育政策的主要内容是什么?
3. 阐述我国社会政策的发展趋势。

# 第十三章　住房社会政策

## 本章提要

住房社会政策是中国社会政策的重要内容。新中国成立以后，就逐步建立了适应计划经济体制的福利分房制度。20 世纪 80 年代以来，随着计划经济体制向社会主义市场经济体制转变，原来的福利分房制度逐渐被住房商品化替代，市场在住房资源配置中发挥越来越大的作用，为了解决贫困者和中低收入者的住房问题，与之相适应的住房公积金、公共租赁住房、保障性租赁住房、棚户区和危房改造等住房保障政策也逐步建立起来。

## 引导案例

### 住房公积金制度助力“住有所居”

从只允许有单位的职工缴存到灵活就业人员也可缴存，从主要支持职工贷款购房到支持租购并举，从“窗口办理”到“一网通办”……我国建立住房公积金制度 30 多年来，不断创新提升服务，扩大制度惠及面，有力支持了百姓的基本居住需求。

住房公积金制度 1991 年在上海初创，随后在全国普遍建立发展起来。住房和城乡建设部数据显示，截至 2020 年末，累计归集住房公积金 19.6 万亿元，提取 12.3 万亿元，发放个人住房贷款 11.1 万亿元，帮助 5 800 多万缴存人贷款购房。

30 多年来，住房公积金制度在解决住房问题上充分体现了互助性、保障性，法规和制度建设不断完善，资金使用效能不断提高，服务水平全面提升，信息化建设不断加快，为推动实现住有所居发挥了重要作用。

住房和城乡建设部推动建立多主体供给、多渠道保障、租购并举的住房制度，更好地支持租房、购房等多样化的基本住房需求，也正是住房公积金系统服务创新提升的应时之举。

在广州“按月还房租”服务项目中，住房公积金管理中心与缴存人、租赁机构对接，实现按月自动扣划住房公积金支付房租。缴存人租房时，申请使用住房公积金账户余额自动还款，按月自动提取住房公积金支付房租。住房租赁企业对住房公积金缴存租客有专门优惠，不但免交租房押金，房租也打折。

为支持新市民、青年人等群体的住房需求，住房和城乡建设部在重庆等部分城市开展灵活就业人员参加住房公积金制度试点，进一步扩大制度惠及面。

在一些大城市逐步推广的共有产权住房中，住房公积金制度也发挥了“一臂之力”。上海、广州等城市针对购买共有产权房的住房公积金缴存人，提出了差异化的贷款、提取和还贷政策，帮助刚需群体实现安居梦。

在支持保障房建设上，住房公积金运作产生的增值收益，在留足贷款风险准备金、住房公积金管理中心的管理费用后，全部补充用于城市公租房（廉租住房）建设。截至2020年末，累计上缴城市公租房（廉租住房）建设补充资金4 692亿元。

住房公积金跨省自由流动一直是服务攻坚“痛点”。我国流动人口规模超过2亿人，住房公积金缴存者异地缴存、使用住房公积金的需求不断增长。为了让数据多跑路，群众少跑腿，2021年，全国住房公积金小程序建成上线，可为1.5亿个缴存职工提供住房公积金缴存和使用情况查询，以及异地转移接续服务。在信息化手段的支撑下，住房公积金系统通过全程网办、两地联办、代收代办三种途径实现住房公积金高频服务事项“跨省通办”。

资料来源：王优玲，郑钧天．促进租购并举，扩大制度惠及面：我国建立住房公积金制度30周年综述［EB/OL］．(2021-11-29)［2023-11-10］．http：//www.news.cn/2021-11/29/c_1128113725.htm.

**案例思考：**

（1）住房公积金制度对实现“住有所居”发挥了哪些作用？

（2）住房公积金制度在哪些方面还需要改革和完善？

住房是人类的基本生存需求。古往今来，拥有安全适宜的住房一直是人类追求的目标之一。进入工业社会后，随着社会分工和城市化的发展，住房市场逐渐形成，市场机制在住房供给和需求方面发挥的作用越来越大。与此同时，各国政府针对弱势群体也积极采取住房政策去解决住房社会问题。

## 第一节　住房社会政策概述

### 一、住房社会政策的概念

住房社会政策是指政府为解决居民的住房问题而制定的各项政策的通称，包括在住房建设、维修、分配、使用、租金补贴等方面制定的政策。狭义的住房社会政策主要是指政府为解决贫困者和中低收入者的住房问题制定的政策，因此也称“住房保障政策”。广义的住房社会政策包括政府调节住房供给和需求的各类政策。

住房社会政策的主体是政府，政府全面负责住房社会政策的制定和实施。政府制定和实施的住房社会政策具有多样性，包括制定相关的规则体系，也包括投入必要的资金。包括直接向有需要的个人或家庭提供住房，也包括以税收减免、租金补贴、房屋维修改造补贴、贷款优惠等方式向有需要的居民提供住房帮助。

### 二、住房社会政策的类型

根据世界各国住房社会政策的实践，可以从不同角度划分住房社会政策的类型。

#### （一）政府直接提供住房和主要提供住房政策支持

按提供住房的方式来划分，可以分为政府直接提供住房和主要提供住房政策支持两种方式。政府直接提供住房是指政府建造公共组屋为主，房地产开发商建造中高档住宅为辅的住房社会政策。提供住房政策支持是指在注重发挥房地产市场调解住房供求的基础上，注重对中低收入者的住房政策支持，具体包括房租控制、租金补贴、购房优惠和贷款支持等政策。

### （二）土地政策、价格政策、财政政策和金融政策等

按住房政策支持工具类型来划分，可以分为土地政策、价格政策、财政政策和金融政策等。

1. 土地政策

土地政策是指政府根据不同阶段住房社会政策的目标，通过许可使用、免费划拨土地或以优惠价格出让土地等方式提供住房建设用地。土地是住房建设的基础条件，我国实行土地的社会主义公有制，即全民所有制和劳动群众集体所有制，土地政策是我国住房社会政策的重要工具。

2. 价格政策

价格政策是指政府直接限定住房价格或租金。对保障性住房限定价格和租金标准是重要的住房社会政策。

3. 财政政策

财政政策是指政府对于建房、购房和租房给予财政补贴或税收优惠等。政府可以用财政资金直接建房提供给需要者，也可以对房地产开发商提供税收减免并同时要求开发商低价出售或出租住房。对于购房者和租房者政府也可以通过税收减免和现金补贴的方式提供财政政策支持。

4. 金融政策

金融政策是指政府通过利率、贷款期限等金融工具调节房地产市场的供求，对于保障性住房的建房、购房提供利率及贷款期限优惠，从而降低建房和购房成本。金融政策也包括许可服务于住房需求的政策性基金、政策性金融机构的设立。

### （三）补贴给供方和补贴给需方

按住房补贴的对象来划分，可以分为补贴给供方和补贴给需方。

补贴给供方，就是财政补贴给房屋开发建造者，也称“补砖头”，这是住房补贴的主要形式，在市场住房供给小于需求的情况下，补贴给供方有利于促进住房供给，同时降低住房成本。

补贴给需方，就是直接将补贴发放给符合条件的住房需求者，也称“补人头”，住房需求者可以有更多的住房选择权，在住房供给大于需求的情况下，可以提高住房补贴的使用效果。

## 三、我国住房社会政策的演变

新中国成立以来，我国政府结合不同发展阶段的社会经济状况和人民的住房状况，出台了相应的住房社会政策。根据这些政策的时代特征，可以将我国住房社会政策的演变划

分为计划经济体制下的住房社会政策和市场经济体制下的住房社会政策。

### （一）计划经济体制下的住房社会政策

新中国成立以后，我国逐步建立起了社会主义公有制和计划经济体制。城镇住房逐步演变成了工作单位住房供给制，也就是福利分房制度，各类机关、企事业单位负责建造房屋，分配给本单位职工，产权公有，职工低租金使用。

农村土地实行集体所有制，农民可以获批宅基地，自行建房，对于农村五保户，由农村集体提供住房保障。计划经济时代的住房社会政策，一方面满足了城镇居民低水平的住房需求，另一方面也严重抑制了住房的供给，造成住房短缺，人民的居住条件长期难以改善。

### （二）市场经济体制下的住房社会政策

20世纪80年代以来，我国逐步由计划经济体制向社会主义市场经济体制转变，计划经济体制下的福利分房制度逐渐被社会主义市场经济体制下的住房商品化替代。从福利分房到住房商品化，是一个渐进改革的过程，也是我国住房社会政策不断改革完善的过程。随着市场在住房资源配置中发挥越来越大的作用，为了解决贫困者和中低收入者的住房问题，与之相适应的住房保障制度也逐步建立起来。

1980年6月，中共中央批转《全国基本建设工作会议汇报提纲》，正式提出住房商品化的政策，准许私人建房、私人买房，准许私人拥有自己的住宅。1988年2月，在总结前期住房改革试点经验的基础上，国务院发布了《关于在全国城镇分期分批推行住房制度改革的实施方案》《关于鼓励职工购买公有旧住房的意见》，明确提出实现住房商品化，从改革公房低租金制度着手，将住房实物分配逐步改变为货币分配。

1994年7月，为推进住房制度改革，实现住房商品化、社会化，促进住房建设，改善城镇居民居住条件，国务院下发了《关于深化城镇住房制度改革的决定》，主要改革内容是：把住房建设投资由国家、单位统包的体制改变为国家、单位、个人三者合理负担的体制；把各单位建设、分配、维修、管理住房的体制改变为社会化、专业化运行的体制；把住房实物福利分配的方式改变为以按劳分配为主的货币工资分配方式；建立以中低收入家庭为对象、具有社会保障性质的经济适用住房供应体系和以高收入家庭为对象的商品房供应体系；建立住房公积金制度；发展住房金融和住房保险，建立政策性和商业性并存的住房信贷体系；建立规范化的房地产交易市场和发展社会化的房屋维修、管理市场，逐步实现住房资金投入产出的良性循环，促进房地产业和相关产业的发展。

1998年7月，国务院发布《关于进一步深化城镇住房制度改革加快住房建设的通知》，明确提出停止住房实物分配，逐步实行住房分配货币化；建立和完善以经济适用住房为主的多层次城镇住房供应体系，对不同收入家庭实行不同的住房供应政策，最低收入家庭租赁由政府或单位提供的廉租住房；中低收入家庭购买经济适用住房；其他收入高的家庭购买、租赁市场价商品住房。

2000年9月，国务院办公厅、中央军委办公厅发布了《关于印发军队转业干部住房保障办法的通知》，提出军队转业干部享受与其转业时军队职务等级相当或同等条件地方人员的各项住房待遇。军队转业干部住房保障方式主要包括购买经济适用住房、购买现有住房或租住周转住房，以及修建自有住房等。

2003 年 8 月，国务院发布《关于促进房地产市场持续健康发展的通知》，进一步明确房地产市场发展的指导思想：要坚持住房市场化的基本方向，不断完善房地产市场体系，更大程度地发挥市场在资源配置中的基础性作用；坚持以需求为导向，调整供应结构，满足不同收入家庭的住房需要；加快建立和完善适合我国国情的住房保障制度。明确提出要加强经济适用住房的建设和管理、增加普通商品住房供应、建立和完善廉租住房制度、控制高档商品房建设、继续推进现有公房出售、完善住房补贴制度、加大住房公积金归集和贷款发放力度。

2007 年 8 月，国务院发布《关于解决城市低收入家庭住房困难的若干意见》，明确提出住房问题是重要的民生问题，党中央、国务院高度重视解决城市居民住房问题，始终把改善群众居住条件作为城市住房制度改革和房地产业发展的根本目的。提出加快建立健全以廉租住房制度为重点、多渠道解决城市低收入家庭住房困难的政策体系。以城市低收入家庭为对象，进一步建立健全城市廉租住房制度，改进和规范经济适用住房制度，加大棚户区、旧住宅区改造力度。

2008 年 12 月，国务院办公厅发布《关于促进房地产市场健康发展的若干意见》，提出加大保障性住房建设力度，一是通过加大廉租住房建设力度和实施城市棚户区（危旧房、筒子楼）改造等方式，解决城市低收入住房困难家庭的住房问题；二是加快实施国有林区、垦区、中西部地区中央下放地方煤矿的棚户区和采煤沉陷区民房搬迁维修改造工程，解决棚户区住房困难家庭的住房问题；三是加强经济适用住房建设，增加经济适用住房供给。另外提出要积极推进农村危房改造，国家加大支持力度。2013 年 10 月，国家考虑加快公租房和廉租房一体化，逐步减少经济适用房供应，最终取消经济适用房。经济适用房在实施中存在许多弊端，例如申请过程容易弄虚作假，不能真正实现帮助低收入群体；政府权力干预容易滋生腐败；经济适用房的价格会扰乱社会房价体系；等等。

2016 年 6 月，国务院办公厅发布《关于加快培育和发展住房租赁市场的若干意见》，明确提出实行购租并举，培育和发展住房租赁市场，是深化住房制度改革的重要内容，是实现城镇居民住有所居目标的重要途径，要健全以市场配置为主、政府提供基本保障的住房租赁体系，支持住房租赁消费，促进住房租赁市场健康发展。特别提出要形成保基本、促公平、可持续的公共租赁住房保障体系。

2021 年 6 月，国务院办公厅发布《关于加快发展保障性租赁住房的意见》，指出新市民、青年人等群体住房困难问题仍然比较突出，需加快完善以公租房、保障性租赁住房和共有产权住房为主体的住房保障体系。

2023 年 8 月 25 日，国务院常务会议审议通过《关于规划建设保障性住房的指导意见》，用改革创新的办法，在大城市规划建设保障性住房，加大供保障性住房建设和供给。加快解决工薪收入群体住房困难。稳定工薪收入群体住房预期，为落实房子是用来住的、不是用来炒的定位提供住房支撑，并发挥促进经济发展、改善城市面貌、创造实现全体人民共同富裕更好条件等一举多得的作用，努力让城市居民实现安居乐业。

## 第二节 住房社会政策的主要内容

住房是基本的民生需求。我国形成了以政府为主提供基本住房保障，以市场为主满足多层次住房需求，面向不同收入水平居民及家庭的住房社会政策体系。

### 一、住房公积金政策

住房公积金政策与我国住房制度改革相伴而生，1999 年 4 月，国务院发布了《住房公积金管理条例》，标志着我国住房公积金制度正式进入了规范化和法治化时代。此后在 2002 年和 2019 年该条例又进行了修订。

#### （一）住房公积金的概念

住房公积金是指国家机关、国有企业、城镇集体企业、外商投资企业、城镇私营企业及其他城镇企业、事业单位、民办非企业单位、社会团体（以下统称单位）及其在职职工缴存的长期住房储金。

#### （二）住房公积金的特点

1. 强制性

单位如果不办理住房公积金缴存登记、不为本单位职工办理住房公积金账户设立手续、逾期不缴或者少缴住房公积金，单位需要承担法律责任。

2. 专有性

职工个人和所在单位为职工缴存的住房公积金，都属于职工个人所有。

3. 专用性

住房公积金应当用于职工购买、建造、翻建、大修自住住房，任何单位和个人不得挪作他用。

4. 互助性

住房公积金汇集单位和职工资金，支持了住房建设，职工利用住房公积金贷款，降低了购房门槛和成本，这些都体现了住房公积金的互助性。

5. 保障性

住房公积金是由职工和单位共同缴存的归属于职工个人的资金，既可以用于住房需求，也可以在退休时或完全丧失劳动能力时返还，因此具有一定的保障性。

#### （三）住房公积金的管理

住房公积金的管理实行住房公积金管理委员会决策、住房公积金管理中心运作、银行专户存储、财政监督的原则。住房公积金管理中心在保证住房公积金提取和贷款的前提下，经住房公积金管理委员会批准，可以将住房公积金用于购买国债。住房公积金的增值收益应当存入住房公积金管理中心在受委托银行开立的住房公积金增值收益专户，用于建立住房公积金贷款风险准备金、住房公积金管理中心的管理费用和建设城市廉租住房的补充资金。

职工和单位住房公积金的缴存比例均不得低于职工上一年度月平均工资的 5%。职工购买、建造、翻建、大修自住住房的，离休，退休的，完全丧失劳动能力并与单位终止劳动关系的，出境定居的，偿还购房贷款本息的，房租超出家庭工资收入的规定比例的，可以提取职工住房公积金账户内的存储余额。

缴存住房公积金的职工，在购买、建造、翻建、大修自住住房时，可以向住房公积金管理中心申请住房公积金贷款。住房公积金管理中心在保证住房公积金提取和贷款的前提下，经住房公积金管理委员会批准，可以将住房公积金用于购买国债，确保住房公积金保值增值。

## 二、公共租赁住房政策

目前我国的公共租赁住房政策涵盖了早期的廉租住房政策。2007 年国家颁布了新版的《廉租住房保障办法》，2012 年国家颁布了《公共租赁住房管理办法》。由于廉租住房和公共租赁住房都属于保障性住房，除了保障对象有所区别外，在性质和管理上区别不大，2013 年国家开始把公共租赁住房和廉租住房并轨运行。

### （一）公共租赁住房的概念和特点

公共租赁住房是由国家提供政策支持，由政府或社会力量投资，通过新建、改建、收购、长期租赁等多种方式筹集，限定建设标准和租金水平，面向符合规定条件的城镇低收入住房困难家庭、中等偏下收入住房困难家庭、新就业无房职工和在城镇稳定就业的外来务工人员出租的保障性住房，可以是成套住房，也可以是宿舍型住房。公共租赁住房具有以下特点：

1. 公共性

公共租赁住房属于保障性住房，由国家提供政策支持，由政府或社会力量投资，产权属于政府和社会，出租对象也是为了实现社会公平针对的特定群体，因此具有公共性。

2. 租赁性

公共租赁住房只租不售，符合条件的家庭和人员只能通过支付房租获得住房的使用权，不能通过购买获得住房产权。

3. 保障性

公共租赁住房限定建设标准和租金水平，租金水平一般低于市场租金水平，能够更好地满足低收入住房困难家庭和其他特定人群的需求，因此具有较强的保障性。

### （二）公共租赁住房并轨运行要求

2014 年国家发布了《关于并轨后公共租赁住房有关运行管理工作的意见》，对并轨后的公共租赁房的保障对象、审核机制、轮候制度、配租、使用、退出管理等提出了明确的要求。

1. 明确保障对象

并轨后公共租赁住房的保障对象，包括原廉租住房保障对象和原公共租赁住房保障对象，即符合规定条件的城镇低收入住房困难家庭、中等偏下收入住房困难家庭，及符合规定条件的新就业无房职工、稳定就业的外来务工人员。

2. 科学制定年度建设计划

各地应根据城镇低收入和中等偏下收入住房困难家庭对公共租赁住房的需求，考虑符合当地住房保障条件的新就业无房职工、进城落户农民和外来务工人员的需要，结合当地经济社会发展水平和政府财政能力，科学制定公共租赁住房年度建设计划。创新融资机制，多方筹集资金，做好公共租赁住房及其配套基础设施和公共服务设施规划建设，方便群众生产生活。落实民间资本参与公共租赁住房建设的各项支持政策。

3. 健全申请审核机制

各地要整合原廉租住房和公共租赁住房受理窗口，方便群众申请。要明确并轨后公共租赁住房保障对象收入审核部门职责及协调机制。落实申请人对申请材料真实性负责的承诺和授权审核制度。社会投资建设公共租赁住房的分配要纳入政府监管。符合规定条件的住房保障对象，到市场承租住房的，可按各地原政策规定，继续领取或申请领取租赁住房补贴。

4. 完善轮候制度

各地应当根据本地实际情况，合理确定公共租赁住房轮候期，对登记为轮候对象的申请人，应当在轮候期内给予安排。要优化轮候规则，坚持分层实施，梯度保障，优先满足符合规定条件的城镇低收入住房困难家庭的需求，对城镇住房救助对象，即符合规定标准的住房困难的最低生活保障家庭、分散供养的特困人员，依申请做到应保尽保。

5. 强化配租管理

省级住房和城乡建设部门要制定公共租赁住房合同示范文本，明确租赁双方权利义务。公共租赁住房租金原则上按照适当低于市场租金的水平确定。已建成并分配入住廉租住房统一纳入公共租赁住房管理，对已入住的城镇低收入住房困难家庭，其租金水平仍按原合同约定执行。对于新增城镇低收入住房困难家庭，租赁政府投资建设的公共租赁住房，应采取租金减免方式予以保障，不宜按公共租赁住房租金水平先收后返。

6. 加强使用退出管理

公共租赁住房的所有权人及其委托的运营单位应当依合同约定，切实履行对公共租赁住房及其配套设施的维修养护责任，确保公共租赁住房的正常使用。经公共租赁住房所有权人或其委托的运营单位同意，承租人之间可以互换所承租的公共租赁住房。完善城镇低收入住房困难家庭资格复核制度，不再符合城镇低收入住房困难家庭条件但符合公共租赁住房保障对象条件的，可继续承租原住房，同时应调整租金。承租人违反有关规定或经审核不再符合公共租赁住房保障条件的，应退出公共租赁住房保障。

7. 推进信息公开工作

各地要全面公开公共租赁住房的年度建设计划、完成情况、分配政策、分配对象、分配房源、分配程序、分配过程、分配结果及退出情况等信息，畅通投诉监督渠道，接受社会监督。

## 三、保障性租赁住房政策

保障性租赁住房是我国近几年为了解决大城市的新市民和青年人等群体住房困难问题实施的住房社会政策。

### （一）保障性租赁住房的概念和特点

保障性租赁住房是由政府给予政策支持，充分发挥市场机制作用，由多主体投资、多主体所有，主要利用各主体自有的建设用地，主要面向符合条件的新市民、青年人等住房困难群体建设的限定面积和租金水平的保障性住房。保障性租赁住房主要具有以下特点：

1. 投资主体多元化

保障性租赁住房由政府给予土地、财税、金融等政策支持，充分发挥市场机制作用，引导多主体投资、多渠道供给，坚持“谁投资、谁所有”。

2. 供需匹配精准化

政府要摸清保障性租赁住房需求和存量土地、房屋资源情况，结合现有租赁住房供求和品质状况，从实际出发，因城施策，采取新建、改建、改造、租赁补贴和将政府的闲置住房用作保障性租赁住房等多种方式，切实增加供给。

3. 土地政策系统化

土地是住房建设的基础，也是影响住房价格的主要因素，保障性租赁住房围绕大中城市新市民和青年人的住房问题的特点，提出了系统化的土地支持政策。

### （二）保障性租赁住房建设支持政策

1. 土地政策

人口净流入的大城市和省级人民政府确定的城市，可以利用农村集体经营性建设用地、企事业单位自有土地、产业园区中工业项目配套建设行政办公及生活服务设施用地、闲置和低效利用的非居住存量房屋用地、新增住宅用地等建设保障性租赁住房。

2. 金融政策

支持银行业金融机构以市场化方式向保障性租赁住房自持主体提供长期贷款，向改建、改造存量房屋形成非自有产权保障性租赁住房的住房租赁企业提供贷款。支持银行业金融机构发行金融债券，募集资金用于保障性租赁住房贷款投放。

3. 财政政策

综合利用税费手段，加大对发展保障性租赁住房的支持力度。利用非居住存量土地和非居住存量房屋建设保障性租赁住房，取得保障性租赁住房项目认定书后，比照适用住房租赁增值税、房产税等税收优惠政策。对保障性租赁住房项目免收城市基础设施配套费。中央通过现有经费渠道，对符合规定的保障性租赁住房建设任务予以补助。

4. 价格政策

利用非居住存量土地和非居住存量房屋建设保障性租赁住房，取得保障性租赁住房项目认定书后，用水、用电、用气价格按照居民标准执行。

## 四、棚户区和危房改造政策

城市和国有工矿有许多棚户区，房屋和配套基础设施落后。农村也有许多贫困家庭的房屋建筑质量低，居住安全性差，需要更新改造。

2009 年住房和城乡建设部等部门先后发布《关于 2009 年扩大农村危房改造试点的指导意见》《关于推进城市和国有工矿棚户区改造工作的指导意见》，对棚户区改造和农村危房改造工作提出了具体政策。2015 年国务院发布《关于进一步做好城镇棚户区和城乡危房改造及配套基础设施建设有关工作的意见》，提出要加大改造建设力度，创新融资体制机制，推动政府购买棚改服务，推广政府与社会资本合作模式，构建多元化棚改实施主体，发挥开发性金融支持作用。

### （一）城市棚户区改造政策

城市和国有工矿棚户区改造政策性、公益性强，必须发挥政府的组织引导作用，在政策和资金等方面给予必要支持，注重发挥市场机制的作用，充分调动企业和棚户区居民的积极性，动员社会力量广泛参与。

1. 财政政策

中央、省、市、县各级政府采取适当方式，对城市和国有工矿棚户区改造给予资金支持。市、县可以从城市维护建设税、城镇公用事业附加、城市基础设施配套费、土地出让收入中，按规定安排资金用于符合条件的棚户区改造支出项目。有条件的地区可对城市和国有工矿棚户区改造项目给予贷款贴息。

对城市和国有工矿棚户区改造项目，免征城市基础设施配套费等各种行政事业性收费和政府性基金。城市和国有工矿棚户区改造安置住房建设和通过收购筹集安置房源的，执行经济适用住房的税收优惠政策。新建安置小区有线电视和供水、供电、供气、供热、排水、通信、道路等市政公用设施，由各相关单位出资配套建设，并适当减免入网、管网增容等经营性收费。

2. 金融政策

鼓励金融机构向符合贷款条件的城市和国有工矿棚户区改造项目提供贷款，创新金融产品，改善金融服务。根据改造项目特点合理确定信贷条件，对符合信贷条件的项目要在信贷资金规模上给予保障。有条件的地区可建立城市和国有工矿棚户区改造贷款担保机制，引导信贷资金投入。

3. 土地政策

城市和国有工矿棚户区改造安置住房用地纳入当地土地供应计划优先安排，并简化行政审批流程，提高审批效率。安置住房中涉及的经济适用住房和廉租住房建设项目可以划拨方式供地，应在《国有建设用地划拨决定书》中明确约定住房套型建筑面积、项目开竣工时间等土地使用条件。对于配套建设的商业、服务业等经营性设施用地，必须以招标拍卖挂牌出让方式供地。严禁将已供应的经济适用住房、廉租住房用地改变用途用于商品住房等开发建设。安置住房实行原地和异地建设相结合，以就近安置为主；对异地建设的，应选择交通便利、基础设施齐全的区域。

4. 安置补偿政策

城市和国有工矿棚户区改造实行实物安置和货币补偿相结合，由被拆迁人自愿选择。符合当地政府规定的住房保障条件的被拆迁人，通过相应保障方式优先安排。各地在保护被拆迁人利益的前提下，按国家有关规定制定具体安置补偿办法。

5. 多方共建政策

鼓励采取共建的方式改造国有工矿棚户区，涉及棚户区改造的国有工矿企业要积极筹集资金，棚户区居民应合理承担安置住房建设资金，积极引导社会资金投入城市和国有工矿棚户区改造，支持有实力、信誉好的房地产开发企业参与棚户区改造。

### （二）农村危房改造政策

1. 资金筹集

农村危房改造资金以农民自筹为主，中央和地方政府补助为辅，并通过银行信贷和社会捐赠等多渠道筹集。通过整合资源、统筹规划，将抗震安居、游牧民定居、自然灾害倒损农房恢复重建、贫困残疾人危房改造、扶贫安居等与农村危房改造有机衔接，提高政策效应和资金使用效益。鼓励和引导社会力量为农村危房改造提供捐赠和资助，通过制定贴息、担保等政策措施，促进金融机构为农户提供危房改造贷款。

2. 补助对象

农村危房改造补助对象重点是居住在危房中的分散供养五保户、低保户和其他农村贫困农户。

3. 补助标准

各地要从当地农村经济社会发展水平和财力状况的实际出发，参考农村危房改造方式、成本需求和补助对象自筹资金能力，合理确定补助标准。

4. 审核程序

按照公开、公平、公正原则，规范补助对象和补助标准的审核、审批程序，实行农户自愿申请、村民会议或村民代表会议民主评议、乡（镇）审核、县级审批。建立健全公示制度，补助对象基本信息和各审查环节的结果要在村务公开栏公示。

5. 改造方式

拟改造农村危房属整栋危房（D级）的应拆除重建，属局部危险（C级）的应修缮加固。重建房屋原则上以农户自建为主，农户自建确有困难且有统建意愿的，地方政府要发挥组织、协调作用，帮助农户选择有资质的施工队伍统建。要以分散分户改造为主，危房改造比较集中并具备一定条件的村庄，可实施村庄规划、危房改造、基础设施配套一体化推进，整村整治。

## 第三节 住房社会政策的发展

### 一、对住房社会政策的再定位

从经济政策的角度来看，解决住房问题是人们根据自己的购买能力在住房市场获得相应的满足。在这个意义上，住房政策的基本属性就是经济属性，即房地产交易市场建立和完善是住房行为这种经济行为形成的必要基础，在这个领域的住房政策就是人们熟知的房地产政策。

从社会政策的角度来看，住房市场的商品房交易只是其中的一部分，只是部分经济行为，而不是全部社会行为。政府应以健全社会保障制度为宗旨，以住房社会政策为手段，为城市中低收入家庭提供合理、规范化的政策保障性住房。因此，在这个意义上，住房政策同时又是一种包含社会保障的政策。

长期以来，由于对住房问题的特殊性认识不足，过分强调通过房地产市场来调节需求，用房地产政策代替住房社会政策，结果造成住房社会问题不能有效解决。从政策属性上看，房地产政策是一种经济政策，主要着眼于市场效率；而住房社会政策，更注重社会公平和居民的基本住房需求，它要解决的问题是，使不同收入状况的居民住有所居。

## 二、我国住房社会政策的发展

### （一）突出住房的民生属性

坚持以人民为中心的发展理念，坚持房子是用来住的、不是用来炒的定位，突出住房的民生属性，加快建立多主体供给、多渠道保障、租购并举的住房制度，让全体人民住有所居、职住平衡。

### （二）夯实政府主体责任

坚持因地制宜、多策并举，夯实城市政府主体责任，稳定地价、房价和预期。建立住房和土地联动机制，加强房地产金融调控，发挥住房税收调节作用，支持合理自住需求，遏制投资投机性需求。

加快培育和发展住房租赁市场，有效盘活存量住房资源，有力有序扩大城市租赁住房供给，完善长租房政策，逐步使租购住房者在享受公共服务上具有同等权利。加快住房租赁法规建设，加强租赁市场监管，保障承租人和出租人合法权益。

### （三）完善住房保障基础性制度和支持政策

完善住房保障基础性制度和支持政策，有效增加保障性住房供给。以人口流入多、房价高的城市为重点，扩大保障性租赁住房供给，着力解决困难群体和新市民住房问题。

单列租赁住房用地计划，探索利用集体建设用地和企事业单位自有闲置土地建设租赁住房，支持将非住宅房屋改建为保障性租赁住房。完善土地出让收入分配机制，加大财税、金融支持力度。改革完善住房公积金制度，健全缴存、使用、管理和运行机制。

### （四）构建租购并举的住房政策体系

以满足新市民的住房需求为主要出发点，建立购房与租房并举、市场配置与政府保障相结合的住房制度，健全以市场为主满足多层次需求、以政府为主提供基本保障的住房供应体系。

对具备购房能力的常住人口，支持其购买商品住房。对不具备购房能力或没有购房意愿的常住人口，支持其通过住房租赁市场租房居住。对符合条件的低收入住房困难家庭，通过提供公共租赁住房或发放租赁补贴保障其基本住房需求。

### （五）完善城镇住房保障体系

住房保障采取实物与租赁补贴相结合并逐步转向租赁补贴为主。加快推广租赁补贴制度，采取市场提供房源、政府发放补贴的方式，支持符合条件的农业转移人口通过住房租赁市场租房居住。

归并实物住房保障种类，完善住房保障申请、审核、公示、轮候、复核制度，严格保障性住房分配和使用管理。因地制宜发展共有产权住房，处理好基本保障和非基本保障的关系。

## 思考题

1. 从不同角度来划分住房社会政策，可以分为几类?
2. 我国住房公积金政策的主要内容是什么?
3. 如何理解对住房社会政策的再定位?

# 第十四章 社会服务政策

## 本章提要

社会服务政策是社会政策的重要分支，主要包含老年人社会服务政策、残疾人社会服务政策、儿童社会服务政策等内容。社会服务政策的建立与实施是现代社会发展的重要标志，对于满足人民的基本生活需要，提高全民的整体福利水平，维系社会的和谐稳定、公平正义具有重要的意义。

## 引导案例

### 北京养老服务迈入智慧化时代——一网化解群众养老三大痛点

我国进入老龄化社会以来，呈现出老年人口基数大、增速快、高龄化、失能化、空巢化趋势的特点，如何应对形势、做好养老服务工作？北京市委、社会工委、市民政局精心打造了智慧养老服务供需对接数字化平台——北京养老服务网，彻底解决养老服务信息不对称、供需匹配不精准的难题。该平台呈现最新最全的养老服务主体、产品、服务政策与资讯等，开启了“北京养老”的新篇章。

今年 68 岁的吴女士，住在丰台区花乡街道。独自一人生活的她，最近几年在买菜、做饭方面逐渐感到力不从心，“吃饭难”成了她居家养老的大难题。听说北京市开通了养老服务网，吴女士抱着试试看的心态打开了网页，没想到很快就找到一处离家几百米的养老助餐点——康润家园东区社区养老服务驿站。“我们这里的老年餐标准是 8 元 1 份素菜、15 元 1 份荤菜，都是少盐、少油、少糖的营养配餐……”听到工作人员的介绍，吴女士很满意，决定这几天就去助餐点实地考察一下。

为进一步方便老年人使用，手机端小程序“北京养老服务网”同步上线，老年人打开手机即可使用网站所有服务功能。记者了解到，无论是网页还是小程序，都专门设计了老年“关怀版”和普通“标准版”一键切换功能，还对视觉色彩、功能需求、入口位置等方面进行了精心设计。

养老服务是社会广泛关注的话题，为打通广大老年人与各类养老服务资源的沟通渠道，北京养老服务网还特别设置了 24 小时智能在线客服和 400 电话座席客服，帮助老年人用最习惯的电话沟通方式，了解养老服务政策、咨询难点问题。在此基础上，网站单独设置了“投诉建议”功能板块，用户可针对养老服务质量、养老机构收费、养老机构安全、老年人失能评估、办理养老助残卡等 10 类问题提出投诉和建议，帮助养老服务机构提升养老服务水平。

资料来源：安娜．北京养老服务迈入智慧化时代：一网化解群众养老三大痛点［N］．中国社会报，2023-07-06（A01）．

**案例思考：**

（1）北京养老服务网的智慧化平台如何解决养老服务信息不对称和供需匹配不精准的问题？这对于提高养老服务的质量和效率有什么影响？

（2）在智慧养老服务的推广过程中，如何确保老年人能够适应和接受新的科技工具，并解决数字鸿沟的问题？

# 第一节 社会服务政策概述

## 一、社会服务政策的概念和内容

### （一）社会服务政策的概念

社会服务一般是指国家及社会为满足民众基本生活需要以及提高其生活质量而开展的各种非现金福利支持活动。

社会服务主要包括：老年人服务、儿童服务、残疾人服务、青少年服务、劳动力服务以及社区服务等。服务的内容涉及照顾、健康、就业、住房、教育、咨询等与基本生活和能力提升紧密相关的各类服务。

广义的社会服务是为满足所有社会成员的生存、生活、发展的普遍需求，在教育、医疗、健康、住房、就业、养老、儿童抚育、文化等社会事业领域，提升人们的生活质量和福祉的社会性服务和行动的总称①。

狭义的社会服务是针对社会处境不利、遭受痛苦的脆弱群体的需求和问题所进行的干预，是政府实施的一项典型的社会福利政策，是捍卫基本人权和人的尊严的关键工具②。狭义的社会服务又称为个人社会服务、社会福利服务或社会照顾服务。典型的服务对象为老年人、儿童、残疾人，以及精神疾病患者、受虐待者、贫困者等特殊与困难群体。

社会服务政策是政府为了保障公民的权益和提高社会福利而实施的一项社会政策。社会服务政策的核心目标是满足公民基本生活的需求，提高社会福利水平，以维系社会的和谐稳定、公平正义。

社会服务政策是社会政策的重要分支，它的产生、发展是和社会政策的产生、发展相伴随的。社会服务政策聚焦于社会服务资源的分配和再分配过程，发挥政府、市场、社会各主体的作用，即通过公共的、私人的或者志愿的力量或其组合来满足民众的基本生活和能力提升。

### （二）社会服务政策的内容

社会服务政策主要包括老年人社会服务、儿童社会服务和残疾人社会服务这三项基本

① 丁建定．社会服务导论［M］．武汉：华中科技大学出版社，2022：5．

② 李兵，张恺悌，何珊珊．社会服务［M］．北京：知识产权出版社，2011：2．

内容。

1. 老年人社会服务

老年人社会服务又称社会养老服务、老年人照顾服务或老龄服务，是指以满足老年人养老服务需求，提升老年人生活质量为目标，面向所有老年人，提供生活照料、康复护理、精神慰藉、紧急救援和社会参与等设施、组织、人才和技术要素形成的网络，以及配套的服务标准、运行机制和监管制度[①]。

老年人社会服务是对老年群体给予的保障、照顾和慰藉。这些服务的内容基于老年人的不同需求，依托于特殊的供给主体，以特定的项目方式予以提供，主要可以分为机构养老服务、社区居家养老服务、医养结合等。

2. 儿童社会服务

儿童是社会中最脆弱、最需要保护的群体之一，他们在身体、心理和社会环境等方面都需要得到特别的关注和照顾。儿童社会服务又称儿童福利服务、儿童照顾服务，是指政府或社会针对儿童生理、心理等需求，为儿童及其家庭所提供的各种保护性、支持性、发展性的服务。

儿童社会服务的内容可以分为：面向全体儿童的社会服务，如照料服务、健康服务、教育服务等；面向特殊儿童的社会服务，如安置服务、医疗康复服务、关爱服务等。

3. 残疾人社会服务

残疾人社会服务又称残疾人福利服务，是指针对残疾人的特殊需求，为残疾人提供的康复、照顾、发展性服务和支持。

残疾人社会服务的内容主要包括：康复服务、就业服务、教育服务、托养服务、无障碍环境、文化体育服务等。在联合国《残疾人权利公约》中，残疾人包括肢体、精神、智力或感官有长期损伤的人，这些损伤与各种障碍相互作用，可能阻碍残疾人在与他人平等的基础上充分和切实地参与社会。这就需要通过社会服务的方式给予其专业化、体系化的服务，满足其生活和发展的各种必要需求，提高社会参与的能力，以获得充分的尊严与尊重。

## 二、社会服务政策的类型和作用

### （一）社会服务政策的类型

1. 剩余型社会服务政策

剩余型社会服务政策是政府在考虑有限资源的情况下，优先为在社会中遇到困难并无法通过正常的社会供给渠道（家庭和市场）获得服务的人提供社会服务的一种政策类型。

剩余型社会服务政策的核心理念是向社会弱势、脆弱、贫困群体提供保护和帮助。其优点是能够确保社会上最困难的人获得必要的服务和福利，缓解政府财政的社会支出压力。其缺点是往往隐含了对这些群体不利的价值判断，或将个人与家庭的失败归结为一种“社会偏差”。

---

① 林闽钢．现代社会服务［M］．济南：山东人民出版社，2014：119．

2. 制度型社会服务政策

制度型社会服务政策是将社会服务制度化，并使之成为整个社会经济运行机器中不可分割的一部分。这种政策类型主张通过国家的社会保障政策和财政投入来实现社会的公平、正义、共享。

制度型社会服务政策覆盖范围从社会弱势、脆弱、贫困群体扩展到了所有民众，使得社会服务真正成为公民的一项基本社会权利。其优点是可以确保社会的公正，有利于解决分层化的问题。其缺点是加重了政府的财政负担，降低了服务的供给效率，同时也容易滋生民众对社会服务尤其是政府福利的依赖性。

### （二）社会服务政策的作用

1. 满足社会需求

社会服务政策既面向特殊困难群体，又面向全体社会成员。第一，社会服务有相当一部分项目是对陷入困难境地的社会弱势、脆弱群体的救助，以改善其生存状况，保障其基本权益。因此，社会服务政策通过为需要公共援助的特殊困难群体提供照顾服务，不仅能够满足服务对象的基本物质上和精神上的需求，而且还能够帮助其抵御社会风险的冲击。第二，社会服务还能够为全体公民提供福祉服务，这类服务不以收入或地位来确定服务对象的资格，从公民的日常照顾、心理慰藉、文体活动、家庭服务等内容，到社会保障、义务教育、就业等内容，能够在很大程度上提升社会民众的生活质量。

2. 促进个人发展

社会服务政策通过服务赋能的方式改变与优化社会成员的行为方式，丰富与提升劳动与适应能力。特别是技术培训、职业咨询、就业帮扶等社会服务项目具有典型的发展功能。通过接受这些服务，服务对象能够在一定程度上提升教育水平、劳动素养和就业能力，以增加受雇机会与收入水平。在此基础上，社会服务对象还能够得到情感方面的支持，增强自信心，从而树立正确的劳动认知，为其重新进入劳动力市场奠定基础。

3. 维护社会稳定

社会服务政策通过满足社会成员的各类生活需求，维护其社会权利，能够发挥社会“安全阀”和“减震器”的功能。第一，社会服务政策以社会资源再分配为手段，可以增进民生福祉、减轻社会矛盾、促进社会团结，进而起到稳定社会的作用。第二，社会服务通过为老人、残疾人、儿童等特殊群体提供照顾服务以及为全体公民提供福利服务，能够解决民众最基本和最关心的问题，提升民众的安全感和幸福感，进而有利于促进社会的稳定和发展。

## 三、我国社会服务供给方式的演变

### （一）计划经济时期的社会服务供给方式

计划经济时期，我国的社会服务供给方式为“单位服务＋民政服务”。

单位是我国城市一种特殊的控制与分配组织。在这种组织结构下，单位由国家设置和控制，其功能、活动范围、管理权限均由国家直接决定和规范，所需的组织资源也由国家统一调配[①]。单位会为所属员工提供各种服务，包括养老、医疗、娱乐、教育、住房等生活的方方面面。

在农村，农民通过参加人民公社的劳动和生产，享受到集体单位的保护。生产队可以从可分配的总收入中扣留一定数额的公益金，用于集体福利事业的发展和社会服务的提供。公益金主要用于医疗、教育、文娱康乐和儿童护理等服务项目，同时也用于解决老弱孤寡残疾以及遭受不幸事故社员的生活困难。

除了单位服务，对于那些游离于“集体”保护之外的特殊群体，民政服务则成为主要的生活基本保障方式。民政服务群体主要针对“三无”对象，包括无依无靠、无家可归、无经济来源的老人、儿童、精神病人等。如通过建立社会福利院与养老院收养孤老，为其提供基本生活照料、医疗康复、老人食堂、文娱活动等服务；通过建立儿童福利院收养社会弃婴、孤儿与流浪儿童，并根据不同的儿童类型，提供文化教育、劳动教育、思想教育、保育、抚养、治疗等不同的服务。

### （二）改革开放后的社会服务供给方式

1978年以后，我国开始从计划经济体制转向社会主义市场经济体制。在转变的过程中，城市单位逐渐解体，农村集体农业开始为家庭联产承包责任制所取代，人民公社也被废除。单位服务对于集体成员的保护作用发生结构性变化。在此背景下，社区服务在城市和农村地区先后兴起。经过三十多年的发展，我国社区服务已形成以老人、残疾人、儿童、失业人员、优抚对象、困难和群体等为重点服务对象，以养老、医疗、照护、就业、文体、商业便民服务为主要内容的服务体系。

此外，改革开放以后，我国的社会结构发生深刻的变化。城市化进程的加快和农村空巢化的加重，使得城乡居民对社会服务的需求不断增加。人口老龄化的出现与加剧以及家庭小型化的日趋普遍，促使家庭对养老和各类照护服务的需求显著提升。加之人们生活方式的改变和生活水平的提高，也对社会服务的供给提出更高的要求，这就需要通过社会化的方式对社会服务政策进行改革。在城市“三无”和农村“五保”对象逐渐减少的情况下，民政部门和单位集体举办的社会福利机构利用现有条件，在继续接收特殊和困难群体的基础上开始突破收养范围，开展了自费收养业务。为满足人们日益增长的社会服务需求，政府开始推行“社会福利社会办”的工作理念，制定优惠政策和创造有利环境，积极将社会力量引入社会服务中，逐渐实现了社会服务的多元供给。

随着社区服务的兴起和单位服务以及民政服务的社会化，我国逐渐构建起了多层级的社会服务结构。政府部门提供了兜底性服务，一般群体和经济水平较高或拥有高服务需求的特殊群体则可以通过社会化渠道获得更高层次的服务。这一改变也使得服务供给主体不再由政府和单位垄断，而是通过社会化方式实现。服务对象的分类也不仅基于身份而是面向所有社会成员，各种服务项目的供给也更加多样化。

① 揭爱花．单位：一种特殊的社会生活空间［J］．浙江大学学报（人文社会科学版），2000（5）．

# 第二节　社会服务政策的主要内容

## 一、老年人社会服务政策

### （一）老年人社会服务政策的发展历程

1. 计划经济时期的老年人社会服务政策

新中国成立初期，在城市中面对大量存在的流离失所、无依无靠的孤老残幼，民政部门在接管和改造国民党举办的“救济院”“慈善堂”“教养院”等旧慈善团体和救济机构的同时，又创办了一大批救济福利事业单位，对这些弱势群体进行收容安置。

1953 年，伴随着城市分类救济政策的实施，孤寡老人开始从生产教养院中划分出来，由残老教养院（后更名为养老院、敬老院、社会福利院）进行集中收养。此后，随着人民生活的逐步稳定以及单位体制的建立，城市中的一般老年人主要由家庭和单位进行赡养，而那些“三无”老人与特殊老人则主要依靠社会福利事业单位进行收养。

在农村，1956 年颁布的《一九五六年到一九六七年全国农业发展纲要》与《高级农业生产合作社示范章程》均有规定，对于生活无依无靠、无劳动能力、无经济来源的孤寡老人和残疾人及孤残儿童，农村集体组织要给予“五保”供养。人民公社体制确立后，地方开始创办敬老院，对“五保”老人实行集中供养。

2. 改革开放后的老年人社会服务政策

改革开放以后，伴随着单位制的解体、社会结构的改变以及人民生活水平的提高，人们对社会服务的需求程度日益提升。

1978 年 9 月，第七次全国民政会议号召有条件的社会福利事业单位在收容“三无”孤老残幼和精神病人以外，可以采取费用自理的方式吸收一些城市双职工家中生活不能自理的残疾人员。城市社会福利事业单位开始有条件地向社会敞开。此外，社会福利社会办理念的提出，也使得城市地区养老服务开始走上社会化和市场化的改革之路。

在农村，20 世纪 80 年代中期，农村养老服务供给也出现了社会化的萌芽，农村养老服务事业建设的资金渠道不断拓宽，个人、社会和市场的力量逐步参与其中。如 1988 年 7 月，民政部发出《关于支持和表彰个人办敬老院的决定》，一些个人举办敬老院的行为获得肯定，并得到发展。农村敬老院也逐渐从救济型向福利型转变，其接受对象开始从单纯的“五保”老人逐步向社会老人扩展。

进入 21 世纪，随着养老服务供给能力的增强以及“适度普惠型”老年人社会福利政策的推行，我国从政策层面开始面向社会上具有服务需求的老年人提供养老服务。一方面，“三无”老人、“五保”老人、贫困老人等特殊老人可以通过无偿或低偿的方式得到由政府提供的（或委托提供）福利性养老服务；另一方面，社会一般老人还可以根据自身需求通过自由消费的方式选择市场提供的养老服务。特别是 2013 年《国务院关于加快发展养老服务业的若干意见》、2019 年《国务院办公厅关于推进养老服务发展的意见》的出台，以及 2023 年中共中央办公厅、国务院办公厅颁布的《关于推进基本养老服务体系建设的意见》，为促进我国养老服务市场的快速发展，以及现代化老年人社会服务体系的构建奠定了制度基础。

### （二）老年人社会服务内容与相关政策

1. 社区居家养老服务政策

社区居家养老服务政策是以社区为基础，直接为居住在家中的老年人提供上门服务或社区养老服务的一系列规定和措施。它以空巢老人、独居老人、高龄老人，以及一些特殊困难老人为重点服务对象。

20 世纪 80 年代，为了回应城市居民日益增长的社区福利与便民服务需求，民政部开始倡导社区服务，并在 1991 年进一步提出探索社区建设。依托街道和社区资源举办的养老服务随之逐渐推广开来。2008 年，全国老龄办等 10 部委联合发布《关于全面推进居家养老服务工作的意见》，在政策保障方面极大地促进了居家养老服务在城市的铺开。2016 年起民政部、财政部启动了居家和社区养老服务改革试点。特别是“十三五”期间，我国先后在 203 个地区开展居家和社区养老服务改革试点，创新了社区居家养老服务相关政策。如今社区居家养老服务已成为我国各级政府主要推行的一种老年人社会服务模式。社区居家养老服务包含助餐、助洁、助行、助浴、助医、康复、护理、巡访、日间照料、精神关爱、家庭养老床位等多种服务类型与内容。

2. 机构养老服务政策

机构养老服务政策是通过集中收养和集中管理的方式，为入住养老机构的老年人提供专业照护服务的规定和措施。它以失能半失能老人、失智老人，以及一些特殊困难老人为重点服务对象。

机构养老服务政策是我国最先建立的老年人社会服务政策，在新中国成立之初，民政部门就采取了接管和改造国民党举办的旧慈善团体和救济机构以及创办新型救济福利事业单位的政策，对老年弱势群体收养安置。近年来在《关于支持社会力量兴办社会福利机构的意见》《鼓励和引导民间资本进入养老服务领域的实施意见》《养老机构管理办法》《养老机构服务质量基本规范》等一系列文件的推动下，我国机构养老服务在类型、数量、质量等方面都得到了快速发展。目前我国的机构养老服务主要涵盖养老院、社会福利院、农村敬老院、老年护理院、老年公寓、托老所等多种形式。机构养老服务的举办主体也涵盖政府部门、社会组织、市场机构。近年来，民办养老机构的数量已经逐渐超越公办养老机构，成为机构养老服务最重要的提供者。

3. 医养结合政策

医养结合并非一种独立的养老模式，而是指从老年人多元化需求出发，通过将养老和医疗资源有机整合、服务功能有效衔接，在基本生活照料基础上，为老年人提供检查诊断、医疗护理、康复疗养、健康管理和保健教育、临终关怀等一系列专业化、持续性健康照护服务的养老供给方式①。

相较于传统生活照料类养老服务，医养结合是一种新型养老服务。我国医养结合政策

① 邓大松，李玉娇．医养结合养老模式：制度理性、供需困境与模式创新［J］．新疆师范大学学报（哲学社会科学版），2018（1）．

正式起始于2013年9月国务院颁布的《关于加快发展养老服务业的若干意见》，将“积极推进医疗卫生与养老服务相结合”作为养老服务业发展的一项主要任务。2015年3月，国务院办公厅印发《全国医疗卫生服务体系规划纲要（2015—2020年）》，正式明确了医养结合的概念。在积极应对人口老龄化和“健康中国”的国家战略背景下，2022年7月，国家卫生健康委员会等十一个部委联合印发《关于进一步推进医养结合发展的指导意见》，对发展居家社区医养结合服务，推动机构深入开展医养结合服务等方面提出了具体要求，进一步完善了支持政策。医养结合已逐渐成为我国老年人社会服务政策体系的重点建设方向。

## 二、残疾人社会服务政策

### （一）残疾人社会服务政策的发展历程

1. 计划经济时期的残疾人社会服务政策

新中国成立初期，伤残军人是残疾人社会服务的重点保障对象。《革命工作人员伤亡褒恤暂行条例》《财政部关于民兵民工参加国防施工因公致残后生活困难问题的复函》《政务院关于加强革命残废军人学校正规教育的决定》等一系列政策文件都对残疾军人的物质补助、就业以及教育等服务进行了相关规定。

在康复治疗和收养服务上，一是各种社会福利院、精神病院、疗养院等机构逐步建立，收养残疾人，提供生活保障等服务；二是农村“五保”与城镇“三无”救助制度也为城乡生活困难残疾人提供了制度保障。同时，残疾人社会服务还延伸到发展权利的获得上。例如《中华人民共和国劳动保险条例》中规定对因工致残不能工作的职工，发放抚恤金直至终老，对尚能工作者，发放一定的残废补助并分配适当工作。而且大量福利工厂的出现以集中就业的方式保障了残疾人的就业权益。

2. 改革开放后的残疾人社会服务政策

《中华人民共和国宪法》规定，国家和社会帮助安排盲、聋、哑和其他有残疾的公民的劳动、生活和教育。1990年代以后，残疾人社会服务逐渐走向多样化发展道路。例如在康复服务上，《中华人民共和国残疾人保障法》要求国家和社会采取多种形式，为残疾人提供有效的康复服务。在就业服务上，与市场经济相适应的“按比例安排残疾人就业”制度开始实行，并通过坚持集中与分散相结合的就业方针，促进残疾人多元就业。

2010年3月，国务院办公厅转发中国残联等部门和单位《关于加快推进残疾人社会保障体系和服务体系建设的指导意见》，为统筹发展残疾人康复、教育、就业、扶贫、托养、无障碍、文化体育、维权等专项服务体系建设提供了进一步指导。

近十年来，残疾人社会服务政策迎来了全面发展。第一，残疾人教育获得了创新发展。2017年修订后的《残疾人教育条例》规定积极推进融合教育，根据残疾人的残疾类别和接受能力，采取普通教育方式或者特殊教育方式，优先采取普通教育方式。第二，在就业上，根据国务院办公厅《促进残疾人就业三年行动方案（2022—2024年）》等政策文件继续采取免费提供就业创业服务、残疾人创业就业税收政策，将求职创业补贴补助扩展到贫困残疾人家庭，加大对残疾人职业教育的政策和金融支持力度等，全面提升残疾人的职业技能和就业创业能力。第三，在康复与托养服务上，一方面大力发展残疾人基本康复服务；另一方面制定《残疾人托养服务基本规范（试行）》，加强了对残疾人各类托养服务的规范化和标准化发展。多层次、全方位的残疾人社会服务政策体系逐渐形成。

### （二）残疾人社会服务内容与相关政策

1. 残疾人康复服务政策

残疾人康复服务政策是综合运用医疗的、心理的、教育的、职业的、社会的和其他方式对残疾人进行治疗、训练与辅助等服务，恢复或提升其丧失或部分丧失的身体与精神功能，增强其生活、工作、社会参与的能力的规定和措施。

我国的残疾人康复服务政策起始于20世纪80年代。1988年，《中国残疾人事业五年工作纲要（1988年—1992年）》确定将白内障复明手术、小儿麻痹后遗症矫治手术和聋儿听力语言训练作为三项抢救性康复工程在全国推动，残疾人专项康复项目正式实施。1990年制定的《中华人民共和国残疾人保障法》对残疾人康复做出了规定。

2008年3月，中共中央、国务院发布《关于促进残疾人事业发展的意见》，要求“保障残疾人享有基本医疗卫生服务；健全残疾人康复服务保障措施；建立健全残疾预防体系”。2021年8月，中国残联等六个部委联合印发《“十四五”残疾人康复服务实施方案》，提出“着力构建与经济社会发展相协调、与残疾人康复需求相适应的残疾人康复保障制度和服务体系；着力增强专业化康复服务能力，提升残疾康复服务质量，进一步满足城乡残疾人基本康复服务需求”。目前我国正在以残疾人“人人享有康复服务”为目标，加强残疾人康复服务体系建设，为残疾人提供康复医疗、功能训练、辅助器具适配、康复转介、康复咨询等多类型的康复服务。

2. 残疾人教育服务政策

残疾人教育服务政策是运用特殊的教学手段、设施与技术，对残疾人进行的教育，或为残疾人接受教育创造各种条件的规定和措施。残疾人教育服务包括学前教育、基础教育、高等教育、职业教育、成人教育等。

为保证残疾人教育服务的顺利实施，我国于1994年8月专门颁布了《残疾人教育条例》，从法律上有效保障了我国残疾人平等接受教育的权利，促进了残疾人教育事业的发展。2018年4月，教育部等四部门出台了《关于加快发展残疾人职业教育的若干意见》。2021年12月，国务院办公厅转发教育部等部门《“十四五”特殊教育发展提升行动计划》。这些政策的出台与实施也为残疾人教育服务的顺利发展提供了相应保障。

3. 残疾人就业服务政策

残疾人就业服务政策是国家为达到劳动年龄并为有一定劳动能力的残疾人提供工作岗位、职业培训或就业机会的规定和措施。

残疾人就业服务政策的主要目标在于促使残疾人依靠自身劳动能力，发挥劳动潜能，获得生活保障，实现自立自强。在我国，中国残疾人联合会及其地方组织主要负责残疾人就业工作的具体组织实施工作。如免费为残疾人就业提供残疾人就业信息；组织开展残疾人职业培训；为残疾人提供职业心理咨询、职业适应评估、职业康复训练、求职定向指导、职业介绍等服务；为残疾人自主择业提供必要的帮助；为用人单位安排残疾人就业提供必要的支持等服务。国家还鼓励其他就业服务机构为残疾人就业提供免费服务。

我国于2007年2月颁布了《残疾人就业条例》，为促进残疾人就业，保障残疾人获得就业服务提供法律保障。近年来，我国加大了残疾人就业服务的政策保障。如2015年6月，中国残联等八个部委共同制定了《关于发展残疾人辅助性就业的意见》。2018年1月，中国残联等十五个部门联合印发了《关于扶持残疾人自主就业创业的意见》。2021年10月，中共中央组织部等五个部门出台了《机关、事业单位、国有企业带头安排残疾人就业办法》，为保障残疾人就业权利，促进社会各界安排、帮助残疾人就业提供了政策支持。

4. 残疾人托养服务政策

残疾人托养服务政策是为符合条件的智力、精神和重度肢体残疾人，提供基本生活照料和护理、生活自理能力训练、社会适应能力辅导、职业康复和劳动技能训练、运动功能训练等方面服务的规定和措施。

残疾人托养服务主要分为机构托养和居家托养两种服务类型。其中机构托养是在各级、各类寄宿制集中托养机构和日间照料机构中，为符合条件的智力、精神和重度肢体残疾人提供各类托养服务。居家托养是通过一定的组织或机构，以合适的方式为分散居住在家庭和社区中符合条件的智力、精神和长期需要专人照料或护理的重度肢体残疾人，提供各类托养服务。

2012年以来，我国陆续出台了残疾人托养服务系列政策文件，如2012年8月，中国残联等八个部门联合制定《关于加快发展残疾人托养服务的意见》。2018年3月，民政部等部门联合制定了《残疾人服务机构管理办法》。2020年1月，我国又实施了《就业年龄段智力、精神及重度肢体残疾人托养服务规范》，对残疾人托养服务机构的岗位设置、人员配备以及场所规格等做出了具体要求。

## 三、儿童社会服务政策

### （一）儿童社会服务政策的发展历程

1. 计划经济时期的儿童社会服务政策

新中国成立后，我国逐步建立了与计划经济体制相契合的儿童社会服务事业。1953年《中华人民共和国劳动保险条例》提出，要鼓励企业、机关、团体等兴办托儿所。1956年，内务部、教育部、卫生部发布的《关于托儿所、幼儿园几个问题的联合通知》指出，托儿所和幼儿园必须有相应的增加，在城市中由厂矿、企业、机关、团体、群众举办，在农村提倡农业生产合作社举办。集体成为儿童社会服务，特别是儿童照料服务的责任主体之一。

除此之外，对于游离于单位保障的孤儿、残疾儿童等特殊儿童，在城市，各级政府主要通过不同类型的儿童福利机构收养弃婴、残疾儿童、无依无靠孤儿，为其提供健康、保育、教育等多样化服务。在农村，农村“五保”制度为农村中无依无靠的孤儿、残疾儿童的生活提供了生活保障。

2. 改革开放后的儿童社会服务政策

改革开放后，儿童社会服务政策进入了新的发展阶段。特别是《幼儿园管理条例》《中华人民共和国未成年人保护法》《九十年代中国儿童发展规划纲要》《关于加快实现社会福利社会化的意见》《中国儿童发展纲要（2001—2010年）》等法律、文件、规划的出台，为儿童社会服务政策的建设与发展提供了制度保障。

2010年之后，我国儿童社会服务进入了全面发展阶段。如2011年发布的《中国儿童发展纲要（2011—2020年）》提出要建立和完善适度普惠的儿童福利体系。2016年6月，国务院出台了《关于加强困境儿童保障工作的意见》，要求以促进儿童全面发展为出发点和落脚点，分类施策，精准帮扶，为困境儿童健康成长营造良好环境。

2020年12月，国务院办公厅发布《关于促进养老托育服务健康发展的意见》，进一步对健全幼有所育的政策体系，扩大多方参与、多种方式的服务供给提出了具体要求。现代化的儿童社会服务体系初现。

### （二）儿童社会服务内容与相关政策

1. 面向全体儿童的社会服务政策

（1）儿童照顾服务政策。儿童照顾服务政策是国家和社会为协助家庭照顾，对儿童及其家庭所实施干预或支持的规定和措施，本质上属于家庭支持政策。现有的儿童照顾服务政策主要可以分为经济支持、照顾假期和托养服务。经济支持主要体现在生育津贴和独生子女津贴上。照顾假期是指对育有婴儿的父母进行放假的政策，如女职工生育产假、父亲陪产假等。托养服务主要是对儿童实施的照料和护理服务，包括政府和社会出资的幼儿园、托儿所。

（2）儿童健康服务政策。儿童健康服务政策是国家和社会为促进儿童健康状况和健康水平提高所提供各类干预与服务的规定和措施。经过多年的实践和探索，我国目前已初步建立了以基层医疗卫生机构、妇幼保健机构、儿童专科医疗机构、综合医院儿科为主的儿童健康服务网络。所提供的儿童健康服务包括儿童医疗保健服务、出生缺陷防治服务、儿童早期发展服务、儿童营养改善服务等。

（3）儿童保护服务政策。儿童保护服务政策是针对儿童的成长过程中遭受人为侵害，如虐待、忽视、剥削和暴力侵害行为所提供保护服务的规定和措施。儿童保护服务主要涉及儿童权益的法律保护，由法律明确规定对儿童的生命权、隐私权、智力成果和荣誉权、就业、财产支配等权利进行保障。同时还涉及安全的社会环境为儿童提供保护服务。例如倡导和睦的家庭关系，预防和制止家庭暴力、忽视等事件发生；通过设立治安岗，进驻保安员，维护校园周边道路的交通秩序以及打击周边网吧、游戏厅等措施净化校园环境等。

2. 面向特殊儿童的社会服务政策

（1）困境儿童安置服务政策。困境儿童安置服务政策是将儿童带离原有生活场所进行暂时安置或替代性安置的规定和措施。安置服务政策主要针对孤儿、未找到父母的流浪儿童、父母没有监护能力且无其他监护人儿童等缺乏双亲照料抚养的儿童。

困境儿童安置服务主要形式有机构安置服务、家庭寄养服务、收养服务等。机构安置服务是由儿童福利院、社会福利院等福利机构提供的收留抚养服务。家庭寄养服务是经过规定的程序，将政府部门监护的儿童委托在符合条件的家庭中进行养育和照料的服务。收养服务是根据法定的条件和程序领养他人子女为自己子女的民事法律行为。

（2）残疾儿童康复救助服务政策。残疾儿童康复救助服务政策是儿童在发生重残后综合运用医学、教育、社会、心理和辅助器具等方式，以帮助残疾儿童减轻功能障碍、改善功能状况、增强生活自理和社会参与能力为主要目的所进行手术、辅助器具配置和康复训练等服务的规定和措施。

根据《国务院关于建立残疾儿童康复救助制度的意见》的规定，我国残疾儿童康复救助服务的对象为符合条件的0～6岁视力、听力、言语、肢体、智力等残疾儿童和孤独症儿童。包括城乡最低生活保障家庭、建档立卡贫困户家庭的残疾儿童和儿童福利机构收留抚养的残疾儿童；残疾孤儿、纳入特困人员供养范围的残疾儿童；其他经济困难家庭的残疾儿童等。

（3）农村留守儿童和困境儿童关爱服务政策。农村留守儿童和困境儿童关爱服务政策是根据农村留守儿童和困境儿童自身、家庭情况对农村留守儿童和困境儿童监护、生活、安全保护等方面遇到的突出问题给予帮扶的规定和措施。根据各地的实践情况，农村留守儿童和困境儿童关爱服务主要包括为儿童提供人际调适、精神慰藉、心理疏导、权益维护等专业性关爱服务。

## 第三节　社会服务政策的发展

### 一、构建全体老年人享有的基本养老服务体系

#### （一）健全国家基本养老服务清单制度

2023年5月，中共中央办公厅、国务院办公厅颁布了《关于推进基本养老服务体系建设的意见》，明确了基本养老服务体系的内涵、主要任务、主要内容，尤其是制定了《国家基本养老服务清单》。《国家基本养老服务清单》从服务对象、项目、内容、类型四个层面搭建了国家基本养老服务清单框架。今后在《国家基本养老服务清单》的基础上，各级部门应该分别制定基本养老服务清单，并对各级清单中的服务对象、内容、标准、程序进行明确与细化，从而建立纵向一体、层层递进的基本养老服务清单体系。

此外，基本养老服务清单也并不是一成不变的，随着经济社会发展水平的变动，各级政府财政状况的变化，以及老年人不断丰富与日益增长的养老服务需求，各级基本养老服务清单也需要建立动态调整机制，对服务清单对象、项目、标准进行适时优化与丰富。特别是要在未来进一步扩大基本养老服务的覆盖面和项目种类，将一般老年人普遍需要的且发生频率较高或急需的服务，如养老咨询、老年优待、法律服务、老年教育等服务内容纳入本地区养老服务清单，发挥基本养老服务清单在实现老有所养中的基础性和指引性作用。

#### （二）优化基本养老服务的供给机制

基本养老服务具有公益性的根本属性，这就需要不断优化基本养老服务的供给机制，

提高基本养老服务的供给能力。

第一，要进一步发挥政府的主导性作用。政府应重点保障经济困难、失能、高龄、无人照顾等老年人的养老服务的服务需求。公办养老机构要充分发挥基本养老服务的基础性作用，建立公办养老机构入住管理制度，强化对困难老年人的兜底保障。

第二，要支持社会与市场主体参与提供基本养老服务。针对养老服务需求呈现多样化、多层次的特点，要优化各类养老机构和养老服务设施的补贴、优惠、扶持政策，鼓励支持广大市场和社会力量参与提供基本养老服务，充分利用市场与社会的优势，增强基本养老服务的供给效率和供给能力。要依托和整合现有基层力量，建设街道（乡镇）区域养老服务中心、社区（村）养老服务站点、嵌入式养老服务机构。大力发展实用性强、覆盖面广、集成度高、价格亲民的养老服务，让全体国民都能够获得相应的基本养老服务。

### （三）推动基本养老服务体系的系统集成

在推进基本养老服务体系建设中要把基本养老服务看作社会服务大系统中的一个子系统，从大系统的角度来看基本养老服务体系建设问题。

第一，要通过资源优化整合、政策配套衔接，突破失能老人照护难题。应下大力气解决好城乡失能老人养老问题，重点推动建立相关保险、福利、救助相衔接的长期照护保障制度，合理确定经济困难失能老年人护理补贴覆盖范围和补贴标准。进一步完善县、乡镇（街道）、社区、家庭四级养老服务网络，扩大居家社区养老服务供给。建立政府为经济困难失能老年人购买居家养老服务、经济困难失能老年人免费集中托养等制度。

第二，通过优化资源布局、政策协同发力，健全农村基本养老服务体系。应推动基本养老服务资源向农村地区倾斜，突出高龄、独居、失能失智等农村老年群体基本养老保障，打造县、乡、村相衔接的三级养老服务网络。积极应对农村人口老龄化，探索集中养老、互助养老、居家养老、医养结合等新型乡村养老模式，加快健全农村基本养老服务体系。

## 二、建立积极的残疾人社会服务体系

### （一）建立赋权化的残疾人福利服务政策

面对残疾人群体对美好生活的向往，要进一步转变传统的残疾人福利服务供给思路，坚持残疾人本位观和发展观，建立以增能、平等、充权为核心理念的现代型残疾人福利服务政策体系。

第一，在政策目标层面，在继续维护好残疾人生存权和基本生活保障的基础上，将政策目标更多地着眼于残疾人发展权领域。通过政策的优化在全社会营造一种尊重残疾人、扶助残疾人、平等对待残疾人的社会氛围，为残疾人正确认识自身价值、充分融入社会生活、实现自立自强创造有利条件。

第二，在政策设计层面，要建立以需求为导向的各类残疾人福利服务政策。不断强化和细化对残疾人社会服务需求的调查、甄别与预测，针对残疾人多样化、多层次、个性化的需求设计福利服务政策，重视开发各类“增能”服务，促进残疾人能力的激活。还要进一步促进残疾人对政策设计的参与，设计合理的制度安排，拓宽和延伸残疾人参与相关福利服务政策制定的途径，积极引导残疾人从“服务客体”转变为“政策主体”，从而建立精准、高效、适用性强的残疾人福利服务政策。

### （二）完善残疾人就业服务政策体系

就业是残疾人实现自我发展和体现个人价值的直接体现，因此建立积极的残疾人社会服务体系还应该完善残疾人就业服务政策，增强残疾人群体自我保障能力。

第一，提高残疾人就业服务的针对性。要针对不同的残疾人对象，分类采取就业培训。由于残疾人的类型及程度不同，以及在年龄、文化程度、劳动技能等方面存在差异，残疾人对工作的适应情况也有所区别，因此要客观分析不同对象的实际情况，努力发掘各自优势与潜能，对其进行针对性强、实用特点突出的就业培训。要针对用工单位的不同需求，开展定向就业培训，将培训合格的残疾人介绍到相关企事业单位工作，以增加残疾人的有效就业率。

第二，对残疾人进行合理的就业引导。要根据不同情况对残疾人进行择业指导，帮助残疾人从事其适合、熟悉、擅长、精通的职业，争取实现人尽其才，才尽其用。对于自主创业残疾人，对其遇到的困难进行有针对性的政策支持与资金扶助，帮助其就业[①]。

## 三、构建普惠型儿童社会服务政策体系

### （一）建立普惠的儿童津贴制度

伴随着我国人口生育率的持续下降以及家庭抚育成本的不断提升，面对生育政策的放开，我国要转变儿童照顾责任的归属观，逐步实现儿童养育责任从原有的家庭一元责任向家庭、国家、社会的共同责任转变，特别是要强化政府的职责与功能，建立面向全民的儿童津贴制度，实现普惠型儿童社会服务制度的构建。

在儿童津贴制度的设计上，可根据儿童的年龄，如0～3岁、4～6岁、7～12岁等建立多段式的补贴政策，也可结合家庭育有儿童数量，如一孩家庭、二孩家庭、三孩家庭等建立差异化的补贴政策。对于儿童津贴的发放形式，可从适用性的角度建立现金补贴＋实物补贴（如免学费、书本费，并提供免费营养餐等）多样化的补贴政策。此外，儿童津贴制度的设计也要充分考虑育儿家庭的经济水平与生活状况。对于低收入家庭、困难儿童家庭等特殊家庭，要加大补贴力度和关怀程度，让每一个家庭都能获得有效的支持，每一位儿童都能够得到健康的成长。

### （二）加快发展多层次的托育服务体系

第一，政府应保障普惠托育服务的直接供给。要增加政府的财政投入力度，科学规划托育服务设施的布局，加大托育服务机构的建设。鼓励有能力的公办幼儿园向下延至0～3岁婴幼儿托育，为贫困或有照顾困难的家庭提供保障性托育服务，发挥公办机构的兜底性作用。

第二，鼓励地方政府采取政府补贴、用地保障、税费减免、行业引导等方式，积极吸

① 李静．从生活救助到就业支持：优势视角下残疾人福利的实现路径［J］．南京大学学报（哲学·人文科学·社会科学），2012（6）．

引民间资本广泛参与托育服务体系建设。支持社会组织与企事业单位等社会力量根据社会大众的一般性需求与个性化需求提供非营利性和营利性的托育服务，通过多类型的供给方式和多层次服务内容提高托育服务的可得性。

第三，构建广覆盖的托育服务网络。要充分发挥社区公共服务设施的婴幼儿照护服务功能，积极利用社区在场所、人员、安全、环境等的资源优势，发展社区嵌入型托育服务机构，以提高托育服务的可及性。此外还要丰富服务的供给内容，基于不同家庭的多样化需求，发展保育、保健、早教、托养等多样化服务项目，以增强托育服务的可选择性。

## 思考题

1. 如何理解社会服务的作用？
2. 简述我国社会服务的主要内容。
3. 构建普惠型儿童社会服务政策体系的主要内容是什么？

# 第十五章　中国社会政策发展方向

## 本章提要

中国式现代化成为引领我国经济社会发展的新要求和新动力，这需要我们重新认识中国社会政策发展的背景和条件，结合当下中国社会政策发展的现实基础，把握中国社会政策发展的取向，明确中国社会政策发展的主要任务。

## 引导案例

**从“五有”到“七有”：新时代美好生活的升华**

早在两千多年前，我们的祖先就描绘了小康社会和大同理想的美好生活状态。古人将“小康”和“大同”作为两种理想社会模式，并认为“小康”是仅次于“大同”的理想社会状态。“小康”代表着天下为家、温馨和睦、崇尚道德、讲究礼仪的亲情社会，承载着中华民族优秀儿女对美好生活孜孜不倦的追求和向往。它所反映的是一种美好生活状态，在这种美好生活中，要“使老有所终，壮有所用，幼有所长，鳏寡孤独废疾者皆有所养”，让老百姓过上自给自足、丰衣足食、无忧无虑、安居乐业的美好生活。

党的十七大强调推动建设和谐社会，“努力使全体人民学有所教、劳有所得、病有所医、老有所养、住有所居”。党的十八大强调努力让人民过上更好生活，“在学有所教、劳有所得、病有所医、老有所养、住有所居上持续取得新进展”。党的十九大进一步强调不断满足人民美好生活需要，在“五有”的基础上，创新性地增加了“幼有所育”“弱有所扶”。从中华民族对“小康”和“大同”理想社会始终不渝的追求，到全面建成小康社会第一个百年奋斗目标的实现，从“五有”到“七有”美好生活状态的升华，包含着无数中国人的梦想，反映了人民对美好生活的无限向往和不懈追求。

资料来源：史为磊．从“五有”到“七有”：新时代美好生活的升华［N］．北京日报（理论周刊），2018-07-25.

**案例思考：**

（1）基于案例，思考如何以人民为中心推动社会政策的发展。

（2）结合实践，思考如何建立健全覆盖全生命周期的社会政策体系。

## 第一节　中国社会政策发展的新动力

社会政策是现代社会的产物，世界各国由于国情的不同，各国的社会政策发展存在明显的差异。中国在全面建成小康社会之后，开启全面建设社会主义现代化国家新征程，中国社会政策发展处在历史的机遇期。

## 一、中国式现代化推动社会政策从边缘到中心

中国式现代化是中国共产党领导的社会主义现代化，既有各国现代化的共同特征，更有基于自己国情的中国特色。中国式现代化是人口规模巨大的现代化，是全体人民共同富裕的现代化，是物质文明和精神文明相协调的现代化，是人与自然和谐共生的现代化，是走和平发展道路的现代化。中国式现代化构成了中国社会政策发展的新背景，为社会政策的发展提供了新要求、新动能。

在中国式现代化进程中，推进实现共同富裕，实现人民对美好生活的追求成为新时期我国经济和社会发展的重要目标。在这一背景下，社会政策的重要性将被凸显出来。第一，社会政策将进入国家推进共同富裕政策体系的中心，作为解决社会差异性平等、促进社会融合的主要手段，成为国家治理的重器。第二，社会政策对象范围将由特定的弱势群体持续扩展到全体国民，广泛影响中等收入群体。社会政策目标定位将从满足基本生活到促进发展，社会政策的影响力将持续扩大。第三，社会政策体系转型，新型社会政策体系多层结构相互补充、相互促进，形成推进共同富裕的政策合力；社会政策多主体协同发展，生产主义与保护主义保持平衡，社会发展更具有包容性。[①]

## 二、以共同富裕为标志的社会政策时代来临

20 世纪 90 年代以来，在改善民生和促进公平正义的发展理念指导下，我国公共政策的重心实现了从经济政策到社会政策的历史性跨越。一方面，随着经济较快增长，政府的公共财政具备了解决较多民生问题的能力；另一方面，在社会主义市场经济体制建设中出现了一些比较突出的社会问题，政府以紧急应对的思路集中出台了一系列社会政策。到 21 世纪初期，以改善困难群体的生活状况和普遍增进社会成员的社会福祉为目的的社会政策在我国已普遍形成。

党的十九大提出到 21 世纪中叶全体人民共同富裕基本实现的新目标，党的十九届五中全会提出到 2035 年“全体人民共同富裕取得更为明显的实质性进展”，开启走向共同富裕的新阶段。共同富裕具有鲜明的时代特征和中国特色，社会政策与国民福祉直接相关，是推进共同富裕的主要政策手段。

随着我国进入共同富裕新阶段，共同富裕目标将成为促进社会政策向高自性发展的新动能，以共同富裕为标志的社会政策时代有以下三个标志：

第一，中国社会政策体系的重构目标与共同富裕目标一致。共同富裕，前提是富裕，核心是共同，紧扣共同富裕的共享性，促进从增长福利价值观向分享福利价值观的转变，让发展成果更多更公平惠及全体人民。

第二，中国社会政策向社会传递公平正义的价值理念，塑造共同富裕社会的道德价值

① 林闽钢．中国社会政策体系的结构转型与实现路径［J］．南京大学学报（哲学·人文科学·社会科学），2021（5）．

基础。社会政策建设任务应是进一步加快体系转型，按照生命周期、生活层次及风险类型来设立普惠性项目，扩大社会服务范围，不断提高全社会的共享水平，促进社会融合。

第三，中国社会政策具备参与构建超大规模国家的治理能力。共同富裕具有鲜明的中国特色，中国的超大规模性、城乡区域发展不平衡和收入分配差距较大，决定了政府不能也不应该大包大揽。在政府主导下，需要充分调动社会政策体系多元主体的积极性，这对大国社会政策的能力建设是一个巨大的挑战。①

## 第二节 中国社会政策的发展取向

### 一、以人民为中心的取向

以人民为中心的社会政策发展取向，即始终把人民利益摆在首位，坚持发展为了人民、发展依靠人民、发展成果由人民共享，在社会政策过程中充分体现出人民性。

第一，坚持以人民群众利益为发展动力的社会政策改革。在社会政策发展的动力上，以人民为中心的社会政策，坚持把人民利益和关切贯穿于社会政策改革的始终，形成以问题为导向的改革路径，锚定社会政策改革的方向，抓住改革的重点，守正创新推动社会政策发展行稳致远。

第二，建立健全防范化解全生命周期风险的社会政策体系。在完善政策体系上，以人民为中心的社会政策，应覆盖全生命周期的各种社会风险，不断满足人民群众多层次、多样化需求，为广大人民群众提供更可靠、更充分的保障。要在幼有所育、学有所教、劳有所得、病有所医、老有所养、住有所居、弱有所扶等民生主要领域不断取得新进展，让民生福祉达到新水平。

第三，建构完善以社会服务为主体，多种治理手段相融合的社会政策体系。在提高治理效能的手段上，以人民为中心的社会政策，应建立全待遇项目的社会政策体系。在今后的社会政策改革中需要改变“重现金给付、轻社会服务”的倾向，以社会服务为基础，构建中国特色的社会政策体系，推动中国“社会服务国家”的建设。

### 二、积极社会政策的取向

长期以来，人们都认为社会政策远离资本市场，不涉及经济发展效果。国际上兴起的社会投资理论认为，社会政策是一种生产性要素，社会政策对经济发展，特别是对劳动力素质的提高有直接的作用。其作用机理是社会性公共支出中用于社会福利的支出水平决定了家庭、企业的人力资本投资决策，从而影响作为生产要素的人力资本的需求和形成。

目前国际社会的一个普遍共识是：社会政策应被看作是对人力资本与社会资本的投资。人力资本与社会资本的提高有助于对瞬息万变的经济环境做出积极的响应，并对提高竞争优势有着极为重要的作用。积极社会政策的主要内容和重点包括：

---

① 林闽钢．中国社会政策体系的结构转型与实现路径［J］．南京大学学报（哲学·人文科学·社会科学），2021（5）．

（1）从社会政策是生产要素视角，关注从“宏观增量”向“微观能力”的转变。将社会政策看作是对于人力资本的投资行为，注重人们能力提升和自我责任的唤醒，将国家政策对“增量”积累的关注，带到更加重视“质量”和“能力”的获取，有利于提高劳动力在市场人力资本的“存量”，同时优化劳动力在不同生命阶段上的“流量”。

（2）从社会政策对于风险预防的视角，着眼于提高个人、社会和国家应对风险的能力。强调社会政策全过程的干预，是整体性的考量。社会政策不再仅仅关注人生的低谷和尾声，而是关注人生的全部阶段，并具体呈现为积极的儿童发展政策、成年就业政策和老年保障政策。

（3）社会服务的重要性。认为通过社会服务可以有效实现社会投资，赋能型服务的供给也能有效减少人们对于福利的依赖。

（4）社会政策是经济社会协调发展的不可或缺的一环，有助于实现包容、协调和可持续的发展。

从世界范围来看，保护儿童、改善儿童的成长环境是各政府及社会成员最早致力的社会福利之一，儿童是劳动力在市场人力资本的“存量”。对于中国来说，社会政策的投入已经不是一个财力的问题，而更多的是对发展优先次序的选择问题。要将更多的财力和服务投到普惠性人力资本——儿童福利的发展上，为国家未来发展储备更多、更为优质的人力资本。在儿童福利事业方面，全社会有较大共识，实施起来最为容易，也最具有发展战略性。

我国已全面放开三孩政策，但妇女福利存在短板，不能有效降低育龄人群的生育成本，打消了许多育龄人群生育三孩的意愿，这已成为社会关注的热点问题。我国社会政策体系转型能否成功突破，取决于能否成功解决妇女进入劳动力市场与养育孩子、照料家庭这二者之间的矛盾。以性别平等为基础，构筑以工作为中心的社会政策体系，发展更多的儿童照顾服务，在实现社会投资的同时，帮助女性平衡工作与家庭。在这个意义上，我国积极社会政策的转向也必然是儿童友好型、妇女友好型社会的来临。①

## 三、覆盖全生命周期的取向

覆盖全生命周期的社会政策是指制定和实施针对从婴幼儿到老年人的涵盖一生中各类风险的社会政策体系。

在当前我国老龄化逐渐加剧，生育率逐年走低的趋势下，建立健全覆盖全生命周期的社会政策体系成为我国社会政策发展的新取向。

（1）对于不同年龄阶段的全覆盖。覆盖全生命周期的社会政策要求建立涵盖所有年龄段的社会政策体系，即从出生到青壮年、老年、终老的各个生命阶段，强调不同生命阶段有不同的社会政策所对应，重点突出对于生育支持、婴幼儿保健、托育照顾等政策的建立，同时强调对于包括基本养老服务、安宁疗护等政策的健全，从而形成从幼有所育到老有所养、逝有所安的完整的社会政策体系。

① 林闽钢．中国社会政策体系的结构转型与实现路径［J］．南京大学学报（哲学·人文科学·社会科学），2021（5）．

（2）对于生命历程中所有时期的全覆盖。覆盖全生命周期的社会政策意味着对于人的生命历程中各类时期所对应的特殊需求或风险的全覆盖。全生命周期不仅包括不同年龄阶段，也包括在生命历程中不同时期，例如学龄前、就学、参军、退役、就业、转业、失业、伤病、流动、迁徙等各个时期所产生的各种需求和风险，社会政策的发展取向是对生命历程中所有时期的全覆盖，形成化解和防范各类社会风险的安全网。

## 第三节　中国社会政策发展的新任务

随着我国经济社会的发展，出现了诸多新问题、新风险，未来我国社会政策的发展需要主动回应经济社会发展中的新风险，解决各种社会问题，并促进经济发展和民生改善良性循环，建设社会服务国家。

### 一、促进社会公平正义，化解新的社会风险

#### （一）社会政策积极促进社会公平正义

在市场经济条件下，社会财富的初次分配一般遵循效率原则，但不可避免会造成市场主体之间收入（财富）分配出现差距。在这种情况下，国家运用社会政策对市场机制进行调节，对分配格局进行调整，使收入（财富）在不同社会群体之间的分配变得相对公平合理，就非常必要。

促进共同富裕，需要正确处理效率和公平的关系，构建初次分配、再分配、三次分配协调配套的基础性制度安排，加大税收、社保、转移支付等调节力度并提高精准性，扩大中等收入群体比重，增加低收入群体收入，合理调节高收入，取缔非法收入，形成中间大、两头小的橄榄型分配结构，促进社会公平正义。社会政策是国家调节收入分配格局、落实共享发展理念的制度化举措，社会政策在促进社会公平方面起到更大的作用。

第一，实施创新就业促进政策，以高质量就业促进劳动者收入水平稳定增加。在推动经济发展、经济结构转型升级的同时，把就业摆在经济社会发展和宏观政策优先位置，强化政府责任，坚持市场主导，注重缓解结构性就业矛盾，加快提升劳动者技能素质，完善重点群体就业支持体系，扩大就业容量，提升就业质量，促进充分就业。通过健全就业公共服务体系、劳动关系协调机制、终身职业技能培训制度，保障劳动者就业权益。通过扩大公益性岗位安置，帮扶残疾人、特殊困难群体特别是零就业家庭成员就业。完善促进创业带动就业、多渠道灵活就业的制度，支持和规范发展新就业形态，提升就业水平。

第二，完善再分配制度，形成共享发展的新格局。通过完善再分配机制，加大税收、社保、转移支付等调节力度和精准性，合理调节过高收入和一定程度的财富集中，使发展成果更多更公平惠及全体人民。坚持在发展中保障和改善民生，尽力而为、量力而行，促进基本公共服务均等化，加大普惠性人力资本投入，形成人人享有的合理分配，完善养老和医疗保障体系、兜底救助体系、住房供应和保障体系。重点加强基础性、普惠性、兜底性民生保障建设。社会政策要注重为人民提高受教育程度、提高身心健康水平、增强发展能力创造更加普惠公平的条件，畅通向上流动通道，扩大中等收入群体。

第三，发挥第三次分配的调节作用。发展公益慈善事业是促进全体人民共同富裕的内在要求。广泛开展慈善事业、志愿服务关爱行动，不仅对救助困难群体、改善收入和财富分配格局具有直接意义，而且有助于丰富人民群众的精神文化生活，推动人的全面自由发展。[①]

### （二）社会政策积极化解社会风险

1. 积极化解人口老龄化风险

人口老龄化是经济社会发展到一定阶段的必然结果，是人类文明进步的体现。中国人口老龄化进程明显加快，给经济社会发展带来机遇也带来挑战。

第一，健全多层次养老保险体系。健全多层次养老保险体系是指发展多层次、多支柱养老保险体系，提高企业年金覆盖率，规范发展第三支柱养老保险，促进和规范发展第三支柱养老保险，推动个人养老金发展。对此，为积极应对人口老龄化，需要大力推进个人养老金制度建设，健全多层次、多支柱养老保险体系，整合城乡居民基本养老服务制度，健全基本养老保险筹资和待遇调整机制，进一步织牢养老保障网。

第二，完善基本养老服务供给体系，提升老年人生活质量。需要积极完善基本养老服务体系，大力发展社会化和专业化养老服务，为社区和居家老人提供多样化、多层次的养老服务。加快推进长期护理保险制度，提高养老服务水平，推动实现社区、居家和机构相协调，医养和康养相结合的基本养老服务供给体系。

第三，推动养老事业和养老产业协同发展。养老事业以政府为主导，养老产业以市场为主导，推动养老事业和养老产业协同发展被作为实施积极人口老龄化国家战略的重要组成部分。实现老龄事业与产业、基本公共服务与多样化服务协调发展。以事业带产业，产业促事业，实现养老事业与养老产业协同发展成为我国社会政策发展的重要任务之一。

2. 积极化解低生育风险

与我国人口快速老龄化并行的是人口出生率的下降，少子化趋势的加剧。建立积极生育支持政策体系：一是需要加快建设普惠托育服务体系，降低生育、养育、教育成本。二是增加普惠托育服务供给，降低托育机构运营成本，提升托育服务质量。三是优化生育休假制度，完善生育保险等相关社会保险制度。四是鼓励实行灵活的工作方式，推动创建家庭友好型工作场所，切实维护劳动就业合法权益。五是积极营造生育友好社会氛围，建立健全人口服务体系。

## 二、解决新出现的社会问题，不断提高人民福祉

### （一）社会政策积极应对新业态的冲击

近年来，科技进步与产业结构的不断升级，催生了以数字平台为媒介进行产品和服务的生产与销售的新型经济形态，越来越多的劳动者服务于平台经济和共享经济。平台经济逐渐成为我国经济发展中的一种重要类型。但是平台经济的发展也暴露出诸多问题，许多劳动者基本权益难以得到保障，劳动保护和相关社会保障欠缺，失业风险较高。

---

① 李迎生．完善推动全体人民共同富裕的社会政策体系［N］．光明日报，2021－09－28（15）．

第一，保障新业态从业者就业权利，促进平台经济发展。一是积极推进平台经济相关市场主体登记注册便利化，合理设置行业准入规定和许可，加快完善新业态标准体系。二是探索适应新业态特点、有利于公平竞争的监管办法，科学合理界定平台责任，维护公平竞争市场秩序，建立健全协同监管机制，积极推进“互联网＋监管”。三是鼓励发展平台经济新业态，加快培育新的增长点。

第二，保障新业态从业者劳动权益，完善劳动保护和各类社会保障制度。一是要求规范用工，明确劳动者权益保障责任，按照不同用工形式确立相应的劳动关系。二是要健全制度，补齐劳动者权益保障短板。包括落实公平就业制度，消除就业歧视，健全最低工资和支付保障制度，推动将不完全符合确立劳动关系情形的新就业形态劳动者纳入制度保障范围，完善休息制度，健全并落实劳动安全卫生责任制，完善基本养老保险、医疗保险相关政策，强化职业伤害保障等。三是通过优化社会保险经办，积极探索适合新就业形态的社会保险经办服务模式，以及建立适合新就业形态劳动者的职业技能培训模式等措施优化劳动者权益保障服务。

### （二）社会政策促进女性“工作-家庭”平衡

随着女性大量进入劳动力市场，女性劳动者面临着工作与家庭两个领域性别角色分工的冲突，这一冲突将可能会导致女性生育、女性就业、家庭生活等各种问题，平衡工作与家庭成为今后我国社会政策发展中的重要任务。

社会政策促进“工作-家庭”平衡是指通过制定各类社会政策，使女性不会因工作而主动或被动地放弃生育、养育行为，也不会因生育及养育行为而丧失工作和发展的机会，从而实现女性在工作发展和家庭照顾上的双重需求满足。对此，社会政策促进女性“工作-家庭”平衡的主要内容包括：

第一，经济层面的政策支持。主要是指通过各类直接或间接的财政经济援助，缓解女性在工作和家庭上的矛盾。一是通过税收减免，提升多子女家庭、单亲父母、低收入家庭和残疾儿童等家庭的税收抵扣额。二是通过设立生育及家庭津贴，降低女性因参与家庭内部劳动而在劳动力市场上产生的机会成本，促进女性在工作和家庭之间更加自由地选择，同时促进生育率的提升。三是通过税费优惠和财政补贴等形式，减轻相关企业在聘用女性职工，特别是因女性职工照顾家庭而中断工作所产生的经济损失，从而减少女性在劳动力市场的歧视，促使女性在完成生育和养育行为后更加容易地返回到工作之中。

第二，服务层面的政策支持。主要是指通过发展普惠性托育服务，特别是0～3岁婴幼儿托育服务，缓解女性家庭照顾压力，降低女性在劳动力市场中就业中断的可能性。普惠性托育服务要求服务供给具有较高程度的可及性和可得性，即价格是免费或者低廉的，同时服务的使用是方便和可获得的。一要通过税收减免、财政补贴等形式，降低托育机构建设和运营成本。二是通过共建民营、民办公助等多种体制机制，促进事业和产业的协同发展，吸引社会资本的进入。三是通过完善服务标准、监管体制，开展服务人员培育提升服务质量，提高普惠托育服务效果。

第三，时间层面的政策支持。主要是指通过各类政策提供女性在生育、养育上的时间支持，从而使女性能够有更多时间投入工作或家庭之中，化解工作与家庭矛盾。一是通过产假和育儿假政策，使女性能够有时间从劳动力市场中脱离出来，投入家庭照顾活动之中，在休假期间享受休假津贴。二是通过男性育儿假政策，降低女性在家庭照顾中的压力，使女性能够有更多时间投入工作之中，同时减少因女性休假造成的劳动力市场歧视问题。

## 三、促进经济发展和民生改善良性循环，建设社会服务国家

### （一）促进经济发展和民生改善良性循环

经济发展与民生改善的关系十分密切。没有经济发展，不可能有民生改善；没有民生改善，经济发展也将停滞不前。二者相互支持、相互促进，存在于一个整体之中。

第一，民生改善对经济发展具有重要的托底作用和促进作用。在推动中国式现代化进程，不断迈向社会主义现代化强国的过程中，一是社会政策要发挥出积极的促进作用，通过实施民生改善政策，编织好民生保障网，托基本民生和社会稳定之底，缓解经济转型升级带来的社会压力，促进经济持续健康发展。二是让社会成员公平分享改革发展成果，调动其积极性、主动性和创造性，提高劳动生产率；释放潜在消费需求，促进消费升级，提高经济发展的质量和效益；在更高水平上回应社会需求，促进社会治理创新，进而推动经济发展。可见，社会政策与经济政策协同发力，比经济政策单一发力效果更好。因此，应跳出经济来看经济，促进经济发展和民生改善良性循环。

第二，促进劳动者就业和经济参与。提高社会成员适应市场变化的能力是促进经济发展、扩大就业、消除贫困以及缩小贫富差距的关键。为此，需要加强对劳动者的教育培训，提高他们的知识技能水平和就业能力。同时，不断增加广大劳动者的经济参与机会，在就业政策、教育政策、扶贫政策等方面向困难群众倾斜，重点开发以社区为基础的支持性就业项目，满足困难群众的就业需求。

第三，引导形成积极的社会心态。市场经济发展必然会不断打破原有利益分配格局，带来社会资源和财富分配的变动、人们社会地位的升降以及利益的分化和利益主体的多元化。这使得地区间、城乡间的收入差距更加凸显，一些群众因预期得不到满足而产生非理性心态，放大经济社会发展中的问题。对此，需要在全社会倡导平等、包容、理性的文化氛围，引导人们及时调整心理预期，形成应对发展变化的积极社会心态。

第四，阻断贫困代际传递。在加强物质扶贫的同时，更加注重教育和智力扶贫。通过加大对贫困地区教育和医疗的财政投入，完善关于增加收入、加大教育培训力度、提升社会保障和医疗卫生服务水平等的政策措施，切实提升贫困家庭人力资本，避免贫困代际传递。[①]

我国进入经济和社会发展的新阶段，国家财力和人民生活水平有了根本改善，保障和改善民生一定要持续发展，这是今后需要坚持的根本发展方向。要用整体观来消除经济发展和民生改善的对立观，今后经济发展和民生改善在共同富裕的发展中具有同等重要的战略地位，从“先增长、后民生”改变为实现经济发展和民生改善的同步发展。

---

① 林闽钢．实现经济发展与民生改善的良性循环［N］．人民日报，2016－12－07（10）．

### （二）建设具有中国特色的社会服务国家

从全球社会政策改革来看，大多数国家以社会投资为理念，以社会服务为政策工具，以更加积极的态度促使将更多的资源投入劳动力激活、家庭支持、特殊群体照护与保护等社会服务领域，使各类社会群体减少对现金给付的“硬依赖”，更多地依靠自身力量提升自我保障水平。

发达国家为成功应对市场和社会方面新风险的冲击，将其能力建设的重点转移到机会的给予上来，使政策聚焦在劳动力市场和儿童与家庭领域，通过最大限度地“激活”与“积累”人力资本，给予人们“再次融入的机会”和“良好开端的机会”，使其具备积极参与市场和社会的能力，从而提高社会凝聚力和国家竞争力。由此，社会服务作为积极的社会政策工具，获得了前所未有的重视和发展机遇。

长期以来，传统福利国家重点聚焦显性社会政策，主要依靠收入再分配手段，通过政府财政投入，实施各种福利津贴计划，但现金给付的刚性上涨给传统福利国家的运行带来了较大压力。中国社会政策体系的转型发展，要吸取传统福利国家的教训，积极地超越传统福利国家这一发展陷阱。

为了适应社会主义市场经济体制，我国重点发展了以社会保险、社会救助为主要内容的社会政策体系，存在“重现金给付、轻社会服务”问题。如果中国社会政策体系发展不走传统福利国家的老路，就必须回答“中国在新的历史条件下应如何超越福利国家”这一重大现实问题。在构建新型中国社会政策体系中，需要结合国情充分发挥出社会服务的作用。

从每个人的生命阶段看，不同时期需要不同社会服务：在幼年期需儿童照顾、学龄期需教育服务、失业后需就业服务、患病期需医疗照顾服务、老年期需养老服务，社会服务的作用就是在全生命周期提供多方位的服务支持。重点构建与社会救助、社会保险等收入支持相对应的社会救助服务、社会养老服务、医疗卫生服务、劳动就业服务等。

今后，需要继续以社会服务作为主线，不断改善我国社会保障的给付结构，增加社会服务项目，逐步提高社会服务质量；同时探索“社会服务＋现金给付”的新型供给结构，充分发挥社会服务和现金给付组合的优势，在新的历史条件下超越传统的福利国家，实现“家庭友好”“妇女友好”“老人友好”“残疾人友好”各种社会状态，推动形成中国特色的社会服务国家。①

## 思考题

1. 如何理解中国社会政策发展的新动力？
2. 中国社会政策发展的主要取向是什么？
3. 中国社会政策发展的新任务包括哪些主要内容？

① 林闽钢．走向社会服务国家：全球视角与中国改革［M］．北京：中国社会科学出版社，2020.

# 参考文献

［1］《社会政策概论》编写组. 社会政策概论［M］. 北京：高等教育出版社，2021.

［2］贝弗里奇. 贝弗里奇报告：社会保险和相关服务［M］. 劳动和社会保障部社会保险研究所，译. 北京：中国劳动社会保障出版社，2008.

［3］陈刚. 公共政策学［M］. 武汉：武汉大学出版社，2011.

［4］陈滔，叶小兰，方辉军. 社会医疗保险［M］. 成都：西南财经大学出版社，2019.

［5］程胜利. 社会政策概论［M］. 济南：山东人民出版社，2012.

［6］丁建定，杨风娟. 英国社会保障制度的发展［M］. 北京：中国劳动社会保障出版社，2004.

［7］丁建定. 社会政策概论［M］. 武汉：华中科技大学出版社，2009.

［8］关信平. 社会政策概论［M］. 北京：高等教育出版社，2014.

［9］胡务. 社会福利概论［M］. 成都：西南财经大学出版社，2016.

［10］黄晨熹. 社会政策［M］. 上海：华东理工大学出版社，2008.

［11］梁万年. 卫生事业管理学［M］. 北京：人民卫生出版社，2017.

［12］林闽钢，鲁全，童文莹. 现代社会保障通论［M］. 北京：中国社会科学出版社，2014.

［13］林闽钢. 社会保障理论与政策："中国经验"视角［M］. 北京：中国社会科学出版社，2012.

［14］林闽钢. 现代社会服务［M］. 济南：山东人民出版社，2014.

［15］林闽钢. 现代西方社会福利思想：流派与名家［M］. 北京：中国劳动社会保障出版社，2012.

［16］林闽钢. 中国社会政策［M］. 武汉：武汉大学出版社，2011.

［17］林闽钢. 走向社会服务国家：全球视野与我国改革［M］. 北京：中国社会科学出版社，2020.

［18］世界银行. 1993年世界发展报告：投资于健康［M］. 北京：中国财政经济出版社，1993.

［19］孙树菡，朱丽敏. 社会保险学［M］. 北京：中国人民大学出版社，2019.

［20］王阳. 经济转型与就业优先政策［M］. 北京：中国工人出版社，2020.

［21］熊跃根. 社会政策概论［M］. 北京：华文出版社，2005.
［22］杨伟民，罗桂芬. 失业保险［M］. 北京：中国人民大学出版社，2000.
［23］游清富. 社会政策导论［M］. 武汉：武汉大学出版社，2018.
［24］张文显. 法理学［M］. 4版. 北京：高等教育出版社，2011.
［25］郑功成. 社会保障概论［M］. 上海：复旦大学出版社，2005.
［26］郑杭生. 社会学概论新修［M］. 北京：中国人民大学出版社，2019.

# 后 记

经全国高等教育自学考试指导委员会同意，由公共管理类专业委员会负责高等教育自学考试《社会政策概论》教材的审稿工作。

《社会政策概论》自学考试教材由南京大学政府管理学院林闽钢教授担任主编。参加本教材审稿讨论会并提出修改意见的专家有南京大学孙亚忠教授、南京农业大学姚兆余教授、河海大学韩振燕教授。对于编审人员付出的辛勤劳动，特此表示感谢。

公共管理类专业委员会最后审定通过了本教材。

**全国高等教育自学考试指导委员会**
**公共管理类专业委员会**
**2023 年 11 月**

**图书在版编目（CIP）数据**

社会政策概论 / 林闽钢主编. -- 北京 ：中国人民大学出版社，2024. 7. --（全国高等教育自学考试指定教材）. -- ISBN 978-7-300-33134-8

Ⅰ. C916

中国国家版本馆 CIP 数据核字第 2024KA8173 号

全国高等教育自学考试指定教材

**社会政策概论**

（含：社会政策概论自学考试大纲）

（2024 年版）

全国高等教育自学考试指导委员会　组编

主编　林闽钢

Shehui Zhengce Gailun

| | | | |
|---|---|---|---|
| **出版发行** | 中国人民大学出版社 | | |
| **社　　址** | 北京中关村大街 31 号 | **邮政编码** | 100080 |
| **电　　话** | 010－62511242（总编室） | | 010－62511770（质管部） |
| | 010－82501766（邮购部） | | 010－62514148（门市部） |
| | 010－62515195（发行公司） | | 010－62515275（盗版举报） |
| **网　　址** | http：//www. crup. com. cn | | |
| **经　　销** | 新华书店 | | |
| **印　　刷** | 北京市鑫霸印务有限公司 | | |
| **开　　本** | 787 mm×1092 mm　1/16 | **版　　次** | 2024 年 7 月第 1 版 |
| **印　　张** | 15. 5 插页 1 | **印　　次** | 2024 年 7 月第 1 次印刷 |
| **字　　数** | 358 000 | **定　　价** | 52. 00 元 |